예수, 대학에 오다

임성근 지음

2005
ESP

Jesus comes to campus
Originally published in the Korea
under the title Jesus comes to campus
Copyright © 2005 by Evangelical Students Fellowship Press

Seoul, Korea

예수, 대학에 오다

캠퍼스마다 복음을! 젊은이에게 비전을!

Contents

감사의 글 | 7

제1장 대학생활과 비전
대학의 역사 | 19
대학의 사회에 대한 책임 | 23
미래 사회의 특징 | 36
미래의 선교단체 | 40

제2장 신앙과 학문
브리안 월시(Brian Walsh)의 4가지 방정식 | 50
그리스도와 학문 그리고 그리스도인 | 56
빗나간 대학의 세속화 | 62
기독 대학인의 대처방안 | 68

제3장 지성인 복음운동의 중요성 I
구약에 나타난 지성인 복음역사 | 81
신약과 사도행전에 나타난 지성인 복음역사 | 88
초대교회와 중세교회에 나타난 지성인 복음역사 | 99

제4장 지성인 복음운동의 중요성 II
종교개혁시대에 나타난 지성인 복음운동 | 110
대학생 복음운동의 중요성 | 124
대학생 복음운동을 위한 실제적인 문제들 | 132

제5장 대학선교와 제자도 I
제자도 | 150

제6장 대학선교와 제자도 II
하나님 편에서 | 170
사람 편에서 | 184
복음 역사 편에서 | 193

제7장 하나님의 감동으로 쓰여진 성경
하나님의 감동으로 기록된 성경 | 208
구원에 이르는 지혜가 기록된 성경 | 212
하나님의 사람을 온전케 하는 성경 | 218

제8장 선교와 경건생활
성경에 나타난 하나님의 종들의 경건생활 | 230
경건 시간이란? | 240
경건 시간에 필요한 것들 | 248

제9장 소그룹 운동(cell)
예수님의 제자 양성 중에 나타난 소그룹의 특성 | 259
초대교회의 부흥의 비결 | 267
실제적인 소그룹 운동을 위한 전략 | 271

맺는 말 | 291

감사의 글

저는 77학번으로 대학에 입학했습니다. 개나리와 진달래꽃이 어우러지는 교정을 당시 청년들에게 유행했던 청바지를 입고 운동화 뒤축을 꺾어 신고서 봄에 취해서 걸어다녔던 기억이 납니다. 우연히 만난 선배를 통해서 복음과 함께 ESF에 초청을 받았습니다. 처음 모임에 참석해서 성경공부를 했습니다. 요한복음 9장 "세상의 빛이신 예수님"이었습니다. 나면서 소경된 자가 예수님의 말씀에 순종하여 실로암 못 가에 가서 씻음으로 눈을 뜨게 되는 사건입니다.

이상하게도 이 사건과 말씀들은 저의 마음에 깊이 박혔습니다. 평소에 배우고 깨닫는 데 둔하고 잊어버리기를 잘하는 저에게 말씀뿐만 아니라 그 날에 참석한 사람들 그리고 분위기까지 지금도 생생하게 기억난다는 것은 참으로 놀라운 일입니다. 예수님을 만난 후에 저는 이것이 우리 예수님께서 저에게 부어주신 놀라운 은혜임을 알게 되었습니다. 그날 예수님이 나면서 소경된 자의 눈을 뜨게 했을 뿐만 아니라, 예수님을 전혀 알지 못하는 저의 눈을 뜨게 하여 주신 것입니다. 이날부터 제 안에 예수님을 알고자 하는 마음이 생겼고, 대학시절은 예수님을 만나고 또 배우며 전하는 것으로 가득 차게 되었습니다.

대학을 졸업할 때 예수님은 저에게 대학을 복음을 전하는 일꾼으로 살라고 강력하게 권면 했습니다. 저는 이 부르심을 감당할 수가 없었습니다. 너무나 부족하고 허물이 많기 때문입니다. 그러나 학생 때 배운 바에 의하면, '사람의 자질과 재능을 핑계로 주의 부르심을 거절해서는 안된다' 는 것입니다. 오히려 주의 일꾼은 자신에 대한 절망과 포기야말로 비로소 하나님의 일꾼으로서 쓰임 받을 자격이 되기 때문입니다. 이 문제로 인해서 오랫동안 고민하고 갈등 했습니다. 인간적으로는 분명한 거절이었지만 기도를 하면 오히려 저의 교만에 대한 회개가 나왔습니다. 결국 모든 것을 포기하고 주께로 두 손들고 나갈 수밖에 없었습니다. 저의 모든 것을 아신 주께서 저를 부르셨기에 주께서 쓸모 있게 쓰실 줄을 믿는 마음으로 서게 되었습니다.

캠퍼스의 간사로서 삶은 행복했습니다. 복음을 전하며 형제자매들과 사랑을 나누는 삶은 가난 중에서도 기쁨이 넘쳤습니다. 그러나 힘들 때도 있었습니다. 떠나가는 형제로 인해서 상처를 받기도 하고 또 제 자신의 한계로 인해서 곧잘 절망에 떨어지는 고통을 맛보기도 했습니다. 이런 인내에 한계의 날이 있었습니다. 더 이상 간사의 삶을 감당할 수가 없어서 그만두기로 결정을 했습니다. 나의 일을 후배에게 물려주면서 저는 캠퍼스 사역에서 서서히 물러날 준비를 했습니다. 이런 준비가 끝나갈 무렵 갑자기 본부로부터 연락이 왔는데, 이번 수양회에 리더를 위한 특강으로 "캠퍼스 복음화와 제자도"를 해달라는 것입니다. 저는 이 요청을 받고 참으로 난감했습니다. 저는 거절했으나 본부에서는 이미 수양회 프로그램에 들어갔기 때문에 바꿀 수가 없다며 간곡히 부탁했습니다. 더 이상 거절할 수가 없어서 오직 순종하는 마음으로 준비했습니다. 그러나 이미 그만 두려고 결정한 마음이었기에 "캠퍼스 복음화와 제자도"는 너무나 힘들고 고통스러웠습니다. 이를 위해서 기도하고 또 고민하면서 예수님이 원하는 제자도를 찾으려고 몸부림쳤습니다. 강의를 준비하고 또 전하면서 이 말씀은 학생리더를 위한 것이 아니라, 주께서 저에게 주시는 말씀임을 새롭게 깨달았습니다.

베드로는 부활하신 예수님을 만난 후에도 다시 갈릴리 바다로 돌아가서 고기잡이를 했습니다. 그때에 예수님은 베드로를 찾아가서 "네가 나를 사랑하느냐? 내 양을 치라"고 말씀하셨습니다. 주께서 저를 다시 찾아오신 것입니다. 그리고 "네가 나를 사랑하느냐? 너는 다시 캠퍼스로 돌아가라. 그리고 양을 치라"고 말씀하셨습니다. 저는 다시 주의 말씀 앞에서 넘어질 수밖에 없었습니다. 그러나 저의 마음에 분명한 것은 "이제는 흔들리지 않고 캠퍼스 복음화를 변치 않는 자세로 살겠다"는 것입니다. 스스로를 바라보면, 너무나 허물이 많고 부끄러운 사람입니다. 하지만 예수님께서 변함없이 사랑하여 주시고 붙잡아 주셨습니다. 오늘 제가 있기까지는 오직 주의 놀라우신 은혜임을 고백하지 않을 수 없습니다.

그동안의 강의를 모아보니 한 권의 책이 될 만 했습니다. 한 권의 책이 되기까지는 부끄러움이 많았지만 사랑하는 후배들에게 도전이 되도록 용기를 내어 출판했습니다. 간사생활을 하면서 항상 "지금 예수님이 이 세상에 오시면 과연 어디에 오실까?" 하는 질문을 했습니다. 그것은 바로 젊은이와 이들의 꿈이 있는 곳, 대학임을 확신했습니다. 이러한 기대 속에서 간사의 삶을 살았습니다. 그래서 제목도 항상 마음에 품어왔던 "예수! 대학에 오다"로 정할 수 있었습니다. 이 책이 나오는 데 큰 도움을 준 아내에게 먼저 감사합니다. 그녀는 저의 거친 글을 기쁨과 인내로 수정과 교정을 해 주었습니다. 또 함께 동역하는 김새롬과 박미라 간사가 바쁜 중에 틈틈히 교정을 보았습니다. 무엇보다 저가 여기에 있기까지 여러모로 지도해주신 손석태, 안병호, 장창식, 이승장, 임종학, 한의수, 김육진, 조완철, 채미자, 선배님들과 친구 박환규 목사님, 여러 동역자님들의 관심과 기도에 늘 감사하고 있습니다. 특히 이 책을 출판한

ESP 간사님들과 최승범 총무님, 그리고 도움을 준 좋은씨앗 관계자께 감사드립니다. 모든 영광을 하나님께 돌립니다.

지금도 예수 사랑의 열정으로 캠퍼스에서 수고하시는 모든 선교단체 간사님들과 이 책을 나누고 싶습니다.

"생각건대 현재의 고난은 장차 우리에게 나타날 영광과 족히 비교할 수 없도다(롬8:18)"

2005. 6. 15.

캠퍼스 현장에서
주의 종 임성근

1장

대학생활과 비전

대학의 역사 | 대학의 사회에 대한 책임 | 미래사회의 특징 | 미래의 선교단체

"야곱이 가나안 땅 곧 그 아비의 우거하던 땅에 거하였으니 야곱의 약전이 이러하니라 요셉이 십칠 세의 소년으로서 그 형제와 함께 양을 칠 때에 그 아비의 첩 빌하와 실바의 아들들로 더불어 함께하였더니 그가 그들의 과실을 아비에게 고하더라 요셉은 노년에 얻은 아들이므로 이스라엘이 여러 아들보다 그를 깊이 사랑하여 위하여 채색옷을 지었더니 그 형들이 아비가 형제들보다 그를 사랑함을 보고 그를 미워하여 그에게 언사가 불평하였더라 요셉이 꿈을 꾸고 자기 형들에게 고하매 그들이 그를 더욱 미워하였더라 요셉이 그들에게 이르되 청컨대 나의 꾼 꿈을 들으시오 우리가 밭에서 곡식을 묶더니 내 단은 일어서고 당신들의 단은 내 단을 둘러서서 절하더이다 그 형들이 그에게 이르되 네가 참으로 우리의 왕이 되겠느냐 참으로 우리를 다스리게 되겠느냐 하고 그 꿈과 그 말을 인하여 그를 더욱 미워하더니 요셉이 다시 꿈을 꾸고 그 형들에게 고하여 가로되 내가 또 꿈을 꾼즉 해와 달과 열한 별이 내게 절하더이다 하니라 그가 그 꿈으로 부형에게 고하매 아비가 그를 꾸짖고 그에게 이르되 너의 꾼 꿈이 무엇이냐 나와 네 모와 네 형제들이 참으로 가서 땅에 엎드려 네게 절하겠느냐 그 형들은 시기하되 그 아비는 그 말을 마음에 두었더라 (창37:1-11)"

하나님은 꿈을 주시는 분이다. 창세기 37장에 나타난 17세의 청년 요셉은 꿈의 사람이었다. 그는 하나님이 주신 이 꿈을 소중히 여기면서 자신에게 닥쳐온 모든 고난과 역경을 이겼다. 결국 그의 꿈은 13년이 지난 30세에 애굽의 총리가 됨으로 이루어졌다. 이때에 그는 자신의 가족을 구하고 또 이스라엘이라는 민족의 기초를 이룸으로 하나님의 역사에 귀하게 쓰임을 받는다. 포로생활이라는 암담한 현실 속에서 애통하며 살았던 선지자 다니엘도 꿈의 사람이었다. 다니엘서 7장에서 하나님이 다니엘에게 주신 꿈은 장차 일어날 세계의 역사에 관한 것이었다. 바벨론 제국과 페르시아 제국, 알렉산드리아 제국의 영화와 멸망 그리고 로마제국의 영화와 쇠퇴를 말하고 있으며, 마침내 예수 그리스도의 재림을 통해서 세상의 역사가 심판받고 완성된다는 것이었다. 그는 분명 망한 민족의 사람이었지만 하나님이 주시는 이 꿈을 통해서 하나님의 눈으로 세상의 역사를 바라보며,

장차 이스라엘 회복의 소망을 가졌다. 궁극적으로 이 세상의 권세를 굴복시키고 하나님의 완전한 통치가 임할 것을 바라보면서 어려운 시대를 하나님에 대한 온전한 믿음으로 살았다. 사도 바울도 꿈의 사람이었다. 사도행전 19장에서 그는 2년 동안을 에베소 도시의 두란노 서원에서 복음을 증거했다. 그 결과로 에베소가 크게 부흥이 되어서 하나님을 믿을 뿐만 아니라 우상을 섬기던 마술 책들을 불태우는 큰 역사가 일어났다. 그 광경을 바라보던 사도 바울은 "후에 로마도 보아야 하리라"는 비전을 가지게 되었다. 이 바울은 후에 에베소 교회의 감독이 되었지만 많은 시련으로 인해서 지쳐있는 디모데에게 "미쁘다 이 말이여, 사람이 감독의 직분을 얻으려하면 선한 일을 사모한다 함이로다(딤전3:1)"의 말씀으로 격려한다. 바울은 하나님 앞에서 세운 자신의 비전대로 죄수의 몸이지만 로마에 들어가서 복음을 증거하게 된다. 로마의 복음증거는 후에 로마제국을 복음화하는 출발점이 되었다. 하나님은 꿈을 주시는 분이시며, 하나님의 꿈을 가지고 도전하는 사람을 통해서 하나님의 역사를 이루시는 분이다.

미래에 대해서 아주 유명한 말은 아마도 "미래는 꿈을 가지고 준비한 자가 소유한다"라는 말일 것이다. 미래에 가본 사람은 아무도 없다. 그래서 미래에 어떤 일이 일어날지 정확하게 말할 수 있는 사람은 아무도 없다. 그렇다고 우리가 아무런 준비 없이 미래를 맞이한다면, 그것은 바로 현재의 연장 외에 다른 의미를 부여하지 못한다. 또한 그러한 안일한 자세는 너무도 빠르게 변하는 세상의 물결 앞에서 적응하기에만 급급한 나머지 많은 혼란 속에서 고통을 겪을 수밖에 없는 것이다. 단적인 예로 우리는 컴퓨터를 들 수 있다. 80년대 말에 우리나라는 컴퓨터 붐이 일기 시작했다. 많은 사람들이 예상하기를 얼마 있지 않아서 우리나라는 정보화시대가 되고 컴퓨터를 모르면 아무 것도 할 수 없게 된다는 말이 있었다. 그래서 대학생이 되면 컴퓨터를 배우는 것이 유행이 되었다. 그러나 중년의 나이가 든 사람들은 컴퓨터라는 것은 들어보기는 했지만, 그것을 익힌다는 것이 무척이나 부담스러웠다. 이들은 생각하기를 "지금까지 그런 것 없이도 잘해왔는데 뭘…."하면서 무시했다. 그러나 어느 순간이 되자 컴퓨터는 286에서 386 486 586, 686으로 순식간에 바뀌었다. 그리고 워드와 기업운영을 위한 프로그램뿐만 아니라 인터넷을 통한 세계적인 정보를 수집하고 또 교환하는 일터가 되었다. 이제는 컴퓨터가 없이 일을 한다거나 계획을 준비한다는 것은 생각할 수조차 없게 되었다. 결국 컴퓨터를 모르는 직장인들은 이전까지는 일을 잘하여 왔을지라도 이제는 그런 방식이 소용없게 되고, 결국은 직장에서 쓸모없는 사람이 되어 퇴출이나 구조조정의 대상이 될 수밖에 없게 되었다. 미래에 대한 준비의 소홀이 오늘날 사회에서 자신도 모르게 무능한 사람으로 낙오되어 버린 것이다.

　미래는 나름대로 문제의식을 가지고 연구하며 준비하는 사람이 주인이 될 수밖에 없는 것이다. 미래의 주인은 어쩌다가 우연히 생기는 것은 아니다. 생각하고 연구하며 준비하는 사람이 선취하는 것이다. 일이 눈앞에 닥쳐서야 준비하는 자는 이미 뒤쳐지는 것이다. 이러한 점에서 청년의 날에 미래를 하나님의 눈으로 바라보며, 하나님의 뜻 가운데 우리 인생의 계획을 준비한다는 것은 참으로 의미가 있는 것이다.

온고지신(溫故知新)이란 말이 있다. 이 말은 우리가 잘 알다시피 "옛것을 익히고 새것을 안다"는 뜻이다. 우리의 주요 관심은 "미래는 어떤 세계일까?" 하는 데 있다. 그러나 더 중요한 것은 우리에게 혼란스럽게 다가오는 그 미래에 대하여 "어떤 방향을 잡고 나아갈 것인가?"가 더 중요하다. 지금 우리에게는 엄청나게 많은 지식과 정보가 제공되고 있다. 도서관에 가면 우리를 질식하게 할 만큼 많은 책들이 쌓여있다. 1주일에 책 한 권도 제대로 읽지 못하는 우리 대학생들에게 이 책들은 지식의 한계를 느끼게 한다. 우리가 지적인 욕심이 생겼다고 하여서 그 수 만 권의 책 중에 맨 처음에 있는 책부터 읽기 시작하는 사람은 없을 것이다. 책을 읽는 사람은 먼저 자신에게 무엇이 필요한가를 인식하고 그러한 방향에 따라서 책을 선택하고 읽는 것이다. 바로 "방향성"이다. 사도 바울은 이점에 대해서 이렇게 말했다.

> 그러므로 내가 달음질하기를 향방 없는 것같이 아니하고 싸우기를 허공을 치는 것같이 아니하여 (고전 9:26)

미래에 대한 예상과 준비를 여러 가지로 할 수 있지만 방향성을 가질 때에 훨씬 효율적이고 또 분명한 열매를 거둘 수 있다. 이러한 관점에서 대학과 대학생에 대한 주제를 가지고 시작하고자 한다. 미래에 대해서도 광범위한 내용을 이야기하기보다는 대학과 대학인에 대한 방향성을 가지고 접근하는 것이 바람직한 것이다.

나는 좀 전에 온고지신을 언급했다. 역사에는 과거, 현재, 미래가 있다. 역사란, 온고지신의 의미를 가지고 있다. 과거를 통해서 현재를 바라보고 미래를 예측하는 것이 역사이다. 우리는 "역사" 하면 주로 과거의 사건과 연대를 기억하는데 중점을 두는데, 그것은 역사의 본래 취지와 상관이 없는 것이다. 만일 우리가 과거의 사진에만 집착한다면 그것은 죽은 역사이다. 역사란, 과거의 사건의 발생과 과정 그리고 결과를 통해서 현재 우리의 위치와 상황을 판단할 뿐만 아니라 더 나아가서 미래를 예측하는데 도움이 될 때, 가치와 의미가 있는 것이다. 우리가 현재의 대학과 미래의 대학 그리고 우리 자신들을 발견하기 위해서는 먼저 과거의 대학에 대해서 살펴볼 필요가 있다.

대학의 역사

대학은 서구문명이 낳은 가장 위대한 산물 중의 하나라고 할 수 있다. 대학의 기원은 고대 그리스까지 올라갈 수 있다. 대학의 최초의 모형은 피타고라스 학파와 플라톤의 아카데미아를 들 수 있다. 피타고라스 학파는 B.C. 6세기에 그리스에서 우리가 잘 알고 있는 피타고라스에 의해서 만들어진 학파로서 수학, 천문학, 음악이론에 대해서 연구하였다. 또 플라톤의 아카데미아는 BC 3세기에 플라톤이 죽은 후에 그의 제자들이 만든 학원으로서 형이상학과 수학을 결합시킨 학문을 만들었다. 후에 아리스토텔레스는 이들을 향해서 "철학을 수학으로 만들었다"고 말했다. 고대의 이 학파들은 수강료를 받고 학생들을 모집해서 스승의 철학과 학문을 가르쳤고, 이들을 통해서 많은 인재들이 배출되었다. 이후에 이런 학원들은 수도원이나 성당의 부속학교에 편입되었고, 여기에서 수도사 지망생들에게 필요한 교육을 가르치는 일을 하였다.

　이러다가 1210년 일반대학으로 파리대학이 생겨났다. 이때 대학에서 가르치는 학문은 신학, 의학, 교회법 그리고 인문학 등이었다. 이전의 학원은 주로 수도승과 같은 성직자가 되기 위한 학문이었는데, 이때부터는 일반학문을 위한 것이었다. 그리고 영국에서는 13세기초에 옥스포드(oxford)대학이 생겨났고, 곧바로 옥스포드에서 나온 교수들에 의해서 세워진 케임브리지(cambridge) 대학이 생겨났다. 이들 대학은 지금으로부터 700년 이상이 된 대학이다. 당시 옥스포드 대학의 학생 수는 3,000명이었다고 하니 당시 대학의 열풍을 조금이라도 짐작할 수 있다. 이 대학들은 장인들의 조합인 길드(guild)형태였다. 우리가 사용하는 유니버시티(University)란 말이 길드 혹은 상인들의 집합체라는 의미로부터 나왔다. 이 길드의

정식 회원이 되기 위해서는 지원자가 자기 스승으로부터 인정을 받을 때까지 숙련공의 위치에 계속 머물러야만 되는 것이었다. 이 대학들의 주요 목표는 자신의 스승과 같은 교수요원이 되는 것이었다. 이 과정은 아주 혹독하였다고 한다. 당시에는 책과 필기도구가 귀했기 때문에 주로 교수의 연구에 의한 강의와 학생들의 무조건적인 암송으로 이루어졌다. 일정한 수준에 이르지 못하면 가차없이 떨어뜨렸기 때문에 학생들은 적어도 한 과목을 3회 이상 수강하는 열심을 가졌다. 서구의 대학은 이런 식으로 발생하였고 또 발전되었다. 그리고 이 대학은 중세와 종교개혁 등 이후의 세계에서 주도적인 역할을 하였다. 이 시대의 대부분 지도자들은 대학 출신들이었고, 또 여기에서 연구되고 발표된 학문에 의해 그 시대의 사상들이 지배되었다. 그리고 그 후에 생긴 모든 대학들은 이 대학들의 체계와 제도를 모방했을 뿐이다.

우리가 잘 아는 미국의 하버드 대학은 미국에서 가장 오래된 사립대학으로서 1636년 메사추세츠 주에서 영국의 옥스포드와 캠브릿지 대학의 체계를 모방함으로 출발했다. 이 대학은 하버드라는 목사의 이름을 따서 지었고, 목사양성을 위한 목적으로 시작했다. 40여 년 후에 일반 대학으로 발전하여 전문적인 학문연구기관이 되었다. 이 대학이 미국뿐만 아니라 세계에 미친 영향은 이루 말할 수 없을 정도이며, 오늘날에도 가장 영향력 있는 대학으로 인정받고 있다. 오늘날 우리 대학들은 이런 서구의 대학을 모방한 것이라고 볼 수 있다.

우리 역사를 보면 우리 나라에도 대학이 있었다. 우리 역사에 등장하는 대학은 서구의 대학과 일치하지는 않는다. 삼국사기에 보면, 고구려 소수림왕 2년에 "태학"이라는 교육기관이 있었는데, 이곳은 유교경전을 주로 가르쳤다. 고려시대에는 992년에 "국자감"이 설치되었는데, 이곳은 국립 종합대학의 성격이 있었다. 주요 과목은 국자학, 태학, 율학, 서학, 산학 등 다양한 교육과정들이 있었다. 이 국자감 역시 실제적인 고등교육기관의 역할을 했다. 조선시대에는 "성균관"이 있었는데 여기에서는 중국 교육제도를 본받은 유교교육이었고, 이러한 교육은 주로 관리를 양성하는 데 목적이 있었다.

근세에 이르러 우리의 교육은 일제의 억압정책으로 이루어지지 않고 있다가, 1915년 경신학교(연희 전문)가 인가를 받았으며, 그 후에 세브란스, 보성전문, 이화여전, 숙명여전 등의 전문학교들이 문을 열게 되었다. 1924년에 유일한 대학으로 경성제국대학이 설치되었으며, 1946년에는 서울대학교가 설립되었다(해방 후에 세워진 대학).

이상을 살펴보면, 역사적으로 대학이라는 곳은 단순히 지적인 호기심과 백성에게 지식을 널리 보급하고자 만들어진 곳이 아니라는 사실을 알 수 있다. 대학은 특별히 선발된 사람들을 위한 엘리트 교육이었다. 그 시대는 대학에 대해서 많은 책임과 기대를 걸고 있었다. 오늘날 우리사회는 경제적으로 극심한 어려움을 겪고 있다. 이러한 때에 한 사람의 손이 아쉬운 때이다. 그런데 우리 대학생들은 어떤가? 한참 일할 수 있는 20-26세의 나이 때이다. 가장 힘이 있고 지혜가 넘치는 때이다. 이러한 때에 사회와 우리 가정은 이 혈기 왕성한 청년들을 대학에 맡기고 있다. 아무리 이 사회가 어렵다고 하여서 대학생들에게 대학을 그만두고 일을 하라고 요구하지 않는다. 공부를 한다고 하면, 아무리 가정이 어려워도 이들의 등록금만큼은 우선적으로 지원한다. 또 공부를 계속하기를 원한다면 나라는 국방의 의무도 연기해 주는 것이다. 대학생들은 내 돈 내고 내가 공부한다고 말할 지 모르지만, 그러나 이들의 대학생활 이면에는 보이지 않게 우리 사회와 가정의 엄청난 후원이 있는 것이다. 왜 그럴까? 그것은 이들이 당장에 사회에 진출해서 일을 하고 돈을 버는 것보다 대학생활을 하는 것이 미래에 더 이 사회에 유익하고 도움이 되기 때문이다. 사회는 청년들이 대학생활을 하는 것이 장차 그 사람뿐만 아니라 사회 전체에도 유익이 된다는 것을 알고 있기 때문이다.

따라서 청년 대학생들은 대학생활동안 자신의 성공에만 집착할 것이 아니라, 이처럼 대학생활을 배려해주는 사회에 대해서 분명한 책임감을 가져야 하는 것이다. 그럼 대학이 사회에 대하여 가지는 책임이란 무엇일까?

대학의 사회에 대한 책임

인재 양성

대학을 만든 목적은 그 시대와 민족을 이끌어 가는 인재를 양성하는 데 있었고, 또 창립 이래로 수많은 인재들이 배출되었다. 시초에는 철학자, 성직자 등을 배출하기 위해서 세웠다가 점차로 그 사회에서 고등교육을 받은 능력있는 사람의 필요함에 따라서 대학은 인재양성을 하는 데 역점을 두게 되었다. 그 사회에 영향력을 끼치는 거의 모든 지도자와 인물들은 대학출신들이다. 대학출신이 아닌 사람을 찾아보기가 어렵다. 대통령과 정치인, 법률가와 의사 그리고 과학자는 대부분 고등교육을 받은 사람들이다. 오히려 오늘날에는 대학의 졸업장, 또 어느 대학 출신인가가 그 사람의 사회에서의 성공 배경이 될 정도로 역기능이 발생하게 되었다. 대학이 인재를 양성하는 곳이라는 점에 대해서 더 이상 강조할 필요가 없을 것이다.

인재는 누구나 원한다고 다 될 수 있는 것은 아니다. 인재가 되기 위해서는 지적인 능력이 필요하고 또 어느 정도 수준에 오를 수 있는 인내와 노력이 필요하다. 그러나 공부만 잘 한다고 하여서 그를 인재라고 말할 수 없다. 머리는 좋고 지식은 많은데 그것을 자기의 탐욕을 채우는 데 사용하는 불쾌한 사람들이 있다. 그런 사람은 그야말로 인재(人災)이다. 참다운 인재가 되기 위해서는 선발이 필요하다.

대학은 처음부터 선발과정이 있었다. 물론 처음에는 돈만 내면

입학할 수는 있었다. 그러나 과정을 따라가지 못하는 학생에게는 가혹하게 탈락을 시켰다. 지금 유럽의 대학제도는 대부분 들어가기는 쉬운데, 졸업하기가 어렵게 되어 있다. 이것은 대학이 처음 생겼을 때부터 생겼던 전통인 것이다. 대학은 이처럼 선발된 사람을 고등교육을 시킴으로 그 사회와 민족을 이끌어갈 인재로 양성시켰던 것이다.

요즘은 춤을 잘 추거나, 짜장면 배달과 같은 특별한 특기가 있는 사람은 신지식인이라는 명예를 주지만, 그렇다고 하여서 미래에 대학의 위상이 위축되지는 않는다. 대학은 여전히 미래의 사회를 이끌어갈 인재를 양성하고 또 가장 영향력이 있는 곳이 될 것이다. 미국의 경우를 보면, 우리가 생각할 때는 젊은이들이 성적으로 타락하고 또 마약과 술에 찌든 곳으로 생각할 수가 있다. 한 고등학교에서 학생이 총기를 난사하고 폭탄을 던져서 많은 학생들이 죽는 사고가 생기기도 했다. 영화나 단편적인 뉴스를 들으면 미국은 곧 망할 사회처럼 보인다. 그럼에도 불구하고 미국은 여전히 건강하고 또 세계를 이끌어갈 지식과 능력을 가지고 있다. 미국의 핵심에는 소수이지만 대학의 고등교육을 받은 창조적이고 보수적인 사고를 가진 인재들이 있기 때문이다. 알다시피 미국은 성에 대해서 개방적이고 관대한 나라이다. 그러나 대통령을 비롯하여서 정치인들의 성적인 문제나 이혼 그리고 뇌물문제에 대해서는 아주 가혹하게 대하는 이유가 무엇인가? 미국을 움직이는 중심은 아직도 보수적이고 건전한 생각과 생활이 요구되고 있다는 것이다. 미국의 인재는 세계를 움직이고 있다는 자부심 속에서 절제있고 올바른 생활을 하려고 애를 쓰고 있다.

문제는 오늘날 우리나라의 대학생들이다. 자신에 대해서 특별히 선발된 인재라고 생각하지 않는다는 점이다. 그 어느 시대보다 많은 공부를 하고 풍성한 지식을 가졌고, 또 피 말리는 치열한 대입경쟁을 거쳤음에도 불구하고 그 풍성한 지식은 꿈이 되거나 자부심으로 연결되지 못하고 있다. 그저 '남이 대학에 가니까 나도 대학에 왔다'고 여길 뿐이다. 대학생이라고 특별히 여기면, 거부감이 들 정도로 자신을 비하시키고 있는 것이다. 이런 현상이 생긴 것은 그렇게 오래된 일이 아니다. 80년대에 급격히 생긴 일이 아닌가 생각이 된다. 80년대에 이르러서 우리 민족은 광주 민주항쟁을 통해서 많은 사람들이 억울한 죽임을 당했다. 또 이 시기에 우리 민족은 고속성장을 추구하면서 많은 대형사고들이 있었다. 심지어 이란-이라크의 전쟁 속에서 우리 민족은 바로 근처에서 폭격이 있는데도 불구하고 공사를 강행하는 담대함을 보여 주었다. 이러한 사건을 좋게 보면 좋게 볼 수 있지만 그러나 부정적으로 보면, 인명경시풍조가 우리 사회에 만연하게 되었다는 뜻이다. 이러한 시대적인 상황 속에서 대학생들은 민주화에 대한 열정이 꺾이고 대신에 대학생의 신분에 대한 자괴감이 생기기 시작했다. 이때부터 종종 사회면에 대학생의 신분으로 범죄하는 사건이 보도되기 시작했고 이러한 것은 결국 대학생이라는 자부심을 스스로 잃어버리게 만들었다.

예수님은 "이웃을 내 몸과 같이 사랑하라"고 하셨다. 이 말을 주의 깊게 살펴보면, 먼저 자기 몸을 사랑하는 사람이 이웃을 사랑할 수 있다는 말이다. 자기를 미워하면서 이웃을 사랑한다는 것은 위선일 뿐이다. 그런 동정심은 얼마 가지 않는다. 자기를 존중하는 사람만이 진정으로 이웃을 사랑할 수 있는 것이다. 대학인으로서 자신을 인재로 존중하는 사람만이 그 시대와 민족이 요구하는 인재로서 준비되고 또 성장할 수 있는 것이다. 스스로를 "나는 별 볼 일 없는 사람이다"라고 생각하고 행동한다면, 아무리 많은 지식과 학문을 가지고 있다고 하여도 그 사람은 자신이 생각하는 대로 별 볼 일 없는 존재로 남을 수밖에 없는 것이다. 대학생으로서 자부심을 잃어버린 것, 이것은 자연스러운 일이 아니라 이 시대의 병든 모습을 반영하고 있는 것이다. 병은 치료해야 한다. 병에 있어서 가장 중요한 문제는 병의 원인을 찾는 것이다. 원인을 알면 어떤 병이든지 치료할 길은 있다.

청년 대학생들은 자신을 인재라고 여기며 존중할 줄 알아야 한다. "대학생이 별거냐"는 식으로 자신을 무시하고 학대해서는 안된다. 자신은 특별히 선발된 인재임을 깊이 인식하고 자신에게 주어진 시간을 올바르고 곧게 사용할 줄 알아야 한다. 이미 말한 대로 대학의 역사를 살펴보면, 처음에는 주로 수준 높은 하나님의 인재를 양성하는 데 목적이 있었다. 시간이 지난 후에야 비로소 그 시대와 민족에 필요한 일꾼을 양성하는 데 목적을 두었다. 예수님을 믿고 따르는 청년 대학생들은 하나님 앞에서 인재가 되기를 꿈꾸고 시대와 민족에 유익한 사람이 되고자 하는 거룩한 소원을 가져야 한다. 하나님은 주안에서 꿈과 비전을 가진 청년을 기뻐하신다.

이와 같은 자아 존중심을 가질 때, 우리의 생활은 얼마든지 변화될 수 있다. "나는 하나님이 예비하여 두신 사람이라"는 확신과 소명이 있어야 하는 것이다. 이러한 인식이 있을 때, 생활이 건전하여질 수 있고, 시간을 생산적이고 창조적인 곳에 사용할 수 있다. 공부에 전념할 수 있고, 우리에게 주어진 복음사역에 삶의 의미와 가치를 두고 열심을 낼 수 있다. 그리고 대부분의 학생들이 빠져있는 당구나 컴퓨터 오락 같은 유혹에 대해서도 흔들리지 않고 거절할 수 있는 것이다. '대학인'으로서 자부심이 없는 사람은 하나님이 원하시는 또 이 시대가 진정으로 필요로 하는 인재가 될 수 없다. 이미 말한 대로 경제적으로 어려운 이 시대에 우리 사회는 대학인의 젊은 힘을 간절히 필요로 하고 있지만 그러나 이들에게 그 학문을 그만두고 일을 하라고 요구하지는 않는다. 사회는 어려운 여건 속에서도 대학 청년들의 생활을 기꺼이 보장해 준다. 대학원을 가고 싶다면 그것도 보장하여 준다. 그 이유가 무엇인가? 우리가 인재로 양성되기를 원하고 있고 가슴 졸이며 기다리고 있는 것이다.

우리가 대학인으로서 인재가 되고자 하는 노력을 포기하거나 무시한다면 그것은 우리를 대학에 불러주신 하나님과 또 우리 사회 그리고 대학에 보내어 주신 우리의 부모를 배반하는 심각한 죄가 되는 것이다.

어떤 면에서 지방 대학생들은 "지방 대학생이 무엇을 할 수 있는가?" 하는 생각이 들 수 있다. 그러나 사회는 반드시 서울의 이름 있는 대학 출신만을 인정하는 것은 아니다. 우리가 보기에는 그런 사람만이 인정받고 또 출세하는 것 같지만 자세히 살펴보면 그런 것은 아니다. 사회는 꿈을 가지고 노력하는 사람을 사용한다. 김대중 대통령은 목포상고 출신이다. 대학을 나오지 않았지만 그는 대통령의 꿈을 가지고 노력하는 인생이 되었고 그 꿈을 이루었다. 인재가 된다는 것은 반드시 정치가나 사업가가 되어서 성공하는 것을 의미하는 것은 아니다. 아이들을 감화시킬 수 있는 훌륭한 교사가 되는 것도 인재요, 또 병든 사람을 위로하고 힘을 줄 수 있는 간호사가 되는 것도 인재이다. 내가 비록 부자는 아니지만 가난한 사람을 향해서 불쌍히 여기는 마음을 가지고 조금이나마 도울 수 있는 사람이 된다면, 그가 인재인 것이다. 또 우리가 성경을 더욱 열심히 배움으로 어디를 가든지 유능한 성경선생으로 살면서 사람들의 영혼을 구하고 또 풍성하게 한다면 그가 또한 인재가 아니겠는가? 인재라는 것은 반드시 사회적으로 성공을 하여서 이름을 얻는 것을 의미하는 것은 아니다. 인생을 진지하게 살면서 하나님께는 영광을 돌리고 또 이웃에게는 유익을 주는 사람이 인재가 되는 것이다.

대학은 인재를 양성하는 고등교육기관이다. 우리가 대학인이 되었다는 것은 하나님 앞에서 또 시대와 민족 앞에서 인재로 부르심을 받았음을 의미하는 것이다. 우리 자신을 인재로 부르신 하나님과 시대 앞에서 감사하자. 그리고 실망을 주지 않는 인재가 되기 위해서 자신을 좀더 연마하고 노력하는 진지한 대학생활이 필요한 것이다. 자신을 인재라고 생각하고 준비하는 사람만이 미래를 이끌어 가는 지도자가 되는 것이다.

인류 및 사회의 진보를 위한 선한 노력

대학은 그 시대를 지배해 왔다. 밀레니엄이라는 이 시대에도 역시 대학은 그 시대를 지배할 것이다. 대학은 그 시대를 이끌어 가는 인재만을 양성한 것이 아니라, 사상과 정치 그리고 필요한 물건까지 대학은 제공하고 또 만들었다. 오늘날 우리 주변을 볼 때, 대학이 우리의 삶에 얼마나 밀접한 관련이 있는가를 잘 알 수 있다. 오늘날 우리가 쓰고 있는 플라스틱 그릇으로부터 컴퓨터, 의류, 우주여행을 위한 로켓 등 이 모든 것이 어디로부터 나왔는가? 대학의 연구소 또는 대학에서 공부를 한 사람들에 의해서 발명되고 또 개선되어 왔지 않는가? 대학은 세상을 풍요롭고 선하게 발전시켜 왔다. 대학과 대학인에 의해서 만들어지지 않은 것이 거의 없다고 하여도 과언이 아니다. 우리 현대사에서 큰 획을 그은 민주화 운동만 해도 대학의 역할을 잘 알 수 있다. 7,80년대, 박정희, 전두환, 노태우 정권에 대해서 투쟁했던 단체가 어디인가? 대학과 대학생들이었다. 어른들은 날마다 데모를 하는 학생들을 보고 "공부하라"고 꾸짖었다. 대학생들은 전경을 동원한 살인적인 핍박에도 굴하지 않고 매일같이 최루탄과 싸우면서 독재에 대해 항거했고, 이것이 독재자로 더 이상 정권에 대한 욕심을 내지 못하도록 만들었다. 역사는 하나님이 이끌어가지만, 민주화의 역사를 위해서 하나님은 깨어있는 이

시대의 대학인을 쓰신 것이다. 대학은 우리 민족의 민주화 운동에서 큰 획을 남긴 것이다.

대학과 대학인은 자신이 속한 사회와 또 인류 공동체의 유익과 발전을 위해서 선한 노력을 해야 한다. 나라와 민족이 올바른 방향으로 나아가도록 비판적인 입장을 가져야 하고 또 그에 대한 실제적인 노력도 해야 한다. 또 현실적인 어려움이나 부족함을 인식하면서 그것을 해결하기 위해서 연구하고 발명하는 노력을 해야 한다. 대학과 대학인이 있음으로 그 사회와 공동체가 발전이 되어야 하는 것이다. 이것이 대학의 사회에 대한 책임이며, 또 설립목표이기도 한다. 이런 점에서 대학인들은 인생을 살 때에 사명감과 봉사정신이 있어야 하는 것이다. 대학의 학문은 자신의 성공과 좋은 결혼을 위해서 존재하는 것이 아니다. 자신의 성공을 위해서 존재하기보다는 다른 사람을 올바로 이끌고 또 유익하게 하기 위해서 존재하는 것이다.

그런데 오늘날 우리 대학은 이런 목표와 의무를 잃어버린 듯 하다. 대부분의 대학생들이 오직 자신의 성공만을 위해서 대학을 다니는 것처럼 보인다. 나름대로 인생의 목표를 가지고 공부하기보다는 오직 취직을 위한 영어공부에 매달린다. 고등학교 때도 그렇게 스트레스를 받았던 영어공부를 대학에 와서도 계속하는 것이다. 영어공부라는 것은 학문이 아니다. 토플에 나오는 예문이 우리에게 무슨 사상을 제공하거나 우리의 정신을 풍요롭게 하는 것도 아니다. 그저 영어공부를 위한 하나의 예문에 불과할 뿐이다. 우리 대학생들이 이런 것에만 매달려서 대학생활을 한다면 아무리 공부를 많이 해도 이것은 결코 학문의 발전을 이루지 못할 것이다.

오늘날 우리 사회를 어둡게 하는 것은 도둑이나 폭력배가 아니다. 바로 대학의 명예와 지식을 오직 자신의 영달만을 위해서 사용하는 사람들에 의해서이다. 나라를 어지럽게 만드는 정치인들은 어떤 사람들인가? 모든 사람이 선망하는 대학 출신들이다. 좋은 대학을 나왔으니 좋은 정치를 할 것을 기대하고 뽑아 주었는데 결과는 정반대이다. 나라를 어지럽게 하고 또 그 지위를 이용해서 자신의 탐욕을 채우고 있는 것이다. 지식이 많은 자들이 그 지식의 허점을 이용하여서 자신의 배를 채우며 가난한 사람을 착취하기도 하는 것이다. 이것이 오늘날 대학 출신들의 사회에 대한 부작용인 것이다. 대학으로부터 배출된 사람이 자신의 영달만을 위해서 살아간다면, 대학은 그 본연의 임무를 벗어난 것이다. 그럴 것이라면 대학이 차라리 존재하지 않는 것이 이 나라와 사회에 유익이 되고 덕이 될 것이다. 대학은 결코 자신의 성공과 영달만을 위해서 존재하는 곳이 아니다. 인류와 사회에 대해서 유익을 끼치고자 선한 노력을 할 때 가치가 있는 것이다.

오늘날 기독 청년들은 어떤 마음가짐으로 대학을 다니고 있는가? 대학을 가치 있게 만드는 자인가? 아니면 무용하게 만드는 자인가? 대학인은 이 사회에 대한 사명감과 봉사정신이 있어야 한다. 대학을 다닌 사람으로서 또 대학을 나온 사람으로서 보통사람과 다른 특별한 점을 보여야 하는 것이다. 이 특별한 점은 아는 척하는 데 있는 것이 아니라, 다른 사람을 먼저 깊이 이해하고 또 섬기고 봉사하는 것에 있는 것이다.

자신의 사회가 가지고 있는 어려움 해결

대학은 인재를 양성하고 또 그 시대와 사회를 유익한 쪽으로 발전시키지만, 또 한편으로는 그 시대가 가지고 있는 고통에 동참해 함께 고민하고 연구하면서 해결해 주어야 한다. 지금 우리 사회는 많은 어려운 문제에 직면하고 있다. 많은 사람들이 미래에 대해서 긍정적인 기대를 하기보다는 부정적이고 어둡게 생각하고 있다. 그것은 바로 우리 시대가 해결하기에 너무나 버거운 많은 어려운 문제들에 쌓여있기 때문이다.

통일 문제, 환경문제, 식량문제, 교통문제, 치명적인 질병문제, 이혼과 이로 인한 가정파괴문제, 대학입시 문제와 학교에서 유행되고 있는 왕따문제 등 산적한 많은 문제들이 있다. 또 요즘에는 유전자 복제문제가 심각한 문제로 대두되고 있다. 처음에는 '돌리'라는 양을 복제하더니, 이제는 쥐를 이용하여서 사람을 복제하는 문제까지 대두되고 있다. 실제로는 사람을 복제하는 문제는 이미 연구를 마친 상태라고 한다. 이런 문제는 단순히 자연과학의 문제가 아니라, 인류의 장래를 결정할 수 있는 심각한 문제이다.

이러한 문제에 대해서 대학은 사회의 고통을 자신의 고통으로 여기고 집중적으로 연구하며 좀더 해결책이 있는 방안이나 지혜를 내어놓아야 할 것이다. 대학의 학문은 지식을 쌓을 뿐만 아니라 시대의 고통에 동참해 해결하는 방향으로 적극 나아가야 한다. 기독청년들이 대학에서 또는 대학원에서 공부를 할 때, 자신의 전공에서 관심을 가져야할 부분은 이 사회의 고통에 대한 문제의식이다. 그리고 이를 해결하기 위해 공부하고 또 연구해야 하는 것이다. 이러한 목적의식이 있는 공부가 가치 있는 공부, 생명력이 있는 공부가 되는 것이다.

대학을 졸업한 우리들이 있음으로, 여러분이 속한 사회와 공동체의 한 문제라도 해결되는 모습이 보여야 하는 것이다. 성 프란체스코의 기도가 생각이 난다. "주여 나를 평화의 도구로 써주소서. 미움이 있는 곳에 사랑을, 상처가 있는 곳에 치료를, 분열이 있는 곳에 일치를......" 대학은 그 시대의 문제를 해결하기 위한 선한 평화의 도구가 되어야 한다.

미래는 분명 물질적으로 더욱 풍성하여질 것이다. 대신에 정신적으로는 더욱 황폐해져서 삶의 의미를 상실하는 시대가 될 것이다. 이러한 시대에 대학은 물질적인 풍요로 이끌 뿐만 아니라, 정신과 영혼의 풍요로 이끌 수 있는 사상과 문화도 창조해야 한다. 오늘날의 세계는 점차 극단적으로 나아가고 있다. 이제 사람들은 노래부르고 노는 것에서 즐거움을 찾지 못한다. 번지점프와 같이 아득히 높은 곳에서 떨어지면서 죽음의 공포를 느끼는 속에서 쾌락을 찾는 것이다. 술뿐 아니라 마약으로 쾌락을 찾고자 한다. 미래의 세계는 이런 극단적인 쾌락주의가 첨단 기계 속에서 더욱 발전할 것이다. 이런 사회에 대해서 대학은 건전하고 올바른 정신문화를 공급함으로써 그 사회를 정화시켜야 할 것이다.

그러나 이미 말한 대로 현재 우리 대학은 이 사회를 정화시키기는 커녕 오히려 사회의 타락에 깊이 물들어 있다. 오히려 대학가 주변은 환락가처럼 변하고 있다. 대학이 이렇게 변질되고 있는데, 어떻게 사회를 올바로 인도하며 변화시킬 수 있겠는가? 대학의 학문과 정신으로는 이미 불가능하게 보여진다. 이제 기대할 수 있는 것은 오직 하나, 기독 대학생들뿐이다. 예수님을 사랑하고 또 예수를 본받기 위해 훈련받음으로 진리로 무장된 젊은이들이야말로 대학을 변화시킴으로 대학이 지배하는 세상을 변화시킬 수 있다는 확신을 가지게 된다. 우리의 대학 선교는 단순히 한 사람의 영혼을 구원하고 또 자신이 소속된 선교단체를 성장시키는 것에서 멈출 수 없다. 더 나아가서 세계를 지배하고 있는 대학을 변화시키는 일을 해야 하는 것이다. 대학의 복음화야말로 정신적으로 황폐하게 되고 또 죽어있는 이 시대에 하나님의 생명을 불어넣는 일을 할 것이다. 대학이 복음화되는 것이야말로 대학 본연의 위치를 찾는 것이다. 대학은 자신이 속한 사회와 공동체의 아픔에 동참해 해결해 주어야 한다. 이를 위해서는 대학이 복음화되어야 하고, 복음 정신 속에서 학문을 연구하며 문제에 접근해야 한다. 복음에 기초한 해결책이야말로 근본적인 해결이 될 줄 믿는다.

미래 사회의 특징

현대인들은 증권에 관심이 많다. 그런데, 증권을 해서 일시적으로 돈을 번 사람은 있지만 그것으로 아주 부자가 된 사람은 거의 없다. 아마도 대학에서 경제학과 경영학을 공부한 사람들은 현대의 증권의 동향이 그저 남의 일처럼 보이지 않을 것이다. 수업시간에 이것으로 토의해보기도 하고 나름대로 진단하고 또 전망도 해보았을 것이다. 몇 년 전 미국의 세계적인 경제학자는 솔직하게 자신은 증권투자를 해서 막대한 손해를 보았다고 토로했다. 자신의 학문과 세계에 대한 전망을 가지고 분명히 이익을 볼 것이라고 확신하고 투자했는데, 결과는 정반대였다. 이것은 무엇을 의미하는가? 미래의 사회에 대해서 아니 잠시의 앞날에 대해서 누구도 정확하게 예측하는 것은 불가능하다는 것이다. 이 세계는 작은 변수로도 큰 변화를 일으키는 예상할 수 없는 사회가 될 것이다. 그러나 정확하게 예상할 수는 없지만 큰 몇 가지는 알 수 있다.

정보화 사회의 강화

지금 우리 사회는 정보화 사회가 가속화되고 있다. PC통신을 통해서 인터넷을 사용하다가 이제는 전용 케이블 선이 나오고 있다. 이런 변화는 우리가 상상할 수 없을 정도로 빠르게 진행되고 있다. 사람들은 이제 자기에게 필요한 지식을 얻기 위해 도서관을 비롯해서 이곳저곳을 찾아다닐 필요가 없게 되었다. 인터넷을 통해서 간단하게 찾을 수 있게 되었다.

정보화시대의 특징 중 하나는 암기 위주의 공부방식으로부터 탈피하게 된다는 것이다. 지금까지의 공부는 머리 속에 많은 지식을 저장해야만 했다. 그래서 많은 시간을 도서관에서 책을 읽고 또 암기해야만 했다. 그러나 현재의 시대는 우리가 암기할 수 있는 분량을 넘어섰다. 역사의 시작부터 1994년까지 나온 지식의 총 분량은 94년 이후부터 99년까지 5년 동안 나온 지식과 비슷한 정도라고 한다. 그러니까 앞으로 매 5년마다 나오는 지식의 양은 역사 이래로 나온 모든 지식의 총량과 비슷하게 될 것이다. 우리가 아무리 천재라고 한다해도 어떻게 5년 만에 역사 이래로 나온 모든 지식을 다 이해하고 외울 수 있겠는가? 불가능한 것이다. 앞으로 공부라는 것은 그런 지식을 쌓고 암기하기보다는 그런 지식이 어디에 있는지를 알고 그것을 찾는 기술을 쌓는 사회가 될 것이다. 그래서 누가 많이 암기하고 아느냐가 중요한 것이 아니라, 자기에게 필요한 지식을 얼마나 빨리 찾느냐가 중요하게 될 것이다. 앞으로는 집집마다 컴퓨터가 다 있을 뿐만 아니라 모든 사람들이 컴퓨터를 가지고 다니면서 일을 하게 될 것이다. 컴퓨터가 없이는 아무 것도 할 수 없는 시대가 될 것이다.

대학은 이런 정보화 사회의 첨단을 달리게 될 것이다. 모든 첨단 학문과 논문을 컴퓨터를 통해서 보게 될 것이며, 이러한 과정 속에서 대학의 학문은 더욱 발전하게 될 것이다. 기업들은 인터넷을 통해 세계적인 무역으로 발전하게 될 것이다.

가상의 세계, 즉 사이버(cyber) 세계의 확장

한때 대학생들에게 인기가 있었던 컴퓨터 오락게임은 "스타크래프트"였다. 가상공간에서 자기 진지를 구축하고 외계인과 싸우는 것이다. 지금은 앉아서 머리를 써서 하는 것이지만, 얼마 가지 않아서 자기가 그 프로그램에 들어가서 군사가 되어 싸우는 게임을 하게 될 것이다. 이것은 현실과 가상세계를 구분하지 못하는 심각한 문제로 발전될 수도 있다. 이미 말했지만 미국의 고등학교에서 발생한 총기사건의 배경 중 하나는 이들이 갱 영화에 심취하고 있었다는 것이다. 검은 색 바바리 코트를 입고 사람들을 죽이는 것을 보면서 자신을 그런 영웅으로 착각한 것이다. 결국 영화와 현실을 구분하지 못하고 비극적인 사건을 저지른 것이다.

사이버 세상은, 현실적으로 자신감이 없는 사람이 그것을 이겨보려고 노력하기보다는 컴퓨터와 기계 등을 통하여서 대리 만족을 얻게 된다는 점이다. 많은 사람들이 가정을 가지기보다 사이버세계에 가정을 가짐으로 자신의 문제를 해결하려 한다는 것이다. 사람들은 다른 사람과 만나고 인격적인 관계를 가짐으로 삶의 기쁨을 누리기보다는, 사이버 세계에서 자기가 원하는 대로 해주는 여성이나 남성을 만나서 만족하게 된다는 것이다.

그러나 이런 세계는 일시적인 만족을 줄 지 모르지만 사람의 정신과 영혼의 근본적인 만족을 주지는 못한다. 결국 인간소외현상이 생기고 인간은 더욱 고독해지며, 삶의 의미를 잃어버리는 심각한 문제가 발생하게 될 것이다.

극단적인 쾌락을 즐기는 세상

인격적인 관계가 단절된 사이버 세계와 풍요한 물질 등은 사람들을 더욱 쾌락적으로 몰아갈 것이다. TV를 켜면 하루종일 즐길 수 있는 프로가 나오고, 마약과 번지점프보다 한층 더 발전된 극단적인 것과 오락이 나오게 될 것이다. 그 때의 사람들에게는 지금 우리가 즐기고 있는 놀이들은 썰렁한 것들로 전락하게 될 것이다. 이러한 쾌락문화가 인간을 결코 행복하게 해주지 못한다. 사회는 더욱 병들고 황폐해질 것이 분명하다.

미래는 사람의 자율적인 판단과 결정이 중요

미래가 모든 사람에게 좋은 사회가 되는 것은 아니다. 미래는 이미 말한 대로 인간을 만족시키는 쾌락의 문화가 한층 더 발전하게 될 것이다. 이런 사회 속에서 미래인들은 자신들이 모든 것을 책임지고 결정해야 된다. 하루종일 먹고 놀고자 하면, 그런 것이 제공될 것이다. 그러나 현명한 사람은 그러한 것을 절제하고 자신이 무엇을 해야할지를 판단하고 그것을 추진하는 사람이 되어야 한다. 모든 것을 할 수 있지만 그 결과에 대해서는 철저하게 자신이 책임져야 하는 것이다. 따라서 미래의 세계에서는 더욱 강한 의지가 요구된다. 오늘날도 그렇지만 미래의 세계도 꿈을 가지고 자신을 다스리는 창조적인 소수가 이끌어 가게 될 것이다. 그렇게 된다면, 건전한 삶의 의지를 가지도록 훈련받은 지성인이 더욱 필요하고 요구될 것이다. 이러한 점에서 본다면 오늘날 기독청년들은 그 어느 시대의 사람들보다 미래에 대해서 학문적으로 뿐만 아니라 영적으로도 철저한 준비를 해야 할 것이다.

미래의 선교단체

다가오는 미래의 시대는 우리에게 황금빛의 소망을 가지게 하기도 하지만, 그 화려함 속에 감추어진 어둠의 세력도 있다. 인간소외와 쾌락주의 그리고 진리에 대한 냉소주의 등이 더욱 판을 칠 것이다. 이런 것은 풍요 속에서 절망에 이르게 하는 허무주의가 더욱 심화될 것이 분명하다. 이러한 시대를 맞이해서 대학복음화의 사명을 가진 선교단체가 준비해야 할 것은 무엇인가?

인격적인 관계를 소중히 함

대학생에게 복음을 전파하고 또 구원에 이르게 하는 것은 결코 집회나 예배의 형식만으로는 되지 않는다. 항상 만나서 대화하고 또 이들의 영적인 갈등과 실제적인 삶의 어려움을 나눔으로 되는 것이다. 이런 대화식의 관계를 '인격적인 관계' 라고 부른다. 이러한 관계는 오늘날은 크게 환영받지 못하고 있는 것 같다. 보통 사람들은 자신을 찾아오는 것을 귀찮아하고, 또 냉정하게 거절한다. 또 다른 사람이 자신의 생활에 개입하는 것에 대해서 본능적으로 부담스러워하는 경향이 있다. 이로 인해서 대학의 복음 운동가들은 많은 상처를 받는다. 그래서 때로는 피상적인 관계 속에서 복음역사를 이루고 싶은 유혹을 받는다. 대신에 감각적인 젊은이들에게 맞는 화려한 율동이나 놀이 등으로 보충하려는 시도도 있다.

물론 이러한 것들도 필요할 때가 있다. 하지만 유행이라는 것은 항상 변하고 새로워지는 것이다. 오늘날 시대에는 사람이 '외로워지는 시대'이다. 아무리 컴퓨터와 사이버 세계가 인간을 즐겁게 해 준다고 해도 그것이 인간을 근본적으로 만족시킬 수는 없는 것이다. 그 때는 자신에게 정겹게 말을 걸어 주는 사람, 자신의 인생에 대해서 진심으로 대화해 주는 사람이 절실히 요구될 것이다. 그러나 이런 것을 알고 있다 해도 어느 누구도 그런 시도를 하지 않는 것이다. 그 날에 인격적인 관계를 중시하며 복음을 그 심령에 심으려는 학생 복음 운동가들은 하나님께 귀하게 쓰임 받을 것이다. 이 방법은 어떤 면에서 가장 변하지 않는 진부한 방법으로 느껴지기도 한다. 그러나 이 방법이야말로 가장 성경적인 방법이다. 예수님은 병을 고치는 눈에 보이는 방법으로만 복음을 전하지 않으셨다. 그 시대의 지식인인 니고데모와 밤늦게까지 깊은 대화를 나누셨으며 (요 3장), 다섯 남편을 둔 사마리아 여인과 정오의 햇볕아래에서 오랫동안 대화하심으로 그녀의 심령에 영원한 생명수가 솟게 하셨다. 사랑과 대화 그리고 섬김으로 전하는 복음은 예수님이 사용하셨던 선교방법이며, 이것은 또한 소외의 고통이 넘치는 미래에도 꼭 필요한 선교의 방법이다.

성경중심의 복음주의 운동의 강화

미래 사회는 현시대의 다원주의가 더욱 가속화될 것이다. 다원주의란, 기독교도, 불교도, 유교도, 무신론도 서로를 인정하는 시대이다. 다시 말해서 다른 사람의 종교나 신념을 자신에게 강요하기를 거부하는 시대이다. 사사기에 보면, 이 시대의 혼란의 근본적인 원인을 이렇게 말씀하고 있다.

> 그 때에 이스라엘에 왕이 없으므로 사람이 각각 그 소견에 옳은 대로 행하였더라(삿 21:25)

미래 사회는 사람들의 자율성이 강조된 나머지 각각 자기 소견대로 사는 시대가 될 것이다. 그러나 이러한 시대가 되었다고 하여서 인간의 영혼도 변하는 것은 아니다. 인간 안에 내재하고 있는 진리와 구원에 대한 영혼의 갈구는 변하지 않는 것이다. 모든 사람들은 자신의 신념에 따라 살지만 사람들은 그러한 자신의 신념이 자신을 구원하여 주지 못할 것이며, 또한 그것이 진리가 아님을 알 것이다. 거짓된 사상과 신념 앞에서 인간은 더욱 곤고할 수밖에 없고, 영혼은 황폐해질 수밖에 없다. 사람들은 겉으로 보기에는 강하고 분명한 것 같지만, 그 내면에는 자신을 이끌어 줄 진리와 확신이 있는 사람을 찾게 된다.

이러한 시대에 "나는 길이요, 진리요, 생명이니 나로 말미암지 않고는 하나님 나라에 들어갈 자가 없느니라"고 선언하신 예수님은 다원주의의 혼란에 빠진 그 시대에 진리의 등불이 될 것이다. 이러한 면에서 복음은 지금보다도 미래의 시대에 훨씬 능력 있고 가치 있게 될 것이다. 또 이렇게 되지 않는다면 미래는 아무리 발전하고 풍요로워진다고 하여도 그것은 재앙이요, 절망이 될 수밖에 없다. 하나님을 떠난 세상은 아무리 발전해도 소돔과 고모라 밖에 되지 않는다. 미래의 세상에서 유일한 소망은 복음 밖에 없다. 복음을 받아들이면 소망이요, 만일 거부한다면 멸망인 것이다. 바로 예수님을 믿으며, 복음을 전하고 성경을 가르치는 것을 인생의 소망으로 삼는 캠퍼스 복음 운동가야말로 하나님께서 미래의 세상에서 쓰시는 생명의 빛이 될 것이다. 따라서 다가오는 미래에 대한 최선의 준비는 다른 어떤 것보다도 대학시절에 복음을 전하고자 하는 정신과 말씀으로 준비되는 것이다. 지금 열심히 성경을 배우고 캠퍼스 복음화를 향한 선교의 비전을 가지는 것이야말로 미래의 시대를 맞이하는 가장 성실한 방법이며 최고의 준비가 될 것이다.

복음과 학문을 병행함으로 사회의 빛과 소금의 역할 감당

이미 말한 대로 대학은 그 사회에 필요한 인재를 양성하는 데 우선적인 목적이 있었다. 대학생이라면, 하나님 앞에서 그리고 사회 앞에서 반드시 유익을 주는 인재가 되어야 한다. 대학의 핵심은 학

문에 있다. 대학생으로 학문에 진지하고 열성적인 자세를 가져야 한다. 하나님의 뜻에 순종하는 것은 복음을 증거하는 것에만 있는 것이 아니라, 공부하는 데도 있다. 학문에 전념함으로 복음뿐만 아니라 세상의 지식으로도 세상을 유익하고 풍성하게 하는 사람으로 자신을 준비해야 하는 것이다. 요즘 우리 학생들은 공부를 오직 학점 따기 위해서 하는 듯이 보인다. 좋은 학점이 곧 좋은 실력을 의미하는 것은 아니다. 요즘 대학에 이상한 풍토가 있는데, 신입생들은 수업을 $\frac{1}{3}$을 빠질 권리가 있다고 생각하고 수업을 자주 빠지고 대신에 학년이 올라갈수록 특히 4학년이 되면 모범적으로 수업에 참여하는 모습이다. 이전과는 정반대의 모습이다. '대학의 첫 출발부터 학교수업을 우습게 여기는 학생이 과연 대학시절을 올바로 보낼 수 있을까?' 의문스럽다. 이런 대학생활의 첫 출발은 전체를 망치고 말 것이다. 공부를 제대로 따라가지 못하는 사람은 언젠가 그 공부에 발목이 잡혀서 영적 침체에 빠지는 것이다.

　기독청년들은 공부에도 전심전력하는 모습을 보여 주어야 한다. 기독청년들은 예수님을 잘 믿는 것뿐만 아니라 공부도 열심히 함으로 실력도 있다는 소문이 각과와 도서관에 나기를 바란다. 공부를 잘하는 사람이 복음을 전할 때에 사람들도 관심 있게 듣고 좋은 반응을 보일 것이다. 공부를 제쳐놓고 복음 열광주의에 빠질 때에 하나님 앞에서야 칭찬을 받겠지만 사람들은 "나도 너와 같이 될까봐 두렵다"고 하면서 그런 사람들을 멀리할 것이다. 공부를 잘하는 것은 자신뿐만 아니라 하나님께도 영광이 된다. 우리의 학문이 복음

역사와 사회에 유익이 될 수 있도록 노력할 수 있기를 바란다.

결 론

　대학 복음화에만 집중했던 나에게 갑자기 사회학적인 문제인 미래의 시대를 바라본다는 것은 어려운 문제였다. 그러나 대학의 역사를 바라보면서, 현대를 지배해온 대학이 여전히 미래의 사회를 지배할 것이라는 확신이 있었다. 미래를 황금빛으로 선전하고 있지만 결국은 인간의 소외와 쾌락주의에 빠지는 더욱 비참한 환경이 조성될 것이 분명하다. 오직 장사꾼들만 미래를 화려하게 선전하고 있지, 실상은 우리 자신을 포함해서 거의 모든 사람들이 미래의 사회를 어둡게 바라보고 있다. 시대가 어두울수록 "너희는 세상의 빛이라" 하신 예수의 제자들이 더욱 절실하게 필요하다.

　이러한 시대에 기독 대학인들은 미래의 사회에서도 유일한 소망과 구원의 길인 복음으로 무장이 되고 또 복음 정신으로 살고자 하는 결단이 있어야 한다. 대부분 대학생들이 자신을 하찮게 여기고 있으며 꿈이 없이 살고 있다. "미래는 준비하는 자가 얻는다"고 했다. 자신을 인재로 여기고 미래의 사회에서도 쓸모 있는 사람으로 준비되기 위해서 공부하고 또 인격을 쌓는 사람이 미래를 이끌어가는 창조적인 소수가 될 것이다. 대학은 바로 이런 사람을 위해 존재하며, 기독대학인들은 예수님 안에서 이런 사람으로 준비되어야 할 것이다. 기독대학인들은 이러한 사명과 비전을 가지면서 미래를 꿈꾸고 준비해야할 것이다. 이것이 하나님이 기뻐하시는 대학생활인 줄 믿는다.

2장

신앙과 학문

브리안 월시(Brian Walsh)의 4가지 방정식|그리스도와 학문 그리고 그리스도인|빗나간 대학의 세속화|기독대학인의 대처방안

그러므로 예수께서 자기를 믿은 유대인들에게 이르시되 너희가 내 말에 거하면 참 내 제자가 되고 진리를 알찌니 진리가 너희를 자유케 하리라(요 8:31-32)

 앞 장에서 언급한대로 기독 대학인들은 신앙에서뿐만 아니라 자신의 전공에 대해서도 잘 해야 할 책임과 사명이 있다. 대학생에게 전공은 대학생활의 대부분을 차지하는 만큼 중요한 문제이며, 또한 항상 관심 있는 문제이다. 대학생들이 한 주일에도 20시간 이상 수업에 들어가고 또 이보다 더 많은 시간은 배운 지식을 자신의 것으로 삼기 위해 도서관에서 머리를 싸매고 공부를 한다. 그런데 문제는 이렇게 중요한 전공, 즉 '세상의 지식이 진리와 생명인 복음과 어떤 관계가 있느냐?' 하는 것이다. 하나님이 세상을 만드셨다면, 이 세상의 지식도 하나님의 영광을 선포하는 것이어야 하지 않겠는가? 적어도 세상의 지식이 하나님의 영광을 선포하지는 못한다 하여도 하나님의 존재를 부인하거나 대적하는 지식이 되어서야 되겠는가? 하지만 현실은 그렇지 않다. 대학의 학문은 전혀 하나님을 인정하지 않고 있다. 이것을 매일같이 배우고 외우는 기독 학생들은 이로 인

해서 오히려 많은 혼란을 겪고 있으며, 종종 이 때문에 신앙을 포기하는 불행한 일도 있다. 무엇보다도 많은 학생들이 이러한 공부에 대한 집착으로 인해서 예수님을 믿고 헌신하는 것을 아까워하거나 부담스러워한 나머지 예수님을 떠나는 일이 많이 발생하고 있다.

이러한 면에서 오늘날 대학의 지식의 정체는 무엇이며 그리스도인으로서 이 학문을 어떻게 받아들여야 할 것인가를 생각해 보겠다. 브리안 월시(Brian Walsh)라는 분은 미국의 IVF잡지인 HIS지(1983년 11월호)에 'How to think Your Way through college'라는 글을 썼다. 그는 이 글 속에서 그리스도인이 대학에 속할 때에, 어떤 문제가 생기는지 4가지 방정식으로 설명했다.

브리안 월시(Brian Walsh)의 4가지 방정식

그리스도인 + 대학 = 그리스도인 + 대학

이러한 방식은 대부분 오늘날 기독 대학인에게서 나타나고 있다. 기독 대학생들이 자신이 정열을 쏟고 있는 전공과목과 신앙의 관계를 전혀 알지 못하고 있는 것이다. 이것은 '고립주의자의 선택'이라고 할 수 있다. 이들은 전공과목과 자신의 신앙을 고립시키고 있다. 공부는 도서관과 학과 교실에서 열심히 하고, 기독 대학인으로서 활동은 기독교 모임이나 성경공부 그리고 약간의 전도활동으로 보내고 있다. 때때로 믿지 않는 불신자 친구에게 복음을 전하기도 하면서 스스로 신앙생활에 충실하다고 생각하고 있는 것이다.

그러나 자신의 전공과목에서 배우는 진화론과 과학기술에 대한 문제에서 교수의 반 기독교적인 가르침에 아무런 반론이나 문제의식을 가지지 않는다. 좋은 점수와 장학금 타는 것에 급급해서 교수가 원하는 대로 자신의 신앙양심과 반하는 답과 레포트를 쓰는 것이다.

이들은 자신의 전공과목에 대한 기독교적인 접근을 전혀 가지고 있지 않다. 자기에게 주어진 전공과목과 신앙을 분리시켜서 각각에 열심을 다한다. 이러한 모습은 대부분의 모든 기독대학인들에게서 여실히 나타나고 있다. 필자도 대학시절에 그 학교의 특정 종교에 대한 종교학 개론을 1학년 시절 교양필수 과목으로 배웠는데 이때에는 신앙이 어렸고 오직 학점을 잘 맞아야겠다는 욕심으로 열심히 공부하고 교수가 원하는 답을 썼다. 그 결과로 만점을 받아서 그리스도인으로서 그 과목의 최고점수를 맞는 영광을 누리기도 했다. 그러나 지내놓고 보면 이것은 부끄러운 일이 아닐 수 없다. 어떤 면에서 자신의 신앙을 부인하는 결과를 가져오는 것이다. 일반적으로 자신의 신앙양심을 시험 시간에 부정행위를 하지 않고 정직하게 답을 쓰는 도덕적인 것에만 제한하고 이를 지킨 것으로 만족하는 경향이 있다. 그러나 오직 좋은 학점을 받기 위해서 자신의 신앙을 부인하는 답을 쓰는 것도 신앙양심을 저버리는 것이다.

우리 기독대학인들은 대부분 이러한 문제에 부딪쳐 있다. 기독교

교리와 신앙이 전혀 학문적이 아니라는 생각 때문에 그것을 자신의 학문에 적용하기보다는 수업시간에 배운 가르침을 외워서 레포트와 시험을 치르기에 바쁘지 않은가? 그리스도인으로서 세속의 대학에서 도피하는 고립주의자의 선택이라고 할 수 있다.

그리스도인 + 대학 = 양쪽 모두 약간씩 속하는 사람

이 경우는 학문에 대하여 개방적인 신앙의 자세를 취하는 경우이다. 고등학교 시절까지는 기독교 교리와 성경을 무비판적으로 믿다가 대학에 들어와서 철학과 교양 등을 배우면서 신앙을 수정하는 경우이다. 물론 우리가 기독교 교리 외에는 무조건 배타적인 자세를 가지는 것도 바람직한 것은 아니다. 배타적이고 자신이 배운 교리만을 무조건 주장하는 것은 어떤 면에서 정통 보수파라고 말할 수 있을지 모른다. 그러나 이것은 얼마 가지 않아서 회의적인 마음을 불러일으키게 된다. 그들은 틀림없이 자신의 생활 속에서 논리적 모순에 빠지게 될 것이다.

그러므로 기독 대학인은 자기가 알고 있는 주장에 얽매여 있어서는 안 된다. 오히려 열린 마음으로 새롭게 배우고 적용할 줄 알아야 한다. 그러나 이러한 문제는 실제로 어렵다. 세속의 대학이 우리에게 가르치는 내용이 성경적이지 않기 때문이다. 상당수의 기독대학인들은 대학에 와서 성경을 색다르게 해석하려고 시도한다. 예수님의 말씀을 부처와 공자의 말씀과 비교해 보기도 하고, 예수님의 치유의 역사를 심리적인 힘의 결과로 생각하려고 한다. 한 때 예수님의 탄생이후부터 30세가 되기까지 성경에 나와 있지 않는 부분에 관해서 '예수님이 인도에서 수도했다'는 책을 어떤 사람이 써내서 큰 인기를 끌었다. 학생들은 그러한 것을 읽고 예수님에 관해서 다시 생각하고 그의 말씀을 인도의 교훈으로부터 온 것으로 여기기까지 한다. 또 예수님을 판 가룟 유다에 관해서 성경은 분명히 돈을 사랑하는 도적으로 말하고 있음에도 불구하고, 소설책을 읽고 그가 애국자로서 나라를 구하기 위해서 팔았다고 미화한다. 그러한 사실을 성경공부 시간에 가지고 와서 마치 새로운 발견을 한 것처럼 말하고 주장하기도 한다.

이들은 자신들의 주장이 성령의 감동으로 된 하나님의 말씀을 부인하고 있다는 사실을 조금도 인식하지 못하고 있는 것이다. 결국 이들은 예수님께서 말씀하신 "나는 길이요 진리요 생명이니 나로 말미암지 않고는 하나님의 나라에 들어갈 자가 없다"는 말씀을 정면으로 거부하는 것이다.

학교 다닐 때, 다른 종교를 가진 철학 교수는 기독교 철학자인 폴 티힐리의 '궁극적 관심'에 관한 책을 많이 인용하고 설명하였다. 그는 이 궁극적 관심이 기독교의 하나님이며, 동시에 모든 종교의 구원이 이 궁극적 관심을 통해서 이뤄진다고 하였다. 신학자에 대해서 무지한 나로서는 이 신학자의 말에 크게 공감이 되었고 한때는 기독교를 비롯해서 모든 종교를 동등하게 생각하기도 했다. 대학의 새로운 지식이 오히려 신앙을 모호하게 만드는 결과를 가져온 것이다.

대학에 와서 신앙의 순수성이 변질되는 사람이 많다. 이들의 생활은 대부분 문란한 경향이 있다. 왜냐하면 자기가 좋은 대로 성경과 신앙을 해석하고 또 잘못된 자신의 생활을 합리화하려 하기 때문이다. 이러한 경우 인본주의적인 신앙으로 흐르는 경향이 있다. 선배나 친구들은 신앙을 지키려고 술과 담배와 그리고 쾌락적인 모임을 거부하는 그리스도인들에게 "나도 신자인데…"하면서 그럴듯한 말로 우리 신앙의 순수성과 우선권을 버리게 한다. 이런 분들이 우리 주변에는 너무도 많은데 참으로 안타까운 일이 아닐 수 없다.

그리스도인 + 대학 = 비 그리스도인

대학에 들어와서 신앙을 포기하는 사람들이 많다. 우리가 전도할 때 만나는 상당수의 사람들이 전에 교회에 다녔던 사람들이다. 본래 불신자였던 사람을 만나기보다는 전에 교회에 출석하였다가 현재는 그만둔 대학생들을 많이 만나게 된다. 이들이 대학에 들어와서 신앙을 버리는 원인을 보면, 먼저는 대학에 들어오게 됨에 따라 하나님께 아쉬운 문제가 없어졌고 두렵지 않게 되었기 때문이다. 또 다른 문제는 대학가에 만연하는 방탕한 삶 때문이다. 이들은 고등학교 시절만 해도 대학입시 때문에 청교도적인 생활을 했다. 대부분 자신이 지원한 학교를 찾지 못해 부모님의 손을 잡고 원서를 내러 왔었다. 그런데 이들이 대학에 들어오자 청교도적인 생활에서 갑작스럽게 해방되면서 많은 시간과 자유를 누리게 되었다. 매일 벌어지는 미팅과 축제, 각종 모임을 통하여 술, 담배와 즐기는 법을 배우게 된다. 이러한 것들은 예수님만 바라보던 인생철학의 관점을 바꾸어 버린다. 이러한 과정 속에서 이들은 인생은 먹고 마시고 즐기며 성공하는 데 목적이 있다고 생각하게 된다. 무엇보다도 심각한 문제는 자신의 신앙과 학문이 대립될 때 자신의 신앙을 버리기로 결심하는 것이다.

이것은 마치 연약한 인간이 신앙을 심리적인 평화를 얻기 위한 수단으로 여기고 그러한 유아기 같은 마음을 버리기로 작정하는 것과 같다. 또 시대적인 문제 앞에서 교회와 기독교가 적절한 해결책을 주지 못함을 보고 크게 실망하여 그리스도를 거부하고 그 시대의 사상이나 주장을 받아들이는 것이다. 한때 독재정권에 격렬하게 대항한 운동권의 학생들의 대부분들이 그리스도인이었다. 이들 중의 상당수는 기독교의 교리에 대해서 회의를 품고 운동권의 교리를 선택하였다. 이들 보기에는 교회와 기독교가 이 나라의 민주주의를 이루는데 해결책이 되지 못한 것으로 보였던 것이다. 이렇게 되기까지 방치한 한국교회의 잘못도 있지만 그러나 이런 이유로 자신의 신앙을 버린다는 것은 참으로 비극 중의 비극이라 하지 않을 수 없다.

그리스도인 + 대학 = 기독 대학생

이것은 우리가 추구하는 가장 이상적인 공식으로서 자신의 신앙과 전공과목을 통합하는 것이다. 자신의 신앙과 학문을 일치함으로 신앙 안에서 공부하는 의미와 목적을 발견하는 것이다. 아울러서 단지 대학에 소속되어 있는 것만이 아니라 대학을 사명의 터전으로 삼고 그리스도의 뜻 가운데 변화시키는 것이다. 이것이야말로 가장 바람직한 기독 대학생의 모습이며, 주님께서 우리에게 원하고 계시는 제자의 삶인 것이다. 이것을 목표로 대학에 두신 하나님의 뜻과 우리가 나아가야 할 방향에 대해서 생각해 보도록 하겠다.

이상이라는 것은 현실과 판이하게 다른 것을 말한다. 아무리 노력해도 우리가 현실에 속해 있는 한 이상을 이룰 수는 없다. 이상이란 인간의 노력으로부터 달성되는 것은 아니다. 인간은 완전할 수 없기 때문이다. 불완전한 인간이 완전을 이룬다는 것 자체가 모순이다. 완전한 것은 주님의 재림의 날에 우리에게 은혜 가운데 임할 것이다. 그러나 이상은 한편으로 우리의 소망이요, 사명이다. 주님께서 말씀하시기를 "너희는 먼저 그의 나라와 그의 의를 구하라" 하셨다. 비록 이 땅에서 이상적인 대학을 성취할 수 없지만 이상을 목표로 노력하고 준비하는 것이 기독 대학인으로서 올바른 삶의 자세이다.

여기에서 완전한 문제 해결책을 제시하거나 우리의 삶을 변화시키지 못할 수 있다. 그러나 현실에 대해서 우리가 문제의식을 가지며, 전공과목에 대한 신앙적인 관점을 가질 수만 있다면, 이것은 이상을 향하여 나아가는 거룩한 발걸음이 될 것이다.

그리스도와 학문 그리고 그리스도인

그리스도와 학문

예수님은 요한복음 14장 6절에서 "내가 곧 길이요 진리요 생명이니 나로 말미암지 않고는 아버지께로 올 자가 없느니라"하고 말씀하셨다. 예수님은 자신을 '진리'라고 선언하셨다. 이 진리라는 의미는 단순히 천국에 가는 데만 적용되는 특별한 단어일 수가 없다. 이것은 모든 것에, 심지어 우리 학문에도 적용될 수 있는 포괄적인 진리이기도 하다.

이에 대해서 사도 바울은 예수님에 관해서 골로새서 1장 15-20절에서 다음과 같이 말씀하고 있다.

그는 보이지 아니하시는 하나님의 형상이요 모든 창조물보다 먼저 나신 자니 ……… 그의 십자가의 피로 화평을 이루사 만물 곧 땅에 있는 것들이나 하늘에 있는 것들을 그로 말미암아 자기와 화목케 되기를 기뻐하심이라

이 말씀에서 반복적인 단어는 '만물'이다. 즉 예수는 "만물의 창조자이시며, 만물 이전에 존재하신 분이요 만물이 그 안에서 화목되어야한다"는 것이다. 즉 그는 "만물의 창조주이시며 구속주이시다"라는 것이다. 예수님께서 이 땅에 오심은 단지 죄로 죽어 가는 인간만을 구원하기 위해서 오신 것이 아니라, 죄가 세상에 들어옴으로 타락하게 된 인간과 만물을 구원하기 위해서 오셨다는 것이

다. 인간의 죄는 인간만 타락시킨 것이 아니라 세상의 만물도 죄의 세력 하에서 멸망 받을 처지에 놓이게 했다. 창세기에 보면 창조된 세상은 하나님 보시기에 심히 좋은 세상이었다. 그러나 하나님은 인간의 타락으로 말미암아 땅에 저주를 내림으로 땅은 가시덤불과 엉겅퀴를 내게 되었고 그로 인해 인간의 노동에 고통을 더하셨다. 자연과 벗삼아 살던 인간에게 자연은 이제 삶의 터전이면서 끊임없이 생명을 위협하는 도구가 되었다. 물을 필요로 하는 인간에게 홍수는 재해가 되었고, 짐승은 인간에게 다스림 받기보다는 인간을 위협하는 존재가 되었다. 자연은 유익하면서도 위협적이어서 조금만 지나치면 인간이 위협을 받게 되었다.

결국 이 모든 것은 죄로 말미암아 하나님과 인간 그리고 자연의 관계가 깨어졌기 때문이다. 결국 그리스도의 오심은 이 깨어진 관계성이 회복되어 화목케 되는 것이다. 즉 그리스도의 재림은 단순히 죄인을 구원하여서 하나님 나라에 들어가는 차원이 아니라 세상의 만물도 본래 하나님이 지으신 아름다운 창조의 세계로 회복되는 것이다.

우리가 그리스도인이라는 사실은 성경이 증거하는 "예수님이 만물을 창조하시며 주관하시는 분이다"라는 성경의 진리를 믿는 자라는 것이다. 학문은 세상에 존재하지 않은 것을 연구하는 것이 아니라 세상에 존재하는 것, 즉 만물인 세상과 사람 그리고 물질 등의 본질을 찾는 것이다. 그 속에서 존재하는 것들의 원리와 이치를 찾아서 인간과 세상에 적용하여 유익케 하는 데 목적이 있다. 즉 학문이란 우리 인간 편에서는 새로운 것을 찾는 노력이지만 창조주 하나님 편에서 볼 때, 이미 창조를 통해서 인간에게 준 비밀들을 많은 연구와 노력을 통해서 비로소 밝혀내는 것이다. 그래서 전도서 기자는 "해 아래 새로운 것은 아무 것도 없다"라고 말한 것이다.

따라서 "만물의 주인 되시는 예수 그리스도는 또한 학문의 주인이시다"라는 명제를 가지고 우리 그리스도인들은 자신의 전공과목에 대한 이해와 학습의 방향을 정해야 한다. 결국 대학에서의 그리스도의 영광이란 전도와 선교를 통해서만 나타나는 것이 아니라 학문에 대한 기독교적인 접근을 통해서 나타나야 하는 것이다. 그리스도의 주권 밖의 세계라는 것은 존재하지 않는다. 복음 역사뿐만 아니라 학문의 세계 속에서도 그리스도의 주권과 영광이 존재하는 것이다. 그렇다면 이 학문의 주체자인 그리스도인들은 어떠한 마음가짐과 자기에 대한 인식을 가져야 하겠는가?

학문과 그리스도인

오늘날 한국 그리스도인이 1000만을 넘어섰다. 이 정도면 전 국민의 $\frac{1}{5}$에 해당되는 숫자이다. 또 신자의 수준이란 전체 국민의 수준에서 볼 때, 그래도 상당히 깨어있는 부류라고 여겨진다. 이 정도의 숫자와 수준이면, 김교신 선생이 기도한 "성서조선"을 이룰 수 있는 정도이다. 얼마든지 세상을 성경적으로 바꿀 수 있는 힘을 가지고 있는 것이다. 새벽기도와 예배를 그렇게 많이 드리는 이 나라가 성경적인 나라가 되지 않다는 것이 오히려 이상하다. 어느 누구도 이 나라를 성서한국이라고 부르지 않는다. 기독교에 대해 거의 무지한 일본이 우리보다 훨씬 질서 있고, 교양 있는 나라라고 우리 스스로도 인정하는 이유는 무엇인가? 하나님의 백성이 세상의 사람보다 수준이 떨어지는 이유가 무엇인가?

우리나라 교회에는 법률가, 의사, 정치가, 농민, 사업가, 정신과 의사 등이 많이 있다. 목사님들은 국회의원의 $\frac{1}{3}$이 그리스도인이라고 자랑하고 이들이 국회에서 예배를 드린다고 말하면서 성서한국이 일어날 것처럼 말한다. 그러나 정작 나라의 정치적 수준은 여전히 낮을 뿐만 아니라 오히려 기독교 신앙을 가진 정치인들이 많은 문제들을 일으키고 있다. 많은 그리스도인들이 장관을 비롯한 정부의 요직에 기용되었지만, 그들 중의 상당수가 자신이 저지른 비리 때문에 도중에 하차할 수밖에 없었다.

문제는 교인은 많지만 기독 법률가, 기독 의사, 기독 교사가 없다는 것이다. 즉 자신의 신앙과 자신의 신분이 통합되어 신앙이 삶에 적용되어 나타나는 것이 아니라 각각 고립되어서 나타나는 것이다. 그래서 교회에서는 충성스런 사람이요, 사회에서는 자신의 직업에 유능한 사람이 되지만 이것이 서로 상관이 없이 각각 따로따로 노는 것이다.

많은 대학생들은 자신에 대해서 이렇게 말할 수 있을 것이다.

"나는 우리 집안의 장남(차남)이며, 깻잎 팔아 대학에 온 대학생이며, 그리스도인이다."

이 말 속에 담겨져 있는 의미는 무엇인가? 자신에 대한 소개를 하는데 있어서, 장남, 대학생 그리고 기독교인으로서 밝히고 있다. 이것은 내가 신앙인이라는 사실이 나의 여러 가지 신분 중의 하나에 불과하다는 것이다. 우리 자신은 매일 경건 생활에 힘쓰는 기독 대학인이 될 수 있다. 그러나 자신이 예수님의 제자라는 사실을 자신의 집안에서의 위치와 취미활동 그리고 전공과목에서 분리시켜서 생각한다.

우리 자신이 예수님의 제자라는 사실을 단순히 종교생활인 예배와 성경공부 그리고 전도 등에만 고집하게 된다면, 신앙과 전공과목이 어떤 관계가 있는가를 질문 받을 때 우리는 아무런 말도 할 수 없는 것이다. 이처럼 신앙과 생활을 고립하고 분리하는 것이야말로 세상을 변혁하지 못하는 무기력한 그리스도인이 되게 하는 것이다. 더 나아가서 우리 자신을 세속화된 신자로 전락시키고 마는 것이다. 집사요, 장로이면서도 사회의 불법적인 관행을 아무런 의식 없이 당연하게 범한다. 이런 것들이 바로 성서한국을 가로막는 중요한 원인이다. 우리가 그리스도인이라면 우리의 신앙이 우리의 삶의 전 영역에서 나타나야 한다. 결코 그리스도인이라는 것이 우리의 삶의 일부분이 되어서는 안 된다.

따라서 기독 대학인들은 세상의 학문에서도 세상 사람과 다른 기독교적인 관점을 가지고 접근해야 한다. 그러할 때 세상 사람들은 이해하지 못할 수도 있다. 또 많은 불이익을 받을 수 있다. 기독교적인 관점을 가지고 쓴 시험지와 레포트를 인정하고 좋은 점수를 주는 사람은 거의 없다. 그러나 이러한 불이익을 감수하면서 끊임없이 노력해야 한다.

그리스도인은 그리스도인으로서 자신이 누구인지를 아는 정체성을 가져야만 한다. 우리의 신앙이 단순히 도덕, 윤리 그리고 영적인 면에만 머물러서는 안 된다. 우리의 삶 전체를 이끌어 가는 진정한 진리가 되어야 한다. 이것이 바로 우리의 복음 전도 못지않은 기독대학인들의 사명이다. 이에 대한 문제의식을 가지고 준비하며 노력해야 되는 줄 믿는다.

빗나간 대학의 세속화

'죄'라는 단어의 어원은 '중심에서 빗나갔다'라는 의미를 가지고 있다. 우리가 잘 아는 영국의 옥스퍼드와 프랑스의 파리대학이 대학이라는 이름으로 중세 때 남들 보다 앞서 만들어졌다. 이들의 핵심은 신학으로서 교회를 위한 것이었다. 우리가 잘 아는 세계 최고의 명문대학인 하버드 대학의 모토는 '그리스도와 교회를 위하여'라는 것이며, 그 주변에는 '진리'라는 말씀이 둘러싸고 있다. 이들 대학에서 세계를 이끌어 가는 수많은 인재들이 양산되었다.

이 대학들은 본래 성경적인 대학의 이념을 두고 만들어졌다. 그러나 시간이 지나면서 이러한 창립 취지로부터 벗어나게 되었다.

이들은 이러한 '벗어남'을 학문의 진보로 여겨왔다. 그것은 진화론을 기초로 한 학문, 인간을 기계적으로 분석하려는 것, 놀라운 과학문명 등이다. 그 이면에는 하나님의 문화 창조가 아닌 파괴와 멸망을 이끄는 무기와 기계들 그리고 인본주의에 기초한 경영철학과 정치 등을 만들었다. 대학들의 진보적인 성향들의 공통점은 놀랍게도 창립취지인 그리스도와 교회에 대해서 등을 돌린다는 점이다.

이러한 것은 서양의 대학들이지만 서양의 대학의 커리큘럼과 학문을 본뜨기에 바쁜 우리나라 대학의 경향도 이러한 방향으로 나아가고 있다. 우리나라에도 큰 도시마다 기독교 대학이 있다. 그 대학의 모토는 분명히 기독교적인 모토를 가지고 있다. 그렇다고 해서 그 대학에서 가르쳐지고 있는 것이 성경의 가르침과 일치하고 있지는 않다. 세속적인 대학과 전혀 다르지 않다. 기독교 대학이라는 이념이 부끄러울 정도이다.

언젠가 모 기독교 대학에서 학생들이 1주일에 한번 있는 채플을 없애자고 데모를 했다. 학생들도 이럴 정도이니 대학에서 무슨 기독교적인 가르침과 분위기가 있겠는가? 말이 기독교 대학이지 진정으로 성경에 기초한 학문 연구와 가르침이 행해지는 대학은 없다. 오늘날 우리 대학을 하나님의 뜻과 벗어나게 이끌어 가는 세력들은 무엇인가?

대학의 이원론(dualism)

이원론(dualism)이란 서로 대립된 두 개의 원리로부터 전체를 설명하려는 입장을 말한다. 오늘의 주제는 신앙과 전공과목이다. 이 제목에는 '과' 라는 접속사에 의해서 병렬로 연결되어 있는데 이것은 신앙과 전공과목이 서로 분리되어 있는 영역이라는 전제가 이미 있는 것이다. 이것 역시도 이원론적 주제이다. 이러한 이원론적 사고의 일상적인 예로서 '학문과 신앙, 과학과 종교, 종교와 사회참여, 이성과 계시, 영과 육신' 등으로 말할 수 있다. 이러한 사고들이 우리의 삶의 상당한 영역을 지배하고 있다.

이러한 이원론은 대학은 오직 지적이고 과학적인 문제들만을 다루며, 교회는 영적이고 도덕적인 문제를 다루는 것으로 분업화시킨다. 그리고 각각의 고유한 영역에 대해서 간섭하기를 싫어하는 것이다. 과학을 종교가 간섭하고 설명하는 것을 거부하며, 인간의 정신과 삶에 대해서 '하나님 운운....' 하는 것을 광신자로 여기고 혐오하기까지 한다. 이러한 이원론이 주장되고 있는 곳에서는 신앙이 교회 밖의 세상에서 영향력을 발휘하지 못하는 것이 당연하다. 한국교회의 신앙의 열매가 세상에 나타나지 못하는 것은 이러한 이원론에 바탕을 두고 있기 때문이다. 교회가 타락하고 멸망할 세상에 관심을 두지 않기 때문이다. 오직 교회 생활만이 중요한 것이다. 이러한 이원론적 인식이 교회와 세상을 분리한다. 그리고 그리스도인들은 교회에서 거룩하게 보내고 세상에서는 세상의 철학을 가지고 살아간다. 오늘날 대학의 위기는 이러한 이원론적인 사고가 대학을 이끌어 가는 중심적인 사고부터 나오고 있다.

학문의 객관성과 중립성의 오류

학자들은 자신들의 고유한 학문의 관점을 가지는데 이것을 '학(學)'이라고 한다. 이러한 학(學)을 위해서는 우리가 잘 아는 '논문'이라는 것을 써서 발표해야 하고 그것이 다른 학자들로부터 인정을 받아야 한다. 학자들은 이러한 자신의 학설을 주장하기 위해서 많은 시간과 정열, 심지어는 일생을 바치기도 한다. 이렇게 사는 동안에 이들은 자신도 모르게 자신의 학문을 진리요, 가장 객관적인 사실로서 영접하게 된다. 대부분 학자들의 특징은 자신의 주장을 끝까지 고집하는 경향이 있다. 여기에서 그들은 권위와 학문의 보람을 찾기도 한다.

그러나 문제는 이들이 이러한 학문을 추구하는 과정에서 또는 학문을 추구하기 전에 이미 나름대로의 세계관을 가지고 있다는 것이다. 세계관이란 말 그대로 '세계를 보는 관점'이라고 할 수 있다. '세계는 어디서부터 왔으며 또한 어떻게 만들어졌는가?' 이러한 질문은 물리학자와 철학자들만의 질문은 아니다. 모든 사람은 알게 모르게 이러한 질문을 하고 있고, 또 스스로 답을 가지고 있다. 아무 것도 모르는 무지한 사람이나 먹고살기에 정신이 없는 사람도 이러한 질문을 스스로에게 끊임없이 던지고 있으며, 또한 답을 가지고 있다. 왜냐하면, '세계가 어떻게 만들어졌는가?'에 따라서 우리 인생도 결정되기 때문이다. 어떤 이는 '죽으면 끝이다' 하고 말하기도 하고, 어떤 이는 불행이 닥치면 '전생에 무슨 업보냐' 하고 말하며 우리 조상들은 '못되면 조상 탓, 잘되면 내 탓이다'라고 말하기도 한다. 또 그리스도인들은 '주님의 영광을 위해 살고 죽으면 천국에 간다' 라는 말을 한다. 이러한 말속에는 세계관들이 들어 있는 것이다. 허무주의적인 세계관이 있고, 오직 존재하는 것만이 의미가 있다는 유물론이 있으며, 불교의 윤회설 그리고 하나님이 온 세상과 인간을 창조하시며 그의 뜻대로 세상을 다스리신다는 기독교의 창조론 등이 있는 것이다.

이러한 세계관이 학문을 통해서 나타난다. 어느 교수도 자신의 학문을 객관적이고 중립적으로 가르치는 법은 없다. 이미 학문이라는 것도 자신의 세계관에 따라서 정립된 것이다. 불교신자 또는 무신론자가 기독교의 창조론을 관점으로 자신의 학문을 구성하지 않는다. 이들은 자신의 철학에 따라 자신의 학문을 구성하고, 그것을 강의 시간에 가르친다. 아무리 유기화학, 무기화학과 같은 과학적 지식만을 가르친다고 하여도 그 속에는 가르치는 교수의 철학이 은근히 내포되어 함께 가르쳐지는 것이다. 교수의 가르침에는 기본적으로 '세계는 어떻게 만들어 졌으며, 인간이란 무엇이며, 신이란 어떤 존재인가?' 하는 가르침이 있다는 것이다. 아무리 이러한 질문에 대해서 무관심하고 혐오하는 교수라고 해도 이미 그의 잠재적인 정신 속에는 어떤 신앙과 철학을 가지고 있는 것이다. 그러므로 학문은 객관적이고 중립적일 수 없다. 그것은 각 사람의 신앙과 철학에 기초를 둔 것이다.

비 신앙적인 교수로부터 반 기독교적인 가르침이 강의실에서 엄청나게 쏟아지고 있다. 적어도 하루에 4시간 이상씩 대학생들은 많은 교수님들로부터 혼합된 우상숭배적인 신앙과 철학을 듣고 있다. 이러한 가르침을 듣고 있으면서도 그리스도인의 신앙이 변질되지 않는다면 그것은 이상한 일이다. 적어도 세뇌를 받아서라도 변질이 될 것이다. 그럼에도 불구하고 많은 그리스도인들이 신앙의 순수성을 유지하고 있는 것은 주님의 은혜와 보호하심이 아직도 대학에 남아 있기 때문이다. 이러한 점에서 본다면, 대학의 선교와 성경공부는 아주 시급한 것이며, 기독 대학인들은 전공공부 못지않게 성경공부도 열심히 해야 한다는 것을 알 수 있다.

세속적인 가치기준

우리가 기독교적인 사고를 하고 대학에서 적용하기 시작할 때, 우리는 심각한 대가를 치르게 된다. 나의 선배 중의 하나는 삼투압에 관해서 설명할 때, 하나님의 자연은총 가운데 하나라고 답안을 구성하였는데 겨우 F학점을 받지 않는 것으로 만족해야 했다. 내 아내는 3.1운동에 관한 졸업논문을 썼는데, 교수들은 기독교적인 관점에 관해서 혹평을 하면서 다시 쓰라고 해서 많은 고충을 당하였다. 이러한 문제점을 대학에 다니는 그리스도인들이면 공통적으로 느끼지 않을 수가 없다. 나는 종종 기독 학생들로부터 기독교를 무시하고 비난하는 교수님에 관해서 듣는다. 이러한 교수의 시험에 대해서 어떤 답안지를 구성해야만 하는가? 그 교수가 원하는 답이 우리의 신앙의 양심에 배치된다는 것을 분명히 알면서도 우리는 그 교수로부터 학점을 따기 위해서 어쩔 수 없이 교수가 원하는 답을 써야 하지 않는가? 이러한 학점은 당장에는 장학금과 장래의 직장 문제에도 영향을 주기도 한다. 대학생활의 결과가 통지표로 남게 되는 것이다. 이처럼 비신앙적이고 세속적인 가치기준이 우리의 대학생활을 평가하게 되는 것이다. 우리가 그리스도를 주로 모시고 주를 위한 학문을 하려고 하여도 대학은 이것을 조금도 허용하지 않는다. 오히려 우리의 신앙적인 주장을 철저히 배격하면서 우리를 광신자로 몰기 시작하는 것이다.

결국 기독 대학생들은 어떤 면에서 그리스도를 주로 모시는 자는 학과공부를 할 때 학점에 얽매이지 않는 단호한 자세를 가져야 할 필요가 있다. 장학금에 노예가 되지 않는 학생이 되어야 하는 것이다. 이것은 가난한 대학생에게 큰 도전이 될 수 있다. 그러나 로마 시대에 신앙의 양심을 위해서 기꺼이 순교한 믿음의 선배들을 볼 때, 이것이 참 믿음의 길이라고 할 수 있다.

이 외에도 대학에는 그리스도와 교회에 대적하는 사상들이 많다. 이들은 교묘하게 우리의 신앙을 포기하게 하거나 교회생활과 전도생활로 고립하게 만든다. 이러한 우상숭배적인 악의 세력에 대해서 우리 기독대학인들은 어떻게 대처해야 하는 것인가?

기독 대학인의 대처방안

성경공부의 강화

세속화된 대학에 대해서 우리가 성경적으로 대처하기 위해서는 먼저 대학의 본질을 파악할 수 있는 영적인 통찰력을 가져야만 한다. 그리고 그 학문에 대해서 기독교적인 접근을 해야 한다. 이를 위해서는 무엇보다도 성경에 대한 깊은 이해가 필요하다. 성경에 대한 깊이 있는 연구가 없이 섣부르게 학문을 비판한다는 것은 어리석기 그지없는 것이다. 군사 독재시절에 많은 기독학생들이 교회가 침묵한다고 비판했다. 그리고 스스로 시대문제에 참여한다고 데모와 각종 학생운동에 뛰어들었다. 물론 이들이 끼친 영향력을 무시하는 것은 아니다. 그러나 이들이 그리스도인으로서 시대 문제에 대해서 얼마나 영적인 통찰력을 가지고 있었는지 묻지 않을 수 없다. 또한 하나님 말씀이 이 시대에 관해서 무엇이라고 말씀하시는지 알아보고자 애를 썼는지 묻지 않을 수가 없다. 이들은 오히려 이 어려운 시대에 "선교단체가 성경공부만 한다"고 비판을 하기도 했다. 그러나 결국 하나님의 말씀 배우기를 거절하고 무조건적으로 뛰어들었던 이들이 성경적인 민주화를 이룬 것은 아니었다.

물론 성경공부를 통한 시대의 개혁자, 대학을 변혁시키는 기독대학인을 배출하는 것은 많은 시간을 요하고 어려운 일이다. 어찌 보면 대학 4년 동안 아무 것도 하지 않고 성경공부만 가르친다 해도 제대로 된 신앙인 하나 배출하기도 어렵다. 그러나 이것이 더디고 효과적이 아니라고 해서 성경공부를 무시해서는 안 되는 것이다.

화란의 대신학자인 아브라함 카이퍼(Abraham Kuyper 1837-1920)는 학문의 영역에서 그리스도의 왕권을 선포하기 위해서 초등학교, 중등학교 그리고 자유대학을 설립하였으며, 정치와 경제 분야에도 뛰어들어 수장이 되기도 하였다. 그는 모든 분야에서 그리스도의 왕권을 선포하기 위해서 모든 분야에 뛰어들어 최선을 다했다. 이러한 위대한 인물이 어떻게 나올 수 있었는가? 이러한 위대한 인물이 단순간에 절로 된 것이 아니다. 성경에 대한 깊은 이해와 지식 그리고 이것을 진리로 확신하고 실천하고자 하는 믿음이 있었기 때문이다.

어떤 운동과 실천을 하기 전에 그리스도인들은 우선적으로 성경에 대한 깊은 이해를 가져야만 한다. 성경에 대한 지식 없이 이 세상에서 정의를 강같이 흐르게 하려고 하거나 기독교의 문화를 세운다고 하는 것은 어리석은 것이다. 기독 대학인들은 성경말씀에 대해서 너무도 무지하고 연약한 자임을 겸손히 인정해야 한다. 오늘날 대학에서 많은 그리스도인 교수들이 대학에서 기독교적 학문을 이루고자 애를 쓰고 있다. 이 분들 중 대부분은 대학시절을 성경공부에 전력하여 보내신 분들일 것이다. 대학생활 때에 배운 그 말씀이 기초가 되어서 학문에 대한 접근하는 자세와 방법이 변화되었을 것이다. 이분들은 오늘날 세속화된 대학에 기독교적인 정신으로 도전하고 개혁하고 있다. 이러한 분들이 우리 가운데 더욱 많아져야 한다. 대학을 그리스도께 바친다는 소원 가운데 기독 대학인들은 대학시절에 열심히 성경을 공부해야 한다.

기독교적인 사고

그리스도인은 그리스도인답게 기독교적인 사고를 해야 한다. 남들과 같은 생각을 하고 답을 쓰고 행동한다면 기독인이라는 것이 무슨 의미가 있겠는가? 모든 문제에 접근할 때 기독교적인 사고를 해야 한다. 우리의 전공과목에 "그리스도의 주되심"을 찾아야 한다. 그리고 그것을 증거하고자 애써야 한다. 이것은 모든 것을 신학적으로 풀이해야 한다는 말은 아니다. 그러나 적어도 기독교적인 접근 속에서 우리의 학문을 보아야 하는 것이다. 대학의 문제와 전공과목에 관한 문제의식을 가지는 것도 기독교적인 사고를 위한 것이다.

내가 본 감동적인 영화 중에 서편제와 벤허가 있다. 두 작품에는 공통점이 있다. 그것은 바로 우리 민족의 정서인 "한"이라고 할 수 있다. 서편제는 한 여인이 눈을 잃어버린 한을 노래로서 푸는 것이고 또 벤허는 한 청년이 친구의 배반으로 가족, 재산, 청춘을 다 잃어 버렸지만 그 한을 예수 그리스도의 은혜로 푸는 것이다. 이 두 가지 접근은 굉장히 높은 수준의 접근이었다. 그러나 진정한 문제해결을 어디에 있는가? 서편제는 많은 여운 속에서 무언가 답답함이 있었다. 그러나 벤허는 그 영화를 마치고 우리에게 주를 찬양하고자 하는 마음이 불 같이 일어났다.

오늘날 많은 영화나 소설은 인간의 심성을 예리하게 분석한다. 인간의 잠재적인 정신병적인 문제까지도 설득력 있게 영상화하기도 한다. 그러나 그것이 우리에게 무엇을 가져다주고 있는가? 그러한 영화나 소설은 우리에게 조금도 위로와 소망을 주지 못한다. 메마르고 파괴된 인간의 실체를 보게 할 뿐 아무런 해결책이 없는 것이다. 하지만 신앙적인 관점은 이러한 인간의 문제를 인정하면서도 그에 대한 해결책과 답변을 가지고 있는 것이다.

기독 대학인들은 전공과목이라고 해서 맹목적으로 열심히 해서는 안된다. 좋은 학점을 얻기 위해서 무조건 교수가 원하는 답을 써서도 안된다. 이러한 것들은 자칫하면 우상을 숭배하고 찬양하는 것이 되기 때문이다. 자신의 전공과목에 대해서 진지한 기독교적인 접근을 가져야 할 것이다. 또한 하나님 앞에서 내가 왜 이 공부를 해야 하며, 이 공부에 두신 하나님의 목적이 무엇인지를 깊이 생각해 보아야 하는 것이다. 하나님은 세상을 창조하신 분이다. 우리의 학문도 하나님의 창조의 은혜 속에 있다. 우리가 찾으려고 노력한다면, 자신이 하는 전공공부에 대한 하나님의 놀라운 뜻을 발견할 수 있을 줄 믿는다.

학문적 노력

교회와 성경공부에만 열심을 내는 것이 예수의 제자가 아니다. 하나님께서 우리를 대학에 보내신 것은 우리의 복음역사의 사명뿐만 아니라 우리의 학문을 위해서도 보내셨다. 우리의 사명의 터전은 영혼뿐만 아니라 학문이기도 하다. 주님의 영광은 전도뿐만 아니라 학문을 통해서도 나타나는 것이다. 공부를 사명으로 생각하고 열심히 공부해야 하는 것이다. 젊은이의 죄악된 본성 중의 하나는 어떤 일에 대해서는 정열적이지만 또 다른 일에 대해서는 게으르고 무질서한 면이 있다는 것이다. 복음역사 때문에 공부할 시간이 없다고 핑계해서는 안된다. 기독 대학인들은 시간을 아낄 줄 아는 지혜와 노력이 필요하다. 적어도 그 학과에서 최고가 되고자 하는 야심을 품고 공부하는 적극적인 자세가 필요하다. 후에 자신의 학문의 능력을 인정받아서 대학의 교수가 된다면, 그 사람은 대학을 변화시키는 데 더욱 효과적인 능력을 가지게 될 것이다.

영적인 침체에 자주 빠지는 사람들 중의 상당수는 공부가 미진하기 때문이다. 학과 공부가 부실할 때, 그것은 후에 영적인 성장에 큰 장애물이 되는 것이다. 사도 바울이 말씀하시기를 "모든 일을 주께 하듯 하라(골3:23)"고 하셨다. 주님을 섬기는 마음으로 공부에 최선을 다해야 한다. 이것이 주님이 우리에게 주시는 사명이다.

결 론

대학은 그리스도의 주권적 영역에 속해 있으면서도 그들의 창립 취지를 벗어나서 세속화되어가고 있다. 또한 그들의 주장하는 바가 교묘하게 그리스도를 거부하고 대적하고 있다. 이러한 대학에 속해 있는 사람으로서 기독청년들은 이 대학을 사명의 터전으로 삼고 변혁시켜야 한다. 기독청년의 사명은 복음역사 하나에만 있는 것은 아니다. 바로 학문에도 있다. 나의 전공과목에서도 그리스도는 여전히 진리이시며, 주인이시다.

나는 이 신앙과 학문의 분야에서 확실한 해결책을 제시하지는 못했다. 그렇게 하기에는 현실의 장벽이 너무나 높고 두껍기 때문이다. 그러나 '주의 진리는 사람의 영혼의 구원뿐만 아니라 세상의 모든 것을 포함하고 있다' 는 이 방향성을 제시했다. 이러한 방향 속에서 기독 대학인들이 끊임없이 고뇌하고 또 노력한다면, 언젠가 우리가 소원하는 기독 대학들이 세워질 것이다. 주께서 오시는 그 날에는 주를 대적한 학문들과 대학들은 수치를 당할 것이며, 멸망의 심판 가운데 영원히 사라지고 말 것이다. 우리가 추구하는 학문의 방향은 이 땅에서는 어리석은 것 같으며, 제대로 평가받을 수 없지만 그러나 주님이 오시는 그 날에 영원한 진리로 남게 될 것이다.

3장
지성인 복음운동의 중요성 I

구약에 나타난 지성인 복음역사 | 신약과 사도행전에 나타난 지성인 복음역사 | 초대교회와 중세교회에 나타난 지성인 복음역사

이러므로 제자 중에 많이 물러가고 다시 그와 함께 다니지 아니하더라 예수께서 열두 제자에게 이르시되 너희도 가려느냐 시몬 베드로가 대답하되 주여 영생의 말씀이 계시매 우리가 뉘게로 가오리이까 우리가 주는 하나님의 거룩하신 자신 줄 믿고 알았삽나이다 (요6:66-69)

 많은 기독청년들이 선교단체에서 활동한다. 이들이 헌신하는 목표중의 하나는 자신이 예수의 제자로 훈련을 받을 뿐만 아니라, 자신이 속한 대학을 복음화하고 더 나아가서 세계를 복음화하는 것이다. 대부분의 그리스도인들이 자신의 성공을 위해, 제한되어 있는 영적인 분위기 속에서 청춘의 가장 고귀한 때인 대학 시절을 이러한 하나님의 비전을 위해서 드리고자 한다는 것은 하나님 보시기에 아름다운 것이다. 이 장에서는 특별히 대학의 복음 운동가로서 자신의 대학생활을 하나님께 바치는 이 일에 대한 중요성과 그 의미를 알아보고자 한다.

신념(信念)이라는 말이 있다. 믿음이 예수님을 믿는 것이라면, 신념이란 믿음의 차원을 넘어서 하나님 앞에서 내 인생의 나아갈 방향을 찾는 것이며, 그곳에 뜻을 세우고 인생과 목숨을 바치는 것

이다. 위대한 사람들은 다 신념이 있었고, 그리고 그 신념에 목숨을 바쳤다. 예수의 제자들은 예수님에 대한 믿음뿐 아니라 신념이 있었다.

요한복음 6장에 보면, 예수님이 낙심하시는 모습이 나온다. 예수님은 자신을 따르는 무리들에게 먹을 것을 주시고, 또 병을 고치시며 죽은 자를 살리시는 놀라운 능력들을 보여준다. 사람들은 처음에는 이러한 기적을 신기하게 여기고 환호하며 예수님을 따른다. 이들은 예수님이 이러한 능력으로 자기 민족을 로마의 압제에서 건져주며, 또한 예수님을 따르는 자신들의 인생을 크게 복되게 하여 주실 것으로 생각했다. 그러나 얼마가지 않아서 사람들은 예수님에 대한 자신들의 기대가 잘못된 것임을 알았다. 예수님이 이 땅에 오신 목적은 세상에 대한 눈에 보이는 승리가 아님을 알았다. 그때에 무리들은 예수님에 대해서 낙심하고 마치 썰물이 빠져나가듯이 순식간에 빠져나갔다. 이를 본 예수님도 낙심하였다. 그리고 제자들을 바라보면서 "너희도 가려느냐?" 하고 물으셨다. 그랬더니 의리의 사나이 돌쇠 베드로(베드로라는 이름의 뜻은 '반석' 임으로 우리말로 하면 돌쇠라는 뜻임)가 즉각 대답하기를 "주여 영생의 말씀이 계시매 우리가 뉘게로 가오리이까? 우리가 주는 하나님의 거룩하신 자신 줄 믿고 알았삽나이다" 하고 대답을 했다. 대부분의 사람들이 예수님을 따르는 것이 세상적인 이익이 되지 않는다고 생각하고 떠났을 때, 제자들은 다른 사람이 가지 않는 이 길, 곧 예수님을 따르는 좁은 길을 선택하고 걸었던 것이다.

예수님이 십자가에 못 박히시기 직전에 베드로에게 "네가 닭 울기 전에 3번 나를 부인하리라"고 경고했다. 이때 베드로는 이러한 예수님의 말씀을 즉각 부인하면서 "무슨 말씀을 그렇게 섭섭하게 하십니까? 저는 죽어도 주를 부인하지 않겠습니다"라고 자신의 신념을 밝혔다. 그러나 몇 시간이 채 되지 않아서 베드로의 이러한 장담은 허위로 밝혀졌다. 비록 베드로의 장담은 실패로 끝을 맺었지만 장담을 할 때에는 진심이었다고 생각한다. 성령이 강림한 후에 제자들은 변화되었다. 제자들은 한결같이 자신들이 고백한대로 목숨을 바쳐서 예수님을 증거하는 인생을 살았다. 이들에게는 예수님을 온전히 따르는 신앙뿐만이 아니라 예수님을 증거하는 인생을 살겠다는 신념이 있었다. 이러한 제자들의 삶은 일생동안 변치 않았을 뿐만 아니라 목숨을 바치는 신념으로 살았기 때문에 제자들도 하나님의 역사에 영원한 스승으로 남을 수 있었던 것이다. 자신의 일생을 주님의 뜻 가운데 후회함이 없이 사랑하고 섬겨야 할 신념을 발견한다는 것은 중요한 것이다.

우리는 지식과 지성이라는 말을 종종 사용한다. 지식이라는 말은 오늘날에 있어서 '정보'라는 말로 크게 바뀌었다. 우리가 대학에서 배우는 학문이라는 것은 대부분 지식이라고 말할 수 있다. 사람들은 대학을 졸업하고 전문적인 지식을 가졌을 때 그를 지식인이라고 부른다. 그는 자신이 배운 그 지식을 바탕으로 살아가는 사람인 것이다. 그리고 그 지식으로 세상에서 부를 얻기도 하고 권력을 얻기도 한다. 이런 사람들은 세상에 좋은 영향력을 끼치기도 하지만, 세상을 망하게 하는 일도 저지른다. 언젠가 서울 법대가 크게 반성한 사건이 있었다. 오늘날 우리나라를 망친 것이 자신들의 죄라고 고백했다. 왜냐하면 법에 정통한 지식인만을 양성하였기 때문에 법에 대한 지식을 올바로 사용하기보다는 자신들의 부와 권력을 얻는 데 사용하였다. 지식인이 되는 것은 누구나 노력하면 도달할 수 있는 것이다.

이 지식인과 구분되는 또 다른 계층은 지성인이다. 지식을 가졌을 뿐만 아니라, 그에 맞는 인생관과 자기 철학 그리고 인격과 삶을 가진 사람이다. 지성인은 지식으로 자기의 성공과 만족을 추구하는 사람이 아니라 인생에 대한 깊은 이해 속에서 삶의 도리와 자신이 속한 사회에 대한 책임을 가지는 사람이다. 역사를 보면 바로 이러한 지성인들이 부패한 그 시대를 개혁하고 역사를 이끄는 주역이 되었다. 세상에 파묻히기를 거부하고 선과 악의 명확한 기준을 가지고 도전하고 싸우는 사람을 진정한 지성인이라고 부른다. 따라서 오늘날 우리시대는 지식인은 많아도 진정한 지성인은 찾아보기 어렵다.

우리가 추구하는 것은 지성인 중에서 특별히 기독 지성인을 세우는 것에 목표를 두고 있다. 기독 지성인이란 기독교 인생관과 철학을 가지고 실천하는 사람으로서 성서한국을 꿈꾸며 더 나아가서 세계선교를 간절히 소망하는 사람이다. 그러나 이처럼 훌륭한 사람은 쉽게 세우거나 단번에 대량 생산할 수 없는 것이다. 많은 수고와 혹독한 훈련 속에서 소수만이 배출되게 된다. 수는 적지만 이러한 사람에 의해서 민족과 세계가 변화되는 것이다. 이러한 면에서 대학 복음화를 통해서 훈련받는 기독청년들은 수가 비록 적을지라도 이들이 가진 잠재력은 엄청난 것이다.

시대를 변화시키고 역사를 이끄는 사람은 지성인이며, 특별히 교회와 하나님의 역사를 변화시키는 사람이 기독 지성인이다. 이러한 사실은 성경과 기독교 역사를 통해서 보면 확실히 알 수 있다. 하나님의 역사는 어떤 면에서 지성인 복음역사의 방향 속에서 흐르고 있음을 알 수 있다. 하나님은 그 시대에 하나님을 경외하는 지성인들을 세우셔서 그 시대를 개혁하셨다.

구약에 나타난 지성인 복음역사

하나님은 지성적 존재로서 인간을 창조하심

우리가 성경을 공부하면서 느끼는 한 가지는 하나님과 우리가 너무나 잘 통한다는 점이다. 내가 대학에 오기 전에는 불신자였는데, 그때 내가 가지는 성경에 대한 생각은 성경은 우리가 좀처럼 깨달을 수 없는 신비한 말과 뜻으로 되어 있을 것이라는 것이었다. "신의 말씀을 어찌 인간이 쉽게 깨달을 수 있겠는가?" 하는 생각이 있었다. 그러나 막상 성경을 공부해보니, 신비하기는 하지만 이해할 수 있을 것 같았다. 하나님과 어쩐지 잘 통할 수 있을 것 같은 느낌이 들었다. 이러한 감정은 우리 모두에게 있다. 하나님과 우리가 이처럼 친밀하게 잘 통할 수 있는 이유가 무엇인가? 하나님이 우리를 자신의 성품에 따라서 지성적인 존재로 창조하였기 때문이다.

하나님의 성품을 지식과 감정과 의지라고 말할 수 있다. 하나님이 이러한 자신의 성품을 우리에게 넣어 주심으로 우리도 지식과 감정과 의지를 가지고 행하는 것이다. 우리에게 주신 이 지적인 능력이 하나님을 친밀하게 알게 하고, 하나님의 마음과 감정을 이해하고 느끼며 알 수 있게 한 것이다. 우리 인간은 하나님의 성품에 따라 지성적인 존재로 창조되었다. 다시 말하면 우리의 지적인 능력은 하나님으로부터 나온 신성한 것이다.

인간이 지성적인 존재라는 것은 첫 인간의 활동을 보면 알 수 있다. 하나님은 인간을 창조하시고 "땅을 정복하고 다스리라"는 사명을 주었다. 첫 인간 아담이 하나님이 주신 에덴동산을 돌아보니, 모든 것이 잘되어 있고 풍족하기는 한데 질서가 없었다. 그래서 창세기 2장에 보면 그의 첫 사역은 모든 동물과 식물들에게 이름을 지어주는 것이었다. '너는 사자, 기린, 생쥐, 박달나무, 참나무' 등으로 이름을 지어 주었다. 아마 동물과 식물뿐만 아니라 성경에 나와 있지는 않지만 지리적인 이름도 지어주었을 것이라고 생각이 된다. 남쪽에 있는 산은 남산, 동쪽에 있는 산은 동산, 백두산, 설악산 등과 강의 이름도 지어주었을 것이다. 창조된 인간의 첫 사역은 열심히 뛰어다니거나 땀을 흘리는 일이 아니라 머리를 쓰는 지적인 활동이었다.

과학자들은 '인간은 자신의 뇌 세포의 5%정도를 사용한다' 고 한다. 많이 사용한다고 하여서 10%정도 사용한다고 하자. 인간의 IQ를 100으로 계산할 때, 만약 인간이 뇌를 다 사용한다면 적어도 1000, 많으면 2000이 되지 않겠는가? 보통 150정도이면 천재라고 한다. 만일 IQ가 1000이라 한다면 설명할 수 없는 천재가 되는 것이다. 하나님이 인간을 창조했을 때 죄의 오염이 없는 그 상태의 인간의 지성은 1000이상이 되는 놀라운 능력을 가졌을 것이다. 이 정도의 지적인 능력이라면 오늘날 우리 시대의 모든 난제를 단번에 풀어버릴 수 있을 것이다. 하나님은 우리 인간을 말로 설명할 수 없는 엄청난 지성적인 존재로 창조하셨던 것이다. 우리가 지적인 능력을 계발하기 위해서 많은 노력을 하는 것은 참으로 인간다운 모습이다.

하나님은 자기 백성에게 지성을 요구하심

우리 시대에 인기 있는 스포츠 중의 하나는 프로야구이다. 이 프로야구는 80년대 초반에 창설되었는데 그 배경에는 당시의 정치와 깊은 관계가 있었다. 젊은이들이 독재 정권에 대해 불만이 많고 사사건건 데모를 하자 이들의 관심을 다른 곳에 돌려야 할 필요가 있었다. 그래서 만든 것이 고교야구 스타를 다시 지역적으로 묶어서 만든 프로야구이다. 프로야구는 국민에게 볼거리를 제공하기 위해서 만들어진 것이 아니라 자신들의 독재정권을 감추기 위해 우민정책 속에서 만들어진 것이다. 독재정치가 있는 후진국일수록 국민을 어리석게 하는 스포츠와 향락산업이 잘 발달되어 있는 것이다.

그러나 하나님은 자신의 백성이 오직 '믿음'만을 강요하면서 맹목적으로 따르는 우매한 백성이 되기를 원하시지 않는다. 지적이며 그리고 지성적인 존재가 되기를 원하셨다. 하나님은 하나님의 뜻 가운데 자신이 가진 지식을 사용하는 백성이 되기를 원하셨다. 신명기 11장에 보면, 하나님은 이스라엘에게 율법을 주신 후에 그것을 돌판에 기록하게 하고 책에 기록하여서 항상 하나님의 말씀인 율법을 읽고 묵상하게 하셨다. 말씀을 손목에 기록하여 항상 암송하도록 하고(암송 카드), 미간, 즉 이마에 말씀을 붙여서 사람과 만날 때마다 서로의 이마에 붙어있는 말씀을 읽도록 했다. 또 집의 문설주와 바깥문에도 말씀을 기록하게 하여서 집에 들어갈 때, 나갈 때마다 말씀을 읽도록 했다. 그리고 자녀들에게 말씀을 가르쳐 전수하도록 했다(신11:18-20). 하나님은 하나님을 믿는 일에 지적인 능력을 사용하도록 하였다.

그러나 이스라엘 백성은 점차 하나님의 말씀을 거부하고 감각적이고 무아지경으로 사람을 몰아가는 우상숭배에 빠졌다. 이들은 지성보다는 감각적으로 느끼는 체험과 신비를 중시했다. 이러한 것을 지켜본 호세아 선지자는 이렇게 경고했다.

> 내 백성이 지식이 없으므로 망하는도다 네가 지식을 버렸으니 나도 너를 버려 내 제사장이 되지 못하게 할 것이요 네가 네 하나님의 율법을 잊었으니 나도 네 자녀를 잊어버리리라 (호4:6)

하나님이 이스라엘을 심판하심은 이들이 더 이상 하나님 알기를 포기하였기 때문이다. 이스라엘이 멸망한 결정적인 이유는 이들이 하나님의 말씀을 저버리고 우상숭배를 하였기 때문이다. 이들이 하나님을 향한 지성적인 노력을 포기했을 때, 하나님은 이 백성에 더 이상 의미를 두지 않았다.

이처럼 하나님은 구약의 백성들에게 하나님을 아는 지식을 가지고 그 지식의 바탕 위에서 사는 지성인이 되기를 원하셨다. 이러한 특성은 오늘날 유대인의 교육에서도 잘 나타나고 있다. 노벨상의 상당수를 유대인들이 차지했는데 그 배경에는 하나님이 그 백성에게 일찍부터 교육을 강조하였기 때문이며 하나님을 일찍부터 안 이스라엘은 오늘날에도 가장 지성적인 민족이 된 것이다.

이스라엘의 역사를 이끈 지성인들

구약에 있어서 가장 지성적인 사람을 말한다면, 아마도 모세를 들 수 있을 것이다. 모세는 유대인으로 태어났지만 당시 바로의 유아 학살정책으로 나일강에 버려졌다. 강물에 떠내려가는 아기 모세를 바로의 공주가 우연히 발견하게 되고 그 아이는 공주의 아들, 즉 왕자로 성장했다. 그는 40여 년 동안 애굽의 궁중교육을 받았다. 그는 천문, 지리, 군사학, 그리고 문학 등을 공부했다. 그 시대의 최고의 학자로부터 체계적인 공부를 한 것이다. 이러한 지적 능력은 후에 그가 이스라엘을 애굽으로부터 탈출시킬 때에 아주 중요한 역할을 하였다. 그의 탁월한 군사학은 원수를 물리치는 병법이 되었고, 그의 학문은 후에 모세 5경을 기록하여 하나님의 말씀이 역사에 남도록 했다. 모세는 그 시대에 최고의 지식을 가진 지성인이었다. 또한 그의 계승자로서 후에 가나안 땅을 정복하는 대장군이 되었던 여호수아도 탁월한 지성인이었다. 아마도 그는 모세의 시종으로서 모세로부터 많은 교육을 받지 않았는가 생각이 된다. 그는 용감하면서도 사려가 깊은 사람이었다. 그는 하나님의 약속의 땅을 정복한 대장군이었을 뿐만 아니라 여호수아 서를 써서 하나님의 역사를 기록하여 우리에게 전하여 주고 있다.

또 구약에 가장 지혜로운 분을 뽑는다면 솔로몬을 말하지 않을 수 없다. 그는 왕이 되었을 때, 하나님께 "지혜를 주소서" 하고 기도했다. 그는 그 유명한 어린 아기 재판을 지혜롭게 하여서 백성들을 깜짝 놀라게 했다. 그의 지혜가 얼마나 유명했던지, 시바 여왕이 지혜를 듣기 위해 방문할 정도였다. 그가 하나님의 지혜를 잘 사용하였을 때 이스라엘은 최고의 영광을 누렸다. 그러나 그가 망령이 들어서 이방여인과 결혼하고 방탕하자 이스라엘은 분열의 길을 걸었다. 그는 많은 잠언과 전도서를 남겨서 오늘날에도 그의 지혜를 듣게 하고 있다.

또 유다가 멸망했을 때, 바벨론에 포로로 끌려갔다가 그곳에서 바벨론 제국의 총리가 된 다니엘이 있다. 그가 이처럼 성공할 수 있었던 것은 그가 그 시대 최고의 지성인이었기 때문이다. 하나님이 주시는 지혜로 왕의 꿈을 꿰뚫어 볼 수 있었고 나라를 능력 있게 다스릴 수 있었다.

이스라엘이 바벨론으로부터 돌아왔을 때 민족적인 회개운동을 일으켜 새로운 나라로 이끈 사람은 학사 에스라이다. 우리는 대학을 졸업하면 '학사' 라는 칭호를 주는데, 이 학사는 바로 에스라에게 주어진 칭호였다. 에스라서 7:10-11절에서 이렇게 말하고 있다

> 에스라가 여호와의 율법을 연구하여 준행하며 율례와 규례를 이스라엘에게 가르치기로 결심하였었더라 여호와의 계명의 말씀과 이스라엘에게 주신 율례의 학사인 학사 겸 제사장 에스라에게 아닥사스다 왕이 내린 조서 초본은 아래와 같으니라

성경에 나타난 학사라는 말은 대학을 졸업한 사람이 아니라 성경을 연구하고 가르치기로 결심한 성경선생을 의미한다. 그는 말씀 가르치는 일에 전념함으로 성서 이스라엘을 꿈꾸는 성경선생이었다. 하나님은 이 같은 비전을 가진 그에게 자신의 인생을 기록하도록 하여 성경이 되게 하셨다.

성경에 나타난 많은 사람들이 그 시대 최고의 지성인들이었다. 자신들의 생애와 하나님으로부터 받은 말씀을 기록하여서 영원한 감동을 주는 성경을 기록하였다. 책을 쓸 수 있는 사람은 곧 지성인이 아니겠는가? 우리 모두가 내 인생을 주관하신 하나님을 감동적으로 증거할 수 있는 한 권의 책을 쓸 수 있는 지성인이 되자. 이런 기독 지성인이 된다면 성서한국과 세계선교의 꿈은 단숨에 이루어

질 줄 믿는다.

　이상을 살펴 볼 때 하나님은 인간을 지성적인 존재로 창조하셨고 하나님의 백성을 지성인으로 훈련시키셨다. 또한 하나님의 역사를 이끈 탁월한 지도자들은 한결같이 그 시대의 최고의 지성인이었다. 하나님의 역사에서 지성인이 얼마나 중요한가를 보여주고 있다.

신약과 사도행전에 나타난 지성인 복음역사

역사상 최고의 지성인, 예수님

　예수님과 지성적으로 감히 비교할 수 있는 인간이 있는가? 이 대답처럼 쉬운 것은 없다. 그 답은 "없다"라는 것이다. 예수님의 말씀은 그야말로 한마디 한마디가 진리였다. 예수님은 말씀을 전할 때에 조금도 어려워하거나 곤란해하지 않았다. 세상의 모든 것을 통해서 하나님의 말씀을 전했다. "공중 나는 새를 보라. 들에 핀 백합화를 보라. 씨를 뿌리는 농부를 보라. 한 알의 썩는 밀알을 보라" 예수님은 말씀을 전하기 위해서 고민하지 않았다. 아주 쉽지만 그러나 완전한 진리의 말씀을 증거하셨다. 종교 지도자들이 예수님을 궁지에 빠뜨리려고 많은 질문을 했다. 종교 지도자들이란 어떤 사람들인가? 그 시대 최고의 지식인들이었다. 이스라엘 선생도 있었고, 랍비도 있었다. 이처럼 머리가 좋은 사람들이 예수님을 시험하기 위해서 많은 시험문제를 제출했다. 그러나 그 시험들은 예수님을 궁지에 빠뜨리기보다는 오히려 예수님의 탁월한 지성만을 더욱 돋보이게 했을 뿐이다.

한 번은 어떤 바리새인이 예수님을 시험하기 위해서 "우리가 세금을 바쳐야 합니까?" 하며 질문을 했다. 그때 예수님은 "동전을 가져와 보라. 그 위에 무엇이 있느냐? 가이사 것은 가이사에게 하나님의 것은 하나님에게 바치라"고 말씀하심으로 종교 지도자들의 기를 꺾으셨다. 또 간음한 현장에서 붙잡힌 여인을 끌고 와서 "이 여인을 어떻게 하면 좋겠습니까?" 하고 질문했다. 예수님은 "죄 없는 사람이 돌로 치라"고 명하심으로 명쾌하게 해결하셨다. 예수님은 어떤 질문에도 막힘이 없었다. 그는 완전한 지성이 있었다.

예수님이 33세에 이러한 놀라운 지성을 보일 수 있는 비결이 무엇인가? 그가 지난 30년 동안 공부를 많이 하였기 때문인가? 천재이기 때문인가? 아니다. 그는 본래 하나님이셨다. 창조주로서 세상을 만드시고, 우주와 인생의 모든 원리를 아셨기 때문이다. 사실 지식이라는 것도 하나님의 창조로부터 나온 것이다. 하나님이 우주를 창조하지 않았다면, 어찌 사람이 우주에 대한 지식과 만물에 대한 원리를 알 수 있겠는가? 인간은 머리를 싸매고 고민하면서 하나님의 창조의 지식과 비밀을 아주 조금씩 깨닫는 것이다. 요한복음 1장에 보면, "예수님은 곧 말씀"이라고 말하고 있다. 예수님은 하나님의 온전한 지식이며, 계시되는 말씀이었다. 또 이사야 선지자는 이렇게 말씀하고 있다.

이는 한 아기가 우리에게 났고 한 아들을 우리에게 주신 바 되었는데 그 어깨에는 정사를 메었고 그 이름은 기묘자라, 모사라, 전능하신 하나님이라, 영존하시는 아버지라, 평강의 왕이라 할 것임이라(사 9:6)

예수님은 창조주 하나님이시며, 모든 지식의 근원이시다. 이러한 예수님에게 인간이 대적을 한다는 것은 스스로 자신의 어리석음만을 드러낼 뿐이다.

지성이 넘치는 예수님의 제자 훈련

지식과 지성 그 자체였던 예수님은 12명의 제자를 두었다. 이 제자들을 어떻게 양성하셨는가? 예수님은 제자들을 그 시대의 최고의 지성인으로 훈련시키셨다. 베드로와 야고보 그리고 요한의 본래 직업은 어부였다. 고기를 낚다가 예수님의 부름을 받았다. 우리는 제자들에게서 어떤 학식이 있는 모습을 엿볼 수가 없다. 그들은 좌충우돌하기도 하며, 믿음 없는 행동과 말들을 했다. 때로는 예수님으로부터 "믿음이 없고 패역한 세대여"라는 책망을 듣기도 했다. 예수님께서 십자가의 죽음을 통한 부활을 여러 차례 이야기했지만, 제자들은 끝까지 세상의 천국을 꿈꾸었다. 그러다가 결국 예수님이 붙잡혀서 십자가에 달리게 되자 모두 도망하고 말았다. 성경을 읽는 독자들은 이러한 모습을 보면서, "제자들은 왜 이렇게 어리석을까? 우리는 제자들보다 훨씬 낫다. 이런 면에서 우리는 제자로서 클

가능성이 얼마나 많은가?"라고 생각하고 자부심을 가질 수 있다.

그러나 예수님께서 제자 패거리를 만들어서 잔심부름이나 시키고 고생했다고 잔치 집이나 데리고 다니면서 먹이려고 부르셨을까? 전혀 그렇지 않았다. 성경을 공부하면서 먼저 염두에 두어야 할 것은 사도들이 복음서를 쓸 때의 시기는 영적으로 성숙해졌을 때라는 것이다. 사도들이 신앙이 성숙해서 바라보니, 지난날 예수님을 따르던 자신의 생활은 어리석음과 우매함으로 가득 차 있었다. 겸손한 사도들은 자신들이 예수님 앞에서 칭찬 받았던 잘한 일을 기록하기보다는 부족하고 책망 받았던 모습만을 기록하여 놓았다. 우리도 얼마나 실수와 허물이 많은가? 만일 우리의 허물만을 기록하여 놓는다면, 우리는 그야말로 어리석은 자로 그려질 수밖에 없다. 사람들은 복음서만을 보고서 사도들이 엄청 어리석은 사람들이었는데, 후에 성령이 임하여서 갑자기 지혜로운 사람이 되었다고 생각하는 것 같다. 그러나 사실은 그렇지 않다. 사도들의 근본은 어부였지만 예수님에 의해서 집중적인 말씀훈련을 받았다.

제자들이 무리와 다른 점은 예수님의 말씀을 사모하였다는 것이다. 이미 말한 것처럼 무리들은 예수님이 자신들에게 더 이상 유익이 되지 않을 것 같이 보이자 미련 없이 떠나갔다. 그러나 제자들은 "주께 영생의 말씀이 있사오매 우리가 어디로 가오리까?" 하면서 떠나지 않았다. 제자들은 예수님 말씀의 가치를 깨달았던 것이다. 누가복음 8장에 보면 예수님께서 씨뿌리는 자의 비유를 말씀하시는 장면이 나온다. 무리들은 그 말씀이 무슨 말을 하는지 알 수가 없었지만, 그것에 궁금하지도 않았다. 그들의 관심은 병 고치고 떡을 먹는 것에만 있었다. 그러나 제자들은 그렇지 않았다. 그 말씀의 의미에 궁금증을 가지고 조용한 시간에 예수님께 나아가서 "오늘 낮에 말씀하신 그 비유가 무엇을 의미합니까?" 하고 질문했다. 주님께서는 질문하는 제자들을 기뻐하시고 "너희에게는 천국의 비밀을 아는 것이 허락되었다"고 칭찬했다.

예수님은 제자들을 하나님의 말씀으로 철저하게 훈련시키셨다. 구약을 공부시켰고 복음을 깊이 있게 이해시키셨다. 후에 사도들이 설교를 하면 곧 그것이 하나님의 말씀이 되었고, 글을 쓰면 그것이 곧 성경이 되게 하셨다. 사도들 자신이 예수님처럼 하나님의 말씀의 사람이 되었던 것이다. 이것은 성령의 강림으로 놀랍게 변화되어 단번에 이루어진 것이 결코 아니다. 사도들이 하나님의 말씀의 사람이 된 것은 지식의 근본이신 예수님으로부터 철저하게 말씀의 훈련을 받았기 때문이다. 당시의 공부라는 것은 노트나 책이 귀하였기 때문에 철저한 암기식의 공부였다. 제자들은 예수님의 말씀하신 것을 하나도 빠뜨리지 않고 기억하였고 그것을 기록하여 성경이 되게 한 것이다.

사도행전에 나타난 제자들은 어떤 모습인가? 베드로의 첫 번째 설교를 보면(행2장), 구약을 단숨에 요약하면서 그 구약의 말씀으로 예수님이 하나님의 아들임을 증거했다. 사도행전에 나타난 제자의 설교라는 것은 그저 "예수 믿으시오"라는 선동적인 설교가 아니었다. 구약의 말씀을 통해서 예수님이 하나님의 아들임을 증명하는 논리적인 설교였다. 이것은 놀라운 지성적인 모습이다. 사람들은 이 논리적인 말씀을 들으면서 예수님이 성경에서 예언하신 그 메시아임을 확신하고 예수님을 영접한 것이다. 사도행전에 나타난 교회의 폭발적인 성장이라는 것은 성령의 감동에 의한 신비한 역사가 아니다. 철저하게 성경의 말씀에 기초한 성령의 감동의 역사이다. 오늘날 말씀이 없이 부흥사의 자기 자랑과 이상한 카리스마 같은 변론으로 사람을 사로잡는 집회들이 있는데 그것은 결코 성령의 역사라고 할 수 없다.

제자들이 설교를 하자 성령의 감동의 역사가 일어났고, 사람들이 폭발적으로 예수님을 영접하는 역사가 일어났다. 이 놀라운 사건을 본 유대인들은 충격을 받지 않을 수가 없었다. 그래서 베드로와 요한을 붙잡아 놓고, 그 악명 높은 산헤드린 공회에서 심문했다. 그런데 심문을 하면 할수록 제자들을 토론으로는 이길 수가 없었다. 수십 명의 이스라엘 최고의 지성인들이 모였지만 제자 두 사람을 이길 수가 없었다. 그래서 사도행전 4장 13절에 이들은 "저희가 베드로와 요한이 기탄 없이 말함을 보고 그 본래 학문 없는 범인으로 알았다가 이상히 여겼다"라고 말하고 있다. 이미 제자들은 예수님에 의해서 3년 만에 그 어떤 사람도 따라올 수 없는 최고의 지성인이 되어 있었던 것이다.

예수님의 제자양성의 역사라는 것은 지성인 복음역사였다. 이러한 면에서 대학생 복음운동의 중요성이 얼마나 중요한 지를 알 수 있다. 예수님이 이 시대에 다시 오신다면, 예수님은 반드시 대학에 오셔서 우리와 같이 대학 복음운동을 하셨을 것이다. 그러므로 기독 청년들이 지성인 복음역사를 감당한다고 말한다면, 지금보다도 훨씬 더 많은 성경을 공부해야 하는 것이다. 복음의 역사가 크게 성장하지 않는 이유는 젊은이들이 좋아하는 찬양과 율동이 부족하여서가 아니라, 공부하는 자세와 열정이 식었기 때문이다. 예수님은 제자들을 철저하게 말씀으로 훈련시키셨다. 자신의 말씀을 철저하게 암송하도록 시키셨다. 제자들은 인류 역사상 최고의 지성인이신 예수님에 의해서 훈련받은 그 시대 말씀의 지성인들이었다.

지성인 바울을 부르신 예수님

그는 율법에 흠이 없다고 자랑할 만큼 율법주의자였다. 그는 다른 사도와 달리 예수님을 따라다니면서 훈련을 받은 사람이 아니었다. 오히려 유대교를 지나치게 사랑한 나머지 기독교를 지나치게 미워하는 자였다. 그는 스데반을 사형시키라는 찬성표를 던진 자로서 기독교를 없애는 일에 헌신할 것을 하나님 앞에 서원한 사람이었다(행 8장). 그는 다메섹에 있는 기독교인들을 핍박하기 위해 원정을 가던 중에 홀연히 하늘로서 영광의 빛 중에 임하시는 부활하신 예수님을 만났다. 그 빛에 눈이 멀고 땅에 떨어져서 죽기만을 기다리고 있었는데, 예수님은 그를 심판하지 않으시고 오히려 이방인의 사도로 삼으셨다. 그리고 그를 통해서 비로소 복음이 유대와 예루살렘을 벗어나서 세계로 퍼지게 되었다.

그 어느 사도도 바울을 따라갈 만한 업적을 이룬 분은 없다. 그는 복음서 외에 신약성경의 1/3을 기록하고 수많은 초대교회를 개척했다. 그가 다른 사도보다 더 많은 사역을 할 수 있었던 이유는 무엇인가? 어떤 사람이 말하기를 "복음은 지성과 만날 때 더욱 강한 빛을 발한다"고 했다. 바울은 그 시대의 최고의 지성인으로서 그 탁월한 지성이 예수님과 선교의 역사를 위해서 온전히 사용되었기 때문이다. 그의 스승은 사도행전 22장 3절에 보면 "가말리엘"이라고 나오고 있는데, 이 사람은 이스라엘 랍비 중에 최고 권위자였다. 이분은 일반적인 칭호인 "랍비"라고 부르지 않고 "라반(우리의 선생)"이라고 불리웠다. 바로 이스라엘이 자랑하는 최고의 선생이었다. 그의 제자라는 사실 하나만으로도 그는 그 시대를 대표할 만한 위대한 지성인이었음을 알 수 있다.

오늘날 학자들은 사도 바울이 유대뿐만 아니라 헬라의 사상에도 정통했다는 근거를 고린도전서 2장 22절의 "유대인은 표적을 구하고 헬라인은 지혜를 구한다"라는 데 두고 있다. 이 짧은 한 마디 속에 유대신학과 헬라철학의 본질을 말하고 있는 것이다. 바울이 세계선교의 역사를 주도할 수 있었던 것은 모국어인 히브리어뿐만 아니라 세계의 언어였던 헬라어를 비롯한 세계의 각종언어를 자유자재로 구사할 수 있는 능력에 있었고 더 나아가 그들의 사상과 철학에 대해서도 정통해 있었기 때문이었다. 사도행전 17장에 보면 바울이 그리스 철학의 본거지인 아테네에 가서 복음을 전하는 장면이 나온다. 그가 연설회장인 아레오바고에 올라가서 그곳의 철학자들과 논쟁하는 장면이 나온다. 그들에게 만물을 창조하신 하나님과 부활하신 예수 그리스도를 증거함으로 몇 사람의 신자를 얻는다. 바울은 헬라 철학자들과 변론하여 그들을 굴복시킬 만큼 지적인 능력이 있었다. 사도행전에서는 바울의 마지막 모습을 로마의 죄수로서 셋방에 앉아 많은 사람을 모아 놓고 성경을 열정적으로 가르치는 것으로 그려놓고 있다. 예수님은 그 시대 최고의 지성인 바울을 부르심으로 놀라운 복음역사를 이루셨던 것이다.

중국은 1601년경에 마테오릿지라는 유명한 선교사가 처음 복음을 전파했다. 그는 중국선교를 위해서 중국의 언어와 유교사상에 대해서 깊이 있게 공부했다. 그리고 중국인 복장을 입고 복음을 전했다. 그러던 어느 날 그는 황제 앞에서 당시 최고의 유교학자와 중국말로 논쟁을 했다. 그의 복음과 탁월한 학문은 놀랍게도 이방인으로서 유교학자를 굴복시켰다. 황제는 마테오릿지의 승리를 인정하고 예수를 영접하고 카톨릭교를 왕궁에 받아들였다. 카톨릭의 복음이 유교를 이기고 황제가 예수를 영접하자 신하들이 예수님께 관심을 가지고 믿고 연구하는 것은 자연스러운 것이 되었다. 중국에는 이처럼 마테오릿지라는 지성이 넘치는 한 선교사를 통해서 중국의 핵심인 궁궐에서부터 당시의 모든 지성인들에게 폭발적인 선교역사를 이룰 수 있었던 것이다.

기독 청년인 우리에게 세계선교에 대한 소망이 있는가? 하나님의 역사를 능력 있게 이루기를 원하는가? 이를 위해서는 훌륭한 믿음과 헌신도 필요하지만 이러한 일을 뒷받침할 수 있는 지성과 지식이 있어야 한다. 지금보다도 더 열심히 성경을 공부해야 한다. 말씀에 대한 탁월한 지식과 은혜가 없는 사람이 하나님의 큰 일에 쓰임을 받을 수가 없다. 아울러서 지금하고 있는 전공에서 최고가 되어야 할 것이다. 이미 오래 전부터 선교지에서는 목사님들 보다 전문적인 지식을 가진 평신도 선교사를 원하고 있다. 우리가 하고 있는 전공분야에서 나라에 이익을 줄 수 있는 지식의 능력을 갖출 때에 우리는 세계 어느 곳에서도 환영을 받는 선교사가 될 것이다. 말씀에 대한 지식과 세상의 전문 지식이 함께 있을 때에 복음은 훨씬 능력있게 세상에 전파될 것이다.

초대교회의 지성인 사역자들

하나님의 말씀에 정통한 사람들은 예수님에게 교육을 받은 사도들뿐만이 아니었다. 사도들은 사람들이 예수님을 믿자 교회 공동체를 세우고 성경과 예수님을 가르쳤다. 사도행전 2장에 보면 베드로가 설교하자 단번에 3000명이 회개하는 역사가 일어났다. 사도행전 2장 42절에 보면 "사도의 가르침을 받아 서로 교제하였다"고 나오고 있다. 또 사도행전 5장 42절에는 "저희가 날마다 성전에 있든지 집에 있든지 예수는 그리스도라 가르치기와 전도하기를 쉬지 아니하니라"고 말하고 있다. 성경공부의 결과로 초대교회는 능력 있는 성경선생들이 많이 있었다. 초대교회의 첫 집사인 스데반은 사도행전 6장 10절에서 "스데반이 지혜와 성령으로 말함을 저희가 능히 당치 못하였다"라고 말하고 있다. 또 그의 설교가 사도행전 7장 1-53절에 걸쳐 나오고 있는데, 종교 지도자들은 이 설교를 듣고 분을 참지 못하여서 그를 돌로 쳐서 죽임으로 초대 교회의 최초의 순교자가 되었다. 스테반은 평신도였지만 종교지도자들과 논쟁에서 능히 이길 만큼 탁월한 성경선생이었다.

또한 두번째 집사로서는 빌립이 있다. 스데반의 죽음으로 인해 예루살렘에 대대적인 핍박이 있자 빌립 집사는 사마리아로 피신하여 그곳에서 말씀을 전했다. 그의 전도에 관한 기록은 사도행전 8장에 기록되어 있다. 그가 말씀을 전하자 귀신들이 쫓겨가고 병든 자와 중풍병자가 나음을 받았다. 그는 말씀에 능력이 있는 평신도 선교사였다. 초대교회의 평신도라고 해서 교회 청소나 하고 목사님이 시키는 일만 하였던 것은 아니다. 사도들 못지 않은 말씀의 능력과 지식을 가지고 있었던 것이다.

초대교회에서 가장 인상적인 교회라고 한다면 안디옥 교회를 말하지 않을 수가 없다. 이 교회는 이방선교의 역사에 전초기지로 사용되었다. 이 교회가 이처럼 하나님의 역사 앞에 귀하게 사용될 수 있었던 것은 바울에 의해서 집중적으로 성경을 공부하였기 때문이다. 바울이 바나바의 초청을 받아 이곳에서 일년동안 성경을 가르치자 세상사람들은 안디옥 교회성도를 보고 "그리스도인"이라는 별명을 주었다. 본래의 의미는 "예수쟁이"라는 별로 좋지 않은 의미였다. 그러나 이 사실을 통해서 우리는 안디옥 교회가 그 지역에서 아주 구별된 행동을 하였다는 것을 쉽게 알 수 있다. 사도행전 13장 1절에 보면 "안디옥 교회에 선지자들과 교사들이 있으니 곧 바나바와 니게르라하는 시므온과 구레네 사람 루기오와 분봉왕 헤롯의 젖동생 마나엔과 및 사울이라"고 나오고 있다. 바로 성경선생의 이름이 나오고 있는 것이다. 안디옥 교회가 세계 선교의 전초기지가 되었던 것은 그 교회의 성도가 많고 부요했기 때문이 아니다. 성경은 그런 부분에 대해서 말씀하고 있지 않기 때문에 우리는 알 수가 없다. 다만 성경은 안디옥 교회의 성경선생들에 대해서만 언급하고 있다. 이 교회는 성경선생이 양성하는 말씀 중심의 교회였음을 알 수가 있다. 이처럼 말씀의 역사가 일어나고 있었던 교회였기에 세계선교를 이끌어 가는 교회가 될 수 있었다.

이외에도 신약에 나오는 지성인 복음역사가 가지는 중요성은 얼마든지 말할 수 있다. 지성인 복음 역사의 중요성은 아무리 강조를 해도 부족한 것이다.

초대교회와 중세교회에 나타난 지성인 복음역사

사도이후 초대교회를 이끌었던 지도자들은 한결같이 그 시대의 지성인들이었다. 유명한 감독으로는 폴리캅, 이레니우스, 터툴리안, 오리겐, 어거스틴과 같은 분들이 있다.

터툴리안(150-222)이라는 사람은 법학, 수사학, 철학을 공부한 사람이었다. 그는 로마에서 법률가로서 이름을 날리고 있을 때에,

40세에 예수님을 영접하였다. 그는 자신의 법률적인 사고를 신학에 적용하여 신학을 체계화시켰다. 그가 남긴 유명한 것 중의 하나는 바로 삼위일체라는 용어이다.

오리겐(185-263)이라는 분은 애굽의 알렉산드리아 출신이다. 그는 학식이 많은 아버지로부터 교육을 받았다. 18세에 신앙입문학교를 만들어서 일반사람에게 성경과 신학을 가르치는 천재였다. 그는 매일 성경을 읽기 위해서 하루에 3-4시간만 잠을 잘 정도였다. 그는 성경 66권에 대한 주석을 기록하였고, 30여년에 걸쳐서 만든 Hexapla라는 성경이 있다. 이것은 한쪽에 히브리 원문을 붙이고 그 옆에 헬라어를 비롯하여서 당시 주요한 6개의 언어를 비교하여 볼 수 있도록 만들었다. 우리가 지금 보고 있는 영한대조성경이 있는데 이와 비슷한 것이다. 히브리 원문을 당시의 주요한 6개의 언어로 번역하여서 성경을 만든 것이다. 그의 작업이 얼마나 대단하고 위대한 것인가? 이 위대한 작품은 아깝게도 전쟁 속에서 불타버리고 지극히 적은 일부만이 지금 남아 있을 뿐이다.

그리스도인들에게 알려진 유명한 성인으로 어거스틴(354-430)이 있다. 우리는 그의 어머니 모니카를 잘 알고 있다. 그의 어머니 모니카는 젊은 날에 마니교에 빠져서 방탕한 생활을 하는 아들을 위해서 간절히 기도했다. 그가 인생에 대해서 절망하고 자살하려고 할 때, 그는 그의 어머니의 기도를 기억하고 교회에 가서 예수님을 영접하고 새로운 인생을 출발했다.

그러나 그는 어느 날 갑자기 예수님을 영접하고 위대한 성인이 된 것은 아니다. 그는 본래 탁월한 지성인이었다. 당시의 대학과정에 해당하는 최고학부를 마쳤고 유명한 고전을 통달한 사람이었다. 그는 "인간은 본질적으로 부패하여서 자유의지가 죽었다. 우리가 구원을 받을 수 있는 것은 오직 하나님의 은총으로 말미암는다"고 주장했다. 구원에 대한 인간의 자유의지의 부정은 "오직 예수님을 믿음으로만 구원을 받는다"는 구원의 원리와 일치하는 것이다. 어거스틴의 이러한 주장은 오늘날 우리 정통교리로서 받아들여지고 있다.

초대교회사를 생각해보면 로마정부의 박해를 생각하지 않을 수 없다. 네로를 비롯한 많은 황제들이 교회를 핍박했다. 목숨이 위협을 받는 심각한 상황 속에서 교회는 어떻게 버티었고, 더 나아가서 로마를 어떻게 복음화 시킬 수 있었는지 우리는 생각해 볼 수 있다. 그것은 초대교회가 지성인들에 의해서 이끌어졌기 때문이다. 이들은 박해와 어려움 속에서 말씀을 연구하고 체계화시켰다. 말씀의 연구는 하나님의 말씀이 얼마나 고상한 진리인가를 온 세상에게 드러내었고 많은 성도들에게 목숨을 바칠 수 있는 신념이 되게 했다.

마지막으로 중세교회의 지성인 복음역사에 대해 잠시 살펴보겠다.

중세교회를 이끌었던 종교지도자들도 한결같이 지성인들이었다. 중세교회를 생각해보면 언뜻 떠오르는 것이 수도원이다. 중세시대는 수도원에 의해서 이끌어진 시대라고 해도 과언은 아니다. 수도원에서 교황을 비롯한 교회지도자들이 배출되었다. 대표적인 수도원으로는 도미니크 수도원과 성 프란체스코 수도원을 들 수 있다.

프란체스코는 다음과 같이 기도했다. "오 예수님이시여, 제가 하늘 아래 아무 것도 소유하지 않게 하시고 남들로부터 구제받은 최소한의 물질을 통해 육체의 생명을 유지하도록 하소서" 그의 수도원은 이러한 기도의 취지에 따라서 청빈한 생활을 했다. 학문과 설교보다는 가난한 삶의 모범으로서 백성들에게 귀감을 주는 수도원이었다. 이들의 신앙은 후에 그리스도인들이 세상에서 어떻게 살아야 할 것인지를 보여주었다.

이와 반대의 성격을 가진 수도원은 바로 도미니크이다. 이 수도원은 스페인 출신의 도미니크라는 사람에 의해 세워졌다. 그는 당시에 이단에 빠져있는 백성을 구원하기 위해서 성경을 연구하고 설교를 했다. 그의 제자는 처음에는 16명이었다. 도미니크는 이들과 함께 열심히 공부했다. 성경을 연구하고 많은 독서를 했으며, 그 공부의 결과는 항상 백성들과 직접 만나는 설교로 나타났다. 수는 적었지만 도미니크는 12사도로 세계를 복음으로 정복한 사도들의 역사를 자신들의 비전으로 삼고 전 세계로 흩어져서 복음을 전했다.

결국 이 제자들이 가는 곳에 도미니크 수도원이 생기고 그곳에서 학문과 설교를 중시하는 역사가 일어났다. 점차 이 수도원들에 당대 최고의 지성인들이 들어와 배출되었다. 추기경과 교황이 배출되기도 했고(알렉산더 5세), 당대의 사람들은 이 도미니크 성당에 대하여 깊은 존경심을 가졌다.

도미니크 수도원을 비롯한 당시 수도원들은 지성의 전당이었다. 성경의 원본뿐만 아니라 헬라철학과 문학이 담긴 고전들을 필사하였고(베껴서 책으로 보관하는 일들을 말함) 번역하였다. 그래서 수도원은 그 당시에 가장 큰 도서관이기도 했다.

이상에서 살펴본 바와 같이 중세 시대에는 보이지 않게 지성인들이 그 시대를 이끌어왔음을 알 수 있다. 우리가 알다시피 이 시대를 "암흑의 시대"라고 부르는것은 세월이 흐르면서 지식인들이 자신의 지식을 권세와 자기 영광을 얻는 데 사용했기 때문이다. 이런 이기적인 지식인들 때문에 하나님의 말씀은 감추어지고 말았다. 그러나 이러한 어둠 속에서도 하나님의 말씀을 비추고자 애쓰는 지성인들이 있었다. 이러한 지성인들을 통해서 종교개혁은 서서히 준비되고 있었다.

결 론

모든 지식의 근원은 하나님으로부터 나왔다. 인간의 지식과 지성이라는 것은 하나님이 세상을 창조하신 비밀을 조금씩 알아 가는 것이며, 그 안에서 인생의 도리를 알아 가는 것이다. 하나님은 인간도 자신의 지적인 속성에 따라 지성적인 존재로 만드셨다. 타락한 이스라엘 백성에게 하나님은 꾸준히 말씀의 훈련을 강조하시고, 모세와 같은 지성인을 세워 구원하여 주시고 하나님께 돌아오도록 하셨다. 그리스도인의 믿음의 주체이신 예수님은 곧 지식의 근원으로서 이 땅에 하나님의 말씀을 온전히 전하여 주셨다. 예수님이 양성하신 제자들도 지성인이며, 세계선교의 문을 열었던 사도 바울도 당대 최고의 지성인이었다. 하나님의 역사를 보면서 우리가 발견할 수 있는 한 가지는 복음이 지성과 합할 때, 가장 큰 능력을 발휘한다는 것이다. 하나님의 역사는 기독 지성인들이 주체가 되어서 이끈 역사라고 말할 수 있다.

우리는 "본디오 빌라도에게 고난을 받으사 십자가에 못 박혀 죽으시고"라고 외우고 있다. 이 사실은 무엇을 말하는가? 사실 빌라도가 죽인 것이 아니다. 빌라도는 예수님을 살리려고 무던히 애를 썼다. 종교 지도자들은 예수님을 죽이도록 밀어붙였다. 그러나 하나님의 심판과 역사는 그렇게 말하지 않는다. 선과 악을 분별할 수 있었던 당대의 지성인이었던 빌라도에게 최고의 책임을 묻는 것이다. 이것은 하나님께서는 그 시대의 책임을 그 시대의 지성인들에게 묻는다는 것을 의미한다. 이 시대의 책임을 이 시대의 지성인으로 살아가는 우리 기독 대학인들에게 물으실 것이다. 우리의 시대에는 많은 어려움들이 있다. 신문을 보면 날마다 부정부패의 소식이 있고 젊은 사람들이 마약과 쾌락에 빠져서 범죄를 행하는 것을 본다. 경제적으로도 심각한 상황에 놓여 있다. 이런 일에 대해 내가 그러한 죄에 참여하고 있지 않다고 하여서 아무런 책임이 없는 것은 결코 아닌 것이다. 하나님은 이 시대의 파국과 강퍅함에 대해서 이 시대의 대학 기독인으로 살아가는 우리에게 그 책임을 물으실 것이다. 하나님은 "너는 이 악한 세상에서 어디에서 무엇을 하였는가?" 하고 준엄한 질문을 하실 것이다. 우리는 이 시대의 책임자로서 지금 어떤 신념을 가지고 인생을 바치며 살아가고 있는가?

4장
지성인 복음운동의 중요성 II

종교개혁시대에 나타난 지성인 복음운동 | 대학생 복음운동의
중요성 | 대학생 복음운동을 위한 실제적인 문제들

예수께서 나아와 일러 가라사대 하늘과 땅의 모든 권세를 내게 주셨으니 그러므로 너희는 가서 모든 족속으로 제자를 삼아 아버지와 아들과 성령의 이름으로 세례를 주고 내가 너희에게 분부한 모든 것을 가르쳐 지키게 하라 볼찌어다 내가 세상 끝 날까지 너희와 항상 함께 있으리라 하시니라(마 28 :18-20)

역사 속에서 지성인 복음운동의 중요성이 가장 분명하게 보여진 사건은 아마도 종교개혁이라고 할 수 있다. 종교개혁을 돌아보면서 오늘날 대학 복음운동을 왜 해야 하며, 이를 위해서 기독 대학인들은 어떤 자세를 가져야 할 것인지 생각하고자 한다.

1970-85년까지 폭발적인 성장을 맞이했던 한국교회는 이제 밀레니엄 시대라고 부르는 21세기를 맞이하게 되었다. 우리의 세대에 이런 역사적인 세기를 만나게 되어서 영광스럽다. 그러나 미래를 바라보는 한국교회는 그리 밝지 않다. 우리 교계가 성장하고 발전하기를 기대하기보다 정체와 위축에 대한 두려움과 염려를 가진다. 우리에게 복음을 전하여 준 미국과 유럽을 볼 때, 이것은 단순한 기우가 아니라 실제적인 문제이다. 기독교 역사를 이끌어 왔던 서구 교회의 몰락은 장차 우리의 모습이 아닐까하는 염려를 가지게 된

다. 몇 년 전 영국 BBC방송에서 영국이 자랑할만한 유서 깊은 건축물들을 소개하는 프로그램이 있었다. 우리나라의 볼 만한 유산이 대부분 절과 불상이듯 영국의 아름다운 건축물들은 유명한 사원들과 교회들이다. 그 중의 한 교회를 탐방했는데, 주일 예배시간이 되었는데도 그 큰 교회에 앞의 두 줄만 겨우 성도가 앉아 있을 뿐이었다. 한 할머니가 인터뷰를 했다. "몇 십 년 전만 하여도 우리 목사님이 말씀을 전하시면, 이 자리가 꽉 찼을 뿐만 아니라 창문 곁에 앉아서 말씀을 듣곤 하였지요. 그러나 이제는 늙은 우리 몇 사람만이 남아있습니다." 하면서 울먹였다. 이러한 현상이 한국교회에 벌써부터 조금씩 나타나고 있다. 장차 교회를 이끌어갈 유년부, 중고등부, 그리고 청년부가 점차적으로 줄어들고 있다. 미래의 세대가 입시와 세상의 쾌락에 빠져서 교회를 멀리하고 교회에 나오지 않는다. 어쩌면 오늘날 큰 교회임을 자처하며 자랑하는 교회는 나중에 관광의 명소로 전락할지 모른다.

우리가 이러한 시대에 종교 개혁사와 학생운동을 돌아보는 것은 참으로 의미가 깊다.

종교개혁시대에 나타난 지성인 복음운동

사건이나 이념은 우연히 생기는 것은 결코 아니다. 사건의 이면에는 사건이 일어날 만한 배경과 이유가 있다. 종교개혁이라는 대사건은 오랜 역사 속에서 그 이유가 팽창되고 준비되어 왔다.

르네상스 – 인문주의(Humanism)

문화적인 차원에서 14C초에 중세교회의 감독과 보호로부터 탈피시키고자 하는 운동이 시작되었다. 성직자가 아닌 일반 사람들 중에서 교회의 보호와 감독에서 탈피하고자 하는 사람들이 생겼다. 그들이 연구한 것은 바로 예수님이 오시기 전에 꽃피웠던 헬라문학의 고전이다. 이들은 고전을 부활시켰다. 이들은 새로운 세계가 왔다고 생각했고, 우주에서 인간의 위치가 새롭게 정립되어야 한다고 주장했다. 이 운동의 동참자들은 새로이 형성된 중산층의 계급이다. 이들은 십자군 전쟁과 같은 격변기를 통해서 세워진 계급인데, 돈이 많은 상인이나 전문직을 가진 의사 그리고 법률가와 같은 사람들이다. 이들은 돈이 있고 전문적인 학식을 가진 사람들로서 새로운 사회질서에 대한 의식과 열망을 가진 자들이다. 대부분 높은 교육을 받은 지성인들이었는데 그들이 받은 인문주의 교육은 종교개혁에 큰 영향을 주었다.

당시 중세 교육은 다음의 3가지로 구성되어 있었다.

+-논리학
+-문법
+-수사학

이 중에서 논리학이 가장 중요한 위치를 차지하고 있었고 문법과 수사학은 논리학을 위해서 존재했다.

　이들의 학문의 방법론은 다음과 같다.
　어떤 진리를 발견하기를 원한다면,
　첫째, 질문을 던진다(예를 들면, "하나님은 누구신가? 인간은 누구인가? 죄란? 교회란?"). 그러면 학자들은 이 질문에 답할 수 있는 인용의 말을 주로 성경과 고대 교부의 글이나 고대 철학자들의 글과 책에서 찾는다.
　둘째, 문법을 사용해서 문장과 문법의 의미를 찾아낸다.
　셋째, 논리학을 통해서 틀린 것은 뽑아내고 맞는 것을 골라낸다.

　이것을 종합한 다음에 결론에 도달한다. 이러한 중세 신학은 성경이 아니라 사람의 말과 철학 등에 기초하고 있다. 이들의 말과 글은 대단히 논리적이고 그럴듯하게 들리지만 그 내용은 성경을 포함한 많은 것들이 혼합되어 있어 성경의 진리가 왜곡되어 대중에게 제대로 전달되지 않았다. 이러한 중세의 교육과 학문적인 방법에 대하여 이러한 르네상스의 도전이 들어오게 되었다.
　르네상스의 인문주의적 접근은 중세의 학문방법과는 전혀 다른 것이었으며, 중세의 학문에 심각한 도전이 되는 것이었다. 중세의 학문은 논리학을 중시하였는데, 르네상스의 인문주의에서는 문법과 수사학의 위치가 논리학보다 중요한 위치를 차지하였다. 즉 말을 만들기 위해서 노력하기보다는 인문주의자들은 희랍의 고전을 원문 그대로 놓고 읽고 연구하며 이해하려고 노력했다. 단어를 문맥 속에서 이해하려 했고 문맥은 그 책의 전체적인 흐름 속에서 이해하고자 했다. 어떤 사건을 볼 때나 글을 읽을 때에, 그 말의 의미만을 파악하려고 하지 않고 그것을 역사적인 관점에서 보려 했다. 따라서 점차로 그 시대의 역사적인 배경을 설명하는 역사와 고고학 그리고 문헌학이 중요한 학문으로 대두하게 되었다. 인문주의의 학문에 대한 접근은 학문에 그치지 않고 점차적으로 중세 교회의 1000년의 역사에 큰 도전이 되었다.

기독교 인문주의

르네상스라는 인문주의는 이태리 남부에서 출발하여 점차 북부로 퍼지기 시작했는데 주로 독일과 프랑스와 네덜란드 그리고 영국 등의 지역이다. 이 지역 북부는 신앙적으로 경건성이 깊은 곳이다. 교회의 가르침에 대해 알고 이해하고자 하는 열정이 많은 곳이었다. 인문주의는 이 북부지역에 깊은 영향을 주었는데, 희랍의 고전 대신에 성경을 원어로 연구하기 시작했다. 이들은 중세교회에서 일방적으로 사용하던 라틴어 성경인 벌게이트 대신에 히브리어와 헬라어로 성경을 공부하기 시작했다. 그저 성경의 말씀을 이해하려고 하기보다는 성경의 저자와 배경과 독자 그리고 그 시대의 상황 등을 연구했다. 이러한 시도를 통해서 기독교 근원으로 돌아가자는 운동이 일어났다.

존 콜레트(John colet,1466-1513)라는 영국사람이 있었다. 그는 인문주의 방법론을 사용한 사람이었다. 그는 경건한 사람이며 상당한 지식(옥스포드대학에서 수학, 석사)을 가진 사람이었다. 그는 프랑스와 이탈리아를 방문하면서 르네상스의 영향을 받아 인문주의를 배우게 되었다. 이것을 기초로 히브리어와 헬라어를 배우면서 성경을 원문으로 읽을 수 있게 되었고, 1496년 가을에 옥스포드대학에서 대중을 대상으로 성경강의를 시작했다. 그때 고린도전서와 로마서를 강의했는데 청중들로부터 충격적인 반응이 나타났다. 그 사람들 중의 대부분은 처음으로 성경 말씀을 들었다. 그런데 성경 말씀을 직접 듣게 된 청중들은 깊은 감동을 받았다. 그리고 성경의 진리가 현재 자신들의 삶에 어떤 의미가 있고 또 적용되는지 생각하게 된 것이다.

특별히 이 시대에 주목할만한 역사적인 사건이 있는데 그것은 바로 1450년대 구텐베르그에 의해서 발명된 금속활자이다. 이로 말미암아 많은 책들이 보급되었고 그로부터 얼마 후 종교개혁이 일어났다. 인쇄술의 발전으로 책들이 쉽게 나오고 대중들이 글을 접할 수 있게 되었으며 이로 인해 종교개혁은 급진전하게 되었다. 15C말 인쇄소가 200개 이상의 도시에 세워져 600만 권의 책이 만들어졌다. 그 이전의 수백 년 간의 책의 양과 그 이후 40년 간의 책의 양을 비교해 볼 때, 금속활자 이후 시대의 책이 훨씬 많다. 1518-24년의 독일에서 발간한 책의 분량은 약 7배 가량 증가했다. 1500년에는 독일 국민의 약3-4%정도가 글을 읽을 수 있었는데 이들 지성인이 전체사회에 미치는 영향은 대단히 큰 것이었다. 종교개혁은 책을 읽고, 이해할 수 있는 지식인을 중심으로 일어났다. 1000여 년의 카톨릭의 아성이었던 중세를 무너뜨린 것은 성경을 읽으려고 힘썼던 지성인들의 노력이었고 이들 중에서 종교개혁을 폭발적으로 불붙인 역사적인 한 사람이 있었는데 그가 바로 그 유명한 마르틴 루터이다.

루터의 생애

루터(Luther)는 1483년 독일의 아이슬레벤에서 태어났다. 평범한 가정에서 성장했으며 그의 아버지는 루터가 법률가가 되기를 기대했다. 루터는 1501년에 에르푸르트 대학(University of Erfurt)에 입학했다. 이 대학에서 르네상스의 인문주의의 영향을 받았다. 대학에 있으면서 그는 자신의 죄 문제 때문에 많은 고민을 하면서 대학생활을 보냈다. 당시 사람들은 이승의 생활은 내세를 위한 준비로 여겼다. 그래서 루터 자신의 죄와 구원에 대한 고민과 갈등은 당시 모든 사람들이 가지고 있는 일반적인 문제였다. 1505년에 석사 학위를 받으면서 아버지의 뜻대로 법률을 공부할 준비를 했다. 그러나 이것은 친구의 죽음으로 큰 영향을 받게 되었다. 또한 그 해 여름에 번개에 놀라 말에서 떨어져 큰 충격을 받았다. 이러한 사건들로 인해 루터는 법률가의 뜻을 버리고 수도원에 들어가게 되었다.

1505년 7월17일에 Erfurt에 있는 어거스틴 계열의 수도원에 들어간다. 그가 이 수도원에 들어간 목적은 자신의 죄와 구원문제를 해결하기 위한 것이었다. 그곳에서 많은 중세 사상가들의 책을 읽었지만, 자기의 죄와 구원의 문제를 해결할 수는 없었다. 그는 그곳에서 모범적인 수도사였다. 이것은 그가 완벽주의적인 성격을 가지고 있었기 때문이다. 그러나 그곳에서 수도 생활을 하면 할수록 죄의식이 깊어갔다. 보통 2-3시간 이상 기도하며 하나님처럼 온전하기를 간절히 바랬다(마5:48). 그러나 아무리 경건의 노력을 하여도 하나님과 같이 온전하여질 수 없었고 이웃을 내 몸처럼 사랑할 수가 없었다. 그는 법을 공부한 사람으로서 법의 엄격함을 잘 알고 있었다. 이로 인해서 경건의 노력을 하면 할수록 더 큰 죄책감을 가질 수밖에 없었다.

그는 1507년에 성직자로서 안수를 받았다. 1508년에 교수 요원으로 발탁이 되었고 새로 설립된 비텐베르그(Wittenberg)대학에서 강의하게 되었다. 이 대학은 1500년에 세워진 신설대학으로서 작센(Saxon)의 영주 프레드릭III(Federik III)에 의해 세워졌다.

1512년 위튼버그 대학에서 신학 박사학위 과정의 성경을 가르치는 자로서 성경강의를 시작했다. 1513-15년에 시편을 강의했고, 1516년에 로마서, 갈라디아서, 히브리서, 디도서 강의를 했다. 탁월한 교수로서 또한 설교가로서 인정을 받았다. 이 대학에서 성경을 가르치는 이 기간에 루터 자신이 예수님을 영접하는 회심의 사건이 일어난다.

복음에는 하나님의 의가 나타나서 믿음으로 믿음에 이르게 하나니 기

록된 바 오직 의인은 믿음으로 말미암아 살리라 함과 같으니라(롬 1:17)

루터의 "오직 의인은 믿음으로 말미암아 살리라"는 깨달음은 우연히 성경을 읽다가 얻어진 것이 아니다. 자신의 죄에 대한 오랜 번민과 구원에 대한 간절한 소원 끝에 깨달은 진리이다. 루터는 로마서 1장 17절에 나타난 복음과 하나님의 의를 어떻게 조화시킬 것인가를 고민했다. 루터는 하나님의 의(righteousness)는 하나님의 정의를 통해서 이루어지는 것으로 알았다. 즉 죄에 대한 완전한 심판을 통해서 하나님의 의를 이루는 것으로 여겼다. 루터는 하나님 앞에서 의를 이루려고 의지적인 노력을 한 사람이었다. 이러한 노력을 한 사람으로서 이것이 얼마나 불가능한 것인지 깨달았다. 그는 죄를 미워하고 버리려고 애를 쓰면 쓸수록 더 많은 죄가 발견되고 그로 인해서 더 깊은 죄책감에 빠졌다. 이것은 그로 하여금 하나님의 의의 심판을 더욱 두려워하게 되었다. 결국 그는 하나님의 정의를 증오하게 되었고 오랫동안 이 문제로 고민했다.

결국 로마서의 말씀을 통해 의롭게 되는 것이 인간의 노력으로 얻는 것이 아니라 믿음을 가질 때 하나님께서 은혜로 주시는 것임을 깨닫게 되었다. 의롭다 하심은 사람이 노력해서 얻는 것이 아니라, 오직 하나님이 주시는 선물이라는 것이다. 이것을 깨달은 루터는 다음과 같이 구원의 기쁨을 노래했다.

"나는 마치 내가 새로 태어난 것처럼 느꼈다. 그리고 천국의 문이 활짝 열린 것처럼 느꼈다. 성경 전체가 새로운 의미를 갖게 되었다. '하나님의 정의'라는 귀절이 내 가슴속을 미움 대신 형언할 수 없는 위대한 사랑의 달콤함으로 가득 채우는 것이었다"

루터는 구원의 확신 속에서 비로소 생애 처음으로 예수님을 통한 마음에 평화와 기쁨을 가지게 되었다. 그의 마음은 예수님에 대한 사랑으로 뜨거워지고 삶은 감사와 기쁨으로 완전히 변화되었다.

1517년에 이르러서 자신의 내면의 문제가 해결됨으로 비로소 외부의 세계를 바라보게 되었고 교회의 죄악된 문제를 직시하게 되었다. 당시 교황은 레오 10세였는데 베드로 성당을 짓는 데 필요한 재원을 조달하기 위해 교회에서 면죄부를 팔게 했다. 때문에 루터가 살고 있는 리튼버그의 교회에서도 면죄부를 팔게 되었다. 루터는 이를 보고 분노했다. 그래서 1519년 10월 31일에 리튼버그 대학의 정문에 95개 조항을 써서 게시판에 붙였다. 이 날을 기념하여 지금까지 10월 31일을 종교개혁 기념일로 지키고 있다. 오늘날 카톨릭이 자랑하는 베드로 성당이 아이러니컬하게도 종교개혁의 원인이 되었다. 당시 면죄부 남용에 대한 95개항은 대학의 대자보에 붙여졌는데, 이곳은 정문의 게시판으로서 학적논쟁을 위한 자유스러운 토론을 위한 곳이었다. 이때까지 루터는 종교개혁의 의도를 가진 것은 아니었다.

당시 루터가 대자보에 쓴 95개 조항을 요약하면 다음과 같다.

첫째, 교회가 마음대로 면죄부 발행해서는 안 되고

둘째, 면죄부를 연옥의 차원까지 확대하는 것은 곤란하며, 회개는 면죄부를 사는 것으로 해결할 수 없을 뿐 아니라 회개는 심령에서 나오는 영적인 돌이킴이다.

셋째, 공로의 보고 사상, 이것은 교회는 곧 공로의 보고라는 것이다. 그래서 교회가 성도의 죄를 용서할 수 있다는 사상이다. 이에 대해서 루터는 어떻게 교회가 공로의 보고가 될 수 있는가? 오로지 죄를 사하여 주시는 분은 하나님이시며, 결국 하나님만이 공로의 보고라는 주장을 했다.

이러한 내용은 결국 고해성사의 신학을 문제로 삼은 것이다. 중세 교회에서 고해성사가 없다면 교회는 심각한 문제에 부딪히게 된다. 모든 사람들이 자기 죄를 해결하기 위해서 항상 교회에 매어있기 때문이다. 따라서 교회의 고해성사를 부인하는 것은 교회 입장에서는 엄청난 도전이 되는 것이다. 이 95개 조항이 점차 퍼지게 되었다.

1518년 초 당시의 마인쯔라는 지역의 대감독이 이 내용을 알게 된다. 그는 이것을 문제 삼아 루터를 이단으로 정죄했다. 루터는 자기가 속한 어거스틴(Augustin) 수도원에 가서 자신의 신학을 보고한다. 그는 여기에서 중세 교회의 신학의 핵심이 잘못 되었음을 증거한다. 루터는 인간의 자유의지에 대해 언급하면서 자유의지가 구원의 역할을 할 수 없음을 주장했다. 이것은 당시의 로마교회가 주장하는 자유의지를 통한 구원의 신학이 틀렸다고 주장하는 것이었다. 이것이 레오 10세 교황에게 보고되어 1518년 6월에 레오 10세는 루터의 모든 책을 통제하고 루터를 이단으로 몰았다. 위튼버그 대학의 창설자 프레드릭 3세는 당시 작센 지역의 영주였다. 교황이 루터를 잡기 전에 먼저 프레드릭 3세를 설득해야만 했다. 잘못하면 이 문제로 영주와 전쟁을 해야할 위험이 있었기 때문에 함부로 루터를 잡을 수가 없었다.

1518년 그 해에 로마교회의 성직자 엑크(Eck)가 루터에게 공식적으로 공중 논쟁을 요청했다. 이로서 1519년 라이프니치에서 대논쟁을 하게 된다.

여기에서 루터는 "성경"에 대한 중요성을 강조했다. 성경이야말로 최고의 권위를 가져야 한다고 주장했다. 성경의 권위를 주장하는 것은 교회에 심각한 도전이었고 교황과 교회의 권위를 부정하는 것이었다. 왜냐하면 당시 최고의 권위는 교황과 교회에 있었기 때문이다. 그는 로마 교회가 가진 최고의 권위는 비성경적이고, 비역사적이다"라고 주장했다. 종교회의마저도 최상의 권위가 될 수 없다고 주장했다. 당시 중세교회는 교황 무오설(infallibility of Pop)과 종교회의 무오설에 의해 절대적인 권위를 인정받고 있었다. 루터의 이 두 가지에 대한 부인은 당시의 카톨릭 체제를 완전히 부정하는 것이었다. 에크는 루터를 교묘히 유도하여 결국 루터를 공개적으로 "이단"으로 정죄하여 처형시키고자 했다. 왜냐하면 이미 100여 년 전에 존 후스(John Hus)가 이러한 주장으로 화형에 처해졌던 사건이 있었기 때문이다.

1520년 6월 교황으로부터 공식교서인 사형판결문에 해당되는 "정죄의 교서"를 받는다. 루터는 이전까지 종교개혁의 의지가 없었는데 이제 죽음을 앞에 두고 강한 소명의식을 가지게 되었다. "독일을 교황의 마수에서 구하여야겠다"는 강한 의지를 가지게 되었다. 그래서 이 정죄의 교서를 공식적인 자리에서 불태우게 되었고 당시의 관리들은 이것을 막지 않고 지켜보았다. 이것은 이들도 루터 편이라는 것을 의미하는 것이다. 당시 신성로마제국의 황제는 찰스 5세(Charles V)였다. 황제는 교황의 일을 도와주고, 교황의 뜻에 따라서 무력을 행사했다. 독일은 신성로마제국에 속해 황제의 지배하에 있었다. 그러나 황제의 권한은 명목상일 뿐 실제적으로는 각 나라의 영주에 의해서 다스려지고 있었다.

이러한 국수주의의 발흥으로 인해서 황제는 루터를 체포하지 못했다. 왜냐하면 작센 지역의 영주인 프레드릭 3세가 루터를 보호했기 때문이다. 황제는 신성로마제국을 분열케 하는 교회개혁은 원하지 않았다. 교황은 계속 찰스 5세에게 루터 체포를 요구했고 결국 찰스 5세는 황제의 이름으로 루터를 부르게 된다. 바로 보름스에서 황제회의를 하게 된다(Imperial diet of Worns). 황제는 이 회의를 위해서 루터에게 안전보장 통행권(생명 보장)을 제공한다. 1521년 4월 17일부터는 보름스에 출두한다. 황제는 루터에게 자신의 주장을 폐기하라고 강요한다. 루터가 이것을 거절하자 황제에게 처형판

결을 받는다.

황제: "루터는 자신의 주장을 철회하는가, 아니면 철회하지 않는가?"
루터: "나의 양심은 하나님의 말씀에 사로잡힌 바 되었습니다. 나는 철회할 수도 없으며, 철회하지도 않겠습니다. 왜냐하면 자기의 양심에 불복하는 것은 옳은 것도 안전한 것도 아니기 때문입니다. 나는 여기에 확고부동하게 서 있습니다. 나는 달리 어찌할 도리가 없습니다. 하나님이여 나를 도우시옵소서. 아멘."

그러나 황제는 약속대로 루터를 처형하지 않고 귀환시킨다. 귀환하던 중에 루터는 프레드릭 3세의 도움으로 발트부르그 성(Wartburg Castle)에서 은둔하게 된다. 그는 이 성에서 1521년 2월 12일에서 그 다음 해인 1522년 9월까지에 헬라어 신약성경을 독일어로 번역하고 구약은 그후 10년에 걸쳐서 번역하게 된다. 루터가 최초로 독일어로 성경을 번역한 것이다. 1534년에 완역 독일어판 성경이 출판되었다. 이것은 종교개혁에 중요한 역할을 할 뿐만 아니라 하나의 독일이라는 국가로 형성하는 데 중대한 역할을 하게 된다. 그 후 1525년에 수녀출신인 폰보라와 결혼하고, 1527년 여름에 "내 주는 강한 성이요"를 작곡했다. 그리고 1546년 2월 18일에 그의 고향이었던 아이슬레벤에서 죽게 된다.

종교 개혁사와 루터의 생애를 정리한다면, 다음과 같이 말할 수 있다.

첫째로, 종교개혁의 중심적 특징은 교회가 성경으로 돌아가는 것이었는데 이는 지성인들이 성경을 깊이 연구함으로 일어났다. 그러므로 기독 대학인들이 성경을 깊이 있게 연구하는 것이야말로 하나님이 가장 원하시는 것이다. 요8:32 "진리를 알지니 진리가 너희를 자유케 하리라"고 하셨다. 하나님은 우리가 진리의 사람이 되기를 원하신다. 기독 대학인들이 성경으로 무장되고 성숙될 때, 하나님은 그 사람을 통해서 이 시대를 깨우고 개혁하신다.

둘째로, 종교개혁의 위대한 힘은 롬1:17의 "의인은 오직 믿음으로 말미암아 살리라"는 말씀에서 나왔다. 세상이 하나님의 말씀으로 창조된 것처럼 종교개혁은 하나님의 말씀의 능력으로 이루어진 것이다. 그러나 이러한 말씀은 우연히 성경을 읽거나 영감으로 깨달은 것이 아니었다. 루터는 자기의 구원에 대한 오랜 고뇌와 방황을 통해 구원의 진리를 깨달은 것이다. 다른 사람에게 영향을 주고 세상을 변화시킬 수 있는 능력의 삶은 말씀을 붙잡고 투쟁하는 삶을 통해서 얻어지는 것이다. 기독대학인들이 성경을 배우기를 힘쓸 뿐만 아니라 그 말씀이 나의 말씀이 되도록 하기 위해서 묵상하고 고뇌하는 영적인 투쟁이 필요하다. 개혁은 많은 신학적인 지식이 있어야 하는 것이 아니라, 하나님 앞에서 진리를 깨닫고 내 자신을 말씀을 통해 먼저 변화시키는 노력이 있어야 하는 것이다.

셋째로, 시대의 풍조에 휩쓸려서 살기보다는 하나님의 말씀에 순종하는 삶이 있어야 한다. 루터는 하나님의 말씀 때문에 죽음의 위기를 직면했다. 그러나 성경의 에스더처럼 "죽으면 죽으리라"는 확실한 입장을 가졌다. 비록 적은 한 사람이지만 하나님의 말씀과 그 나라 운동에 자신의 신념을 두고 헌신할 때에 이 한 사람을 통해서 하나님께서는 전 세계를 깨우는 복음운동을 일으키신다. 대학 복음운동은 사람의 수에 의해서 이루어지는 것이 아니라, 하나님의 말씀과 뜻에 한 알의 밀알처럼 썩어지는 한 사람에 의해서 이루어지는 운동이다. 이러한 점에서 기독 대학인 한 사람이 이 시대 가운데 중요하고도 의미 깊은 존재인 것이다.

우리는 이상으로써 구약과 신약 그리고 초대교회와 중세를 거쳐서 종교 개혁사까지 지성인 복음운동의 역사를 살펴보았다. 이것을 토대로 오늘날 우리가 감당하고 있는 대학생 복음운동의 중요성과 방향에 대해서 살펴보도록 하겠다.

대학생 복음운동의 중요성

예수님의 지상명령

예수님께서는 승천하기 직전에 이렇게 말씀하셨다.

"그러므로 너희는 가서 모든 족속으로 제자를 삼아 아버지와 아들과 성령의 이름으로 세례를 주고 내가 너희에게 분부한 모든 것을 가르쳐 지키게 하라 볼찌어다 내가 세상 끝날까지 너희와 항상 함께 있으리라 하시니라 (마28:19-20)"

"오직 성령이 너희에게 임하시면 너희가 권능을 받고 예루살렘과 온 유대와 사마리아와 땅 끝까지 이르러 내 증인이 되리라 하시니라(행 1:8)"

이 말씀을 우리는 지상명령이라 부른다. 지상명령이란, 예수님이 땅 위에 있을 때에 주신 명령이 아니라, "The Great Commission"으로서 최고의 명령, 또는 절대적인 명령이란 뜻이다. 그러므로 이 말씀을 받은 사람은 누구든지 자기의 의사와 상관없이 무조건 순종해야 하는 권위 있는 명령인 것이다.

예수님은 우리와 어떤 관계가 있는가? 예수님은 하나님의 아들이시며, 우리의 죄를 위해서 죽으신 구세주이다. 우리는 이 예수님을 믿어 영원한 생명을 얻었다. 우리는 이 예수님을 "주"로 고백한다. 예수님이 우리의 "주"라는 말은 그저 구원의 은혜에 감사해서 존칭으로 높이는 말이 아니다. 예수님이 "주"이실 때, 우리는 주님께 순종하는 종이라는 고백인 것이다. 예수님을 주라고 부르면서 주님의 명령과 부탁을 외면한다면, 그 사람이 어찌 주의 종이 되며 또한 주님이라고 부른들 무슨 의미가 있겠는가?

인간의 모든 불행의 원인은 하나님께 불순종함으로 왔다. 인간이 인류 역사상 가장 행복했던 때는 하나님이 창조하신 에덴동산에서 하나님과 직접적인 교제를 하며 온전히 순종할 때였다. 그 때에는 물질적으로 모든 것이 풍성하였고 영적으로도 충만하였다. 하나님은 이들에게 "선악을 알게 하는 실과는 절대로 먹지 말라. 먹으면 정녕 죽으리라(창2:17)"고 경고했다. 그러나 사람은 사단의 유혹을 받아서 하나님의 금지 명령을 알고도 고의적으로 불순종하여 선악과를 따먹고 말았다. 결국 이 불순종은 사람을 행복의 동산인 에덴동산에서 쫓겨나게 했을 뿐만 아니라, 일생을 방황과 고통 속에서 죽음의 토지를 갈며 살게 했다. 하나님에 대한 불순종은 일순간 인간에게 하나님으로부터 벗어나는 자유를 누리게 해 주는 것 같았으나 죄의 굴레에 빠지는 것이요, 영원한 생명을 잃어버리고 죽음에 이르게 하는 것이었다. 이러한 사실로 볼 때, 인간은 본래 하나님의 말씀에 순종함으로 행복과 영원한 생명을 누리는 존재로 창조되었다는 사실을 알 수 있다.

그러므로 우리가 예수님이 우리에게 주신 사명, 즉 "모든 사람을 제자로 삼고 땅 끝까지 이르러 복음의 증인이 되는 것"은 우리에게 부담과 고통이 되는 것이 아니라 예수님의 사명 안에서 하나님이 주시는 진정한 행복과 삶의 만족을 누릴 수 있는 길이다.

사명은 부담스럽고 고통스러운 것이 아니다. 그 안에 하나님이 주시는 은혜가 충만하고 삶의 참된 의미와 만족이 있다. 어떤 분은 사명에 대해서 말하기를 "십자가는 우리를 쓰러지게 하는 짐이 아니라 주 안에서 날개이다"라고 말했다. 기독대학인이 사명을 감당하는 것은 예수님이 나의 주로서 명령하였기 때문이다. 주의 명령에 순종할 때, 에덴동산에서 잃어버렸던 그 행복을 되찾을 수 있다. 이 일은 피하려고 하는 자에게 더욱 힘들다. 하지만 사명감을 가지고 헌신하는 사람은 결코 피곤하거나 힘들지 않다. 이것이 복음운동의 신비한 비밀인 것이다. 대학생 복음운동은 예수님이 우리에게 명하신 신성한 운동이다. 이 운동에 부름을 받은 사람은 삶의 의미와 활력을 가질 것이다.

지성인 영혼 구원

복음전파의 대상은 천하만민이다. 사도 바울은 로마서 1:14절에서 "헬라인이나 야만인이나 지혜 있는 자나 어리석은 자에게 다 내가 빚진 자라"고 말했다. 복음은 가난한 자나 부자나, 지혜있는 자나 어리석은 자나 흑인이나 백인이나, 건강한 사람이나 병든 자나 모두에게 절대적으로 필요하다.

요즘 뜻있는 교회들은 가난한 자들이나 농어촌 그리고 지체아들에 대한 깊은 사랑을 가지고 많은 후원과 관심을 기울이고 있다. 또 많은 선교기관에서는 새롭게 열리는 중국과 러시아를 비롯하여 회교권의 선교를 위해서 많은 연구와 물질과 인적투자를 아낌없이 하고 있다. 이렇듯 소외 받는 계층과 불신의 세계에 대해서는 많은 선교의 관심과 투자를 보이고 있는데 비해 대학생 선교는 냉담하다. 왜 그런가? 그것은 대학생이라는 신분은 다른 사람들로부터 동정을 받을 만한 계층이나 신분이 아니라고 생각하고 있기 때문이다. 대입이라는 어려운 과정과 경쟁을 통해 대학에 들어갔기 때문에 그래도 세상에서 성공했다는 인식이 복음전파의 대상에서 소외시키고 있다. 그러나 정말 대학생들은 이 세상에서 성공한 사람인가? 외면상으로는 대학생들은 지성과 젊음 그리고 무엇이든지 할 수 있는 패기 등이 화려하게 보인다.

그러나 화려한 껍질 이면에 무엇이 있는가? 먼저 대학생은 정신적으로 백지상태에 있음을 알아야 한다. 내가 새벽기도를 마치고 6시쯤 나오는데, 그 시간에 무거운 책가방을 매고 가는 학생들이 보였다. 그래서 물어보았더니 고3이라는 것이다. 이들은 대학에 들어오기까지 아무 생각 없이 교과서에 매달려 있었기에 정신세계가 공허하다. 그래서 이들은 대학에 오면 자신의 인생에 새로운 세계가 열리기를 간절히 소망하는데, 대학에 들어오면 MT와 같은 각종 모임에 참석하고 선배들이 하는 것을 유심히 바라보며 그것을 따라하기에 바쁘다. 선배가 기합을 주어도 그것이 좋은 것인지, 나쁜 것인지 모르고 무조건 따라하는 것이 대학 신입생이다.

또 대학생활은 많은 고민과 갈등의 시간이다. 대학에 들어왔지만 막상 자기가 공부하는 과목이 무슨 과목인지도 모르고 온 학생이 태반이다. 1학년들의 상당수가 자기 학과에 적응하지 못하여서 방황하다가 학교를 그만두는 경우가 많다. 또 고3까지의 금욕기간을 거쳐서 대학에 들어왔는데 갑자기 밀려오는 자유와 이성의 문제 앞에서 고민하고 방황한다. 장래문제와 군대문제 등 많은 문제들이 대학생들을 고민하고 좌절하게 한다.

다수의 대학생들이 겉으로는 성공한 사람처럼 보이고 젊음의 화려함이 만발한 것 같으나 자신의 인생에 대한 고민과 좌절이 많다. 어른들이 보기에는 배부른 고민이라 하겠지만 이들에게는 이 대학시절에 자신의 인생을 결정해야 하는 여러 가지 문제 속에서 갈등하고 방황하며 책임져야 함이 큰 부담인 것이다.

이들에게 예수님이 절실히 필요하다. 영적으로 뿐 아니라 육신적으로 또 세상적으로도 예수님의 평화와 위로가 간절히 필요한 것이다. 대학은 결코 세상에서 우월한 집단으로 취급되어서도 안 되며 소외 받아서도 안 된다. 우리가 중국과 회교권, 그리고 가난하고 불쌍한 사람을 위해서 많은 관심과 투자를 하듯이 동일하게 대학의 지성인들을 위해서도 기도하고 지원해야 하는 것이다. 이러한 면에서 대학선교는 꼭 필요하다.

성경적인 지도자 양성

현대는 대학이 지배한다고 하여도 지나친 과언이 아니다. 우리 사회의 정치, 경제, 산업 등 모든 분야에 있어서 핵심적인 자리뿐만 아니라 일반적인 지위까지 대학이 배출한 인재들로 구성되어 있다. 오늘날 우리가 듣고 보는 모든 정보에서부터 우리가 사용하는 모든 물건들도 대학과 대학을 졸업한 사람들의 학문과 연구에 의해서 개발되고 보급되고 있다. 이러한 면에서 대학은 우리 사회의 모든 영역에서 가장 큰 영향력을 발휘하고 있고 미래에도 이러한 대학의 역할은 계속될 것이다. 그러므로 대학의 구성원인 대학생들은 단순히 학생이 아니라 장차 민족과 사회를 이끌어갈 지도자인 것이다. 이들의 인생관, 가치관, 세계관에 의해서 미래의 세계는 결정될 것이다.

이미 언급한대로 하나님의 역사는 하나님 앞에서 깨어있는 지성적인 지도자를 통해서 이끌어져 왔다. 모세와 여호수아, 다니엘 그리고 예수님과 사도바울 등이다. 이러한 역사를 볼 때에 지도자 한 사람을 키워내는 것이 얼마나 중요한 일인지 말할 필요도 없다. 대학은 복음화 되어야 한다. 대학에서 성경적인 지도자를 양성해야 한다. 이것만이 나라와 교회에 희망이 되는 것이다. 대학에 온 그리스도인들은 그저 대학생이 된 것에 만족해서는 안 된다. 하나님께서 나를 성경적인 지도자로 부르신 것을 깊이 인식하고 성경을 배우며 경건의 훈련에 힘써야 한다. 우리 한사람 한사람이 이 나라와 교회에 소망이다.

세계 선교

오늘날 한국교회의 시급한 문제는 선교사를 구하지 못하는 데 있다. 교회는 세계선교를 하고 싶고 물질은 준비되어 있지만 그것을 사용할 인재가 없다. 한 사람의 선교사를 양성하는 데 적어도 10년 이상의 체계적인 교육과 훈련이 필요하기 때문에 현재의 교회의 영적인 수준과 체계로는 불가능하다. 청년부 예배와 가끔씩 한번 있는 선교사 초청예배나 세미나로 무엇을 할 수 있겠는가?

이러한 인재 양성은 오직 대학선교단체에서만 가능하다. 가장 지성이 활발한 때에 성경을 배우고, 가장 건강하고 정열적일 때 오직 주님과 사명만을 사랑하는 영적인 훈련은 장차 선교사로서 쓰임 받을 수 있는 훌륭한 준비가 될 것이다. 오늘날 많은 선교사들이 대학시절에 선교단체에서 훈련받았다. 이들은 중국, 회교권, 러시아, 아프리카 등에 널리 퍼져서 사역하고 있다. 교회의 지원을 받으면서 적당히 선교하기보다는 원주민들과 직접 부딪히면서 고난의 선교를 하고 있다. 고난을 두려워하지 않고 오히려 고난을 통해서 주의 역사를 일으키는 방법은 바로 대학 선교를 통해서 배운 것이다. 어떤 목사님은 "대학선교는 성경만 잘 가르치면 사람들이 우-하고 몰려드는 것 아닙니까? 대학선교는 쉽지요. 그러나 교회 목회는 너무 어렵습니다. 안돼요, 안돼!"라고 말하기도 했다. 나는 너무 기가 막혀서 말이 나오지 않았다. 대학선교도 결코 쉬운 것은 아니다. 아무리 말씀을 열심히 전하고 감동을 주어도 대학생들은 쉽게 변화되지 않는다. 많은 기도와 심방과 헌신적인 사랑을 통해서 한 사람을 얻는 것이다. 그것도 자기이익과 맞지 않으면 떠나가는 것이 대학생이다. 이러한 대학에서 복음을 배우고 한 사람을 얻기 위해 훈련을 받은 사람은, 선교를 한다는 것이 얼마나 어렵고 귀한 일인 줄 안다. 그래서 대학 선교단체의 출신들이 한 사람을 끝까지 사랑하고 섬기는 유능한 목회자와 선교사가 되는 것이다. 예수님은 "땅 끝까지 이르러 복음의 증인이 되라"고 명하셨다. 이 일을 어떻게 이룰 수 있는가? 바로 대학을 복음화함으로 이룰 수 있다.

대학생 복음운동을 위한 실제적인 문제들

등산가에게 꿈이 있다면, 그것은 세계 제 1봉인 에베레스트 산에 오르는 것이다. 그러나 그 꿈이 위대한 만큼 그 일을 이루기 위해서는 등산가로서 힘든 훈련과 수고를 해야 한다. 위대하고 가치 있는 일은 반드시 그에 합당한 수고와 희생을 요구하는 법이다. 이미 언급한대로 대학생 복음운동은 주안에서 가장 이상적인 하나님의 일이지만 이것을 실제로 이루기 위해서는 위대한 수고가 따르는 법이다. 우리가 이일에 참여하고 이루기 위해서 하나님 앞에서 신념을 가지고 해야 할 몇 가지가 있다. 이것은 새로운 일이 아니라 지금하고 있는 일의 중요성과 그 의미를 깨닫고 새로운 마음으로 열심을 내는 것이다.

성경공부와 소감 쓰기

기독 대학인들은 대학시절에 우선적으로 성경을 열심히 공부해야 한다. 하나님의 역사를 이끌어왔던 지도자들은 한결같이 뛰어난 성경선생들이었다. 이들의 리더십은 한결같이 하나님의 말씀으로부터 나왔다. 초대교회에 선교역사를 위해 귀하게 쓰임을 받은 교회가 있다. 사도행전 13장에 소개되고 있다.

> 안디옥 교회에 선지자들과 교사들이 있으니 곧 바나바와 니게르라 하는 시므온과 구레네 사람 루기오와 분봉왕 헤롯의 젖동생 마나엔과 및 사울이라

초대교회의 선교역사를 이루었던 안디옥 교회는 성도의 수가 많고, 교회건물이 크고 물질이 풍성하여서 이방선교를 이룰 수 있었던 것은 아니다. 주께서 그 교회를 쓰신 것은 그 교회에 선지자와 교사 즉 성경선생이 있었고 성경선생을 양성하는 교회였기 때문이다.

한국교회는 성도의 수가 1000만이라 자랑하면서도 그 신앙이 기복적이고 감정적이다. 부정부패가 그 어느 나라보다도 극심한 지경에 있는데 범죄의 사건에 우리 기독교인들이 연루되지 않은 경우를 찾아보기가 어렵다. 90년대에 들어와서 우리 교회는 이제 성장이 멈추고 침체되기 시작했다. 뜻있는 사람들은 하나님께서 우리나라에게 주었던 복의 촛대가 이제 중국과 인도, 남미로 옮겨갔다고 걱정하고 있다. 영적으로 세상적으로 암울해져 가는 우리 민족의 현실 속에서 기독 대학인들이 말씀을 배우고 충만해야 한다. 대학에 말씀이 있을 때에, 그리고 청년들이 말씀에 충만할 때에 우리 민족은 소망이 있다. 이 민족을 말씀으로 다시 개혁해야 한다.

특별히 기독청년들에게 권하고 싶은 것은 성경공부를 배우고 가르치는 데 열심을 내야할 뿐 아니라 말씀의 은혜를 글로 쓰는 은혜의 시간을 가질 수 있기를 바란다. 하나님이 사용하시는 주의 일꾼들은 결코 지식이 많은 사람이 아니다. 지식이 많은 성경선생이 필요하다면 신학교를 더 세우면 될 것이다. 지식의 양이 문제가 아니라 하나님 앞에서 깨달은 한 말씀을 소유한 사람이 필요한 것이다. 루터가 로마서 1:18절 "오직 의인은 믿음으로 말미암아 살리라"는 말씀을 깨닫고 그 말씀에 신념을 가짐으로 종교개혁을 이루지 않았는가? 우리가 말씀을 묵상하고 받은 은혜를 글로 표현하는 생활을 통해서 하나님의 말씀을 머리에서 마음으로 그리고 나의 생활의 변화를 위한 결단으로 이끌어 내야 한다. 선지자들과 사도들이 성경을 기록할 때 성령의 감동이 있었다. 기독 청년들이 말씀을 배우고 그것을 글로 적을 때 그의 마음에 성령의 깊은 감동이 일어날 것이다. 말씀의 감동이 자신의 삶을 변화시키고 대학을 변화시키며 더 나아가서 민족과 세계를 변화시킬 것이다. 성경공부를 지식을 얻기 위해서 하지 말기를 바란다. 받은 은혜를 소중히 여기며 그것을 글로 쓰면서 자신의 자아를 깨고 부인함으로 주안에서 새로운 일꾼으로 탄생되어야 할 것이다. "많은 독서는 생각을 풍성하게 하고, 글은 그의 생각을 날카롭게 다듬는다"고 했다. 풍성히 받은 은혜를 글로 써서 표현할 때에 우리의 신앙은 한층 더 날카롭게 연단되어 이 시대를 개혁하는 귀한 능력을 가지게 될 것이다.

모임을 위한 헌신과 부흥

하나님은 대학에 많은 선교단체를 세우셨다. 그리고 그곳에 기독 대학인들을 부르셨다. 여기에 속한 기독대학인들은 자신의 단체에 대한 소속감을 가져야 한다. 단순히 학교의 써클에 가입한 것이 아니라 하나님께서 대학 시절에 이곳을 통해서 훈련받으며 캠퍼스를 부흥시키라는 부르심과 사명을 주셨음을 알아야 한다. 기독 대학인들은 자신의 단체에서 지체의식을 가져야 한다. 자신의 뜻대로 행동하기보다는 전체의 역사를 소중히 여기며 존중하고, 자신에게 주어진 일을 힘써서 감당함으로 선한 열매를 맺어야 하는 것이다. 각 단체가 부흥하는 것이야말로 대학 복음화의 실제적인 길이다.

영혼을 사랑하는 마음

예수님께서는 자신을 부인한 베드로를 찾아가셔서 "네가 나를 사랑하느냐?" "내 양을 치라"고 3번이나 반복하여 말씀하셨다. 예수님은 자신에 대한 사랑을 양을 치는 일로 표현하라고 명하신 것이다. 기독대학인은 자신의 신앙만을 위해서 노력하는 사람이 아니라 영혼에 대한 깊은 사랑으로 복음을 전해야 하며 섬겨야 한다. 오늘날 우리 시대는 생명 경시 풍조가 만연한다. 직장이 없어서 자살하고 성적이 나쁘다고 자살하며 부부싸움을 하다가 서로 자살하는 시대이다. 마음에 안 들면 '죽어버리자'는 사상이 만연하고 있다. 이제는 죽음이 뉴스가 되려면 아주 끔찍한 살인사건이 되거나 한번에 10명 이상 죽는 대형참사가 되어야 한다.

생명에 대한 존엄성이 없는 시대이다. 더욱 심각한 것은 이러한 악한 시대정신에 우리 그리스도인들도 조금씩 오염되고 있다. 우리가 붙잡는 한가지 진리는 바로 "예수님 안에 생명이 있다"는 것이다. 다시 말하면 "예수님을 모르는 사람은 죽음뿐이다"는 것이다. 기독 대학인이 되었다는 것은 나 한 사람 예수님을 믿고 천국에 가는 데 있는 것이 아니라 생명의 복음을 대학가에 전하라는 사명인이 되었다는 것이다. 사명을 감당하는 힘은 예수님의 사랑으로부터 나온다. 때로는 주의 역사를 감당하다 양으로부터 배반을 당하기도 하고 무시를 당하기도 한다. 예를 들면 약속을 하고도 아무런 연락이 없이 어기는 것이다. 우리는 분노하기 쉽고 더 이상 만나고 싶지 않은 마음을 가지기가 쉽다. 그런데 이때 사단은 우리가 실망하고 낙담하여서 더 이상 양을 찾지 않기를 바라는 것이다. 그러나 우리는 바로 이때야말로 예수님의 사랑이 어떤 것인가를 보일 때라 생각해야 한다. 그를 용서하고 더욱 사랑하여 준다면 양은 크게 감격할 것이다. 그리고 그 사랑 앞에 굴복할 것이다. 양을 칠 때 가장 중요한 것은 영혼에 대한 사랑이다.

거룩한 삶의 추구

대학생 복음역사를 이루는 데 있어서 힘든 것 중 하나는 열심을 낸다고 하여서 되는 것이 아니라는 것이다. 내가 하나님 앞에 올바로 서지 않고는 다른 사람에게 복음을 전하거나 예수의 사랑으로 도울 수가 없다. 자신이 하나님과 올바른 관계가 되지 않는다면 그는 양치는 일도 실패하고 말 것이다. 기독 대학인으로서 양을 치고 역사를 부흥시키기 위해서는 보이는 일에 헌신할 뿐만 아니라 보이지 않는 곳에서도 하나님 앞에서 올바로 서는 것이 더 중요하다. 리더가 다른 생각을 하고 아무도 모르는 곳에서 죄를 즐긴다면 그 결과는 보나마나 뻔하다. 양을 치는 일은 하나님의 역사 중에서 가장 중요하다. 자신이 하나님 앞에서 온전히 서지 않으면 결코 양을 치지 못한다.

어떤 자매는 천성적으로 사람들에게 매력이 있는 사람이었다. 누구에게나 싹싹하고 잘 대해주며 섬기기를 좋아했다. 그래서 그에게는 많은 양이 있었다. 그러나 아무런 열매를 맺지 못했다. 그것은 그녀가 혼자 있을 때 하나님을 신뢰하기보다는 자기연민과 고민에 빠져있었기 때문이다. 반면에 어떤 분은 대단히 무뚝뚝하고 말을 맵시 있게 하지는 못했으나 그는 많은 열매들을 거두었다. 그것은 사람에게는 별로 매력적으로 보이지 않았지만 하나님 앞에서 정직하고 진실 되게 살려고 노력하였기 때문이다. 자기연민과 고민에 빠진 사람은 양을 치되 결국 실패하고 만다. 오직 하나님 앞에서 뼈를 깎는 노력을 하는 사람만이 비로소 한 명의 양을 칠 수 있는 것이다.

대학생 복음운동은 이 운동의 중요성을 인식하고 비전을 가진다고 하여서 이룰 수 있는 것은 결코 아니다. 이 일은 하나님 앞에서 순전한 사람만이 이룰 수 있다. 자신의 삶에 대한 깊은 반성 속에서 강하고 거룩한 의지를 가지고 자신을 쳐서 복종시키는 사람만이 할 수 있다. 자기 자신이 먼저 예수님의 사랑에 감동을 받는 사람만이 양에게 예수님의 사랑을 전할 수 있다. 양을 치는 일이란 그저 말과 열심으로 되는 것이 아니라 우리 안에 있는 영혼의 교제를 통해 이루어지는 가식이 없는 아주 정직한 일이다. 리더가 성장할 때 양도 성장하며, 리더가 열매를 맺을 때 양도 비로소 열매를 맺는 것이다.

또한 대학생활 중에 기독 대학인은 시련이 되는 많은 문제들이 있다. 자신의 이익과 주님의 영광이라는 문제 앞에서 갈등하기도 한다. 이때에 우리는 주님의 편에서 선택하고 믿음으로 살고자 굳게 결심해야 한다. 양들은 신앙이 잘 성장하다가 어느 시점에 시험을 받을 것이다. 그러할 때 자신의 리더가 어떤 선택을 하였는가를 기억하고 본받을 것이다. 내가 하나님 앞에서 올바른 선택을 할 때, 양도 그것을 본받을 것이다. 이솝의 이야기 중에 "엄마 게가 자기는 옆으로 걸으면서 아기 게에게는 똑바로 걸으라"로 꾸짖는 이야기가 있다. 우리가 하나님 앞에서 올바로 서지 않으면 우리의 양도 올바로 설 수는 없다. 양을 보면 바로 자신의 모습을 볼 수 있다.

양을 치는 일이란, 비전이 있고 열심이 있다고 하여서 되는 것이 아니다. 수도자와 같이 하나님 앞에서 순전하고 거룩하게 살고자 하는 의지를 가진 사람이 열매를 맺을 것이다. 이것을 명심하기를 바란다.

결론

예수님이 다시 이 땅에 오시면 어디에 오시겠는가? 오늘의 갈릴리는 어디일까? 또 바울이 다시 이 땅에 온다면 어디를 선교전략지로 삼겠는가? 바로 지성이 있고 미래가 있으며 자신을 전폭적으로 헌신할 수 있는 대학에 오지 않겠는가?

많은 사람들이 자신의 인생에서 "성공"을 꿈꾼다. 그런데 진정한 성공의 인생은 어떤 것인가? 좋은 결혼, 돈 많은 인생, 큰소리치는 권력이겠는가? 우리의 자녀들이 우리가 힘써 모은 돈으로 방탕한 삶을 살고 마약을 흡입한다면 과연 그러한 세상의 것이 우리에게 축복이 되겠는가? 세상의 것들은 우리에게 많은 축복과 성공을 약속하지만 그것의 실체는 거짓이다.

성경은 성공한 많은 사람을 이야기한다. 아브라함, 다윗, 모세, 이사야, 12사도 그리고 예수님의 인생에 대해서 자세히 이야기하고 있다. 이들의 인생이 왕이 되고, 선지자가 되고 또 사도가 되어서 성공한 인생이 아니다. 이들의 성공 비결은 한결같이 "하나님과 예수님을 마음을 다하고 성품을 다하여 사랑하고 자기에게 주어진 사명에 충성하였기 때문"이다. 비록 십자가에 죽기도 하고, 돌에 맞아 죽기도 하였지만 이들의 신앙과 인격은 오늘날 모든 사람에게 참 성공한 사람으로서 인정을 받으며 존경과 찬사를 받는 것이다.

성공하는 인생을 살기 원하는가? 그것은 바로 대학시절에 대학생 복음운동에 적극적으로 참여하는 것이다. 인생에 가장 건강하고 참신한 때에 성경을 배우고 하나님의 뜻에 따라 살려 하고, 시대와 세계에 대해 하나님 앞에서 책임감을 느끼고 살아가는 것이야말로 하나님이 기뻐하시는 인생이다.

5장

대학선교와 제자도 I

제자도

예수께서 나아와 일러 가라사대 하늘과 땅의 모든 권세를 내게 주셨으니 그러므로 너희는 가서 모든 족속으로 제자를 삼아 아버지와 아들과 성령의 이름으로 세례를 주고 내가 너희에게 분부한 모든 것을 가르쳐 지키게 하라 볼찌어다 내가 세상 끝날까지 너희와 항상 함께 있으리라 하시니라(마28:18-20)

70-80년대 우리나라는 경제적으로 초고속 성장을 했으며, 교회적으로도 세계에서 유래를 찾아볼 수 없을 정도로 비약적인 발전을 이룩하였다. 한국에 기독교가 들어 온지 100년 만에 1000만의 기독교 인구를 자랑하게 되었다. 전 국민의 1/4정도가 기독교 신자이다. 이 정도의 수라면 기독교 국가라고 불러도 손색이 없다. 기독교 국가라고 인정하는 미국과 유럽의 경우, 기독교인의 수와 비율은 우리보다 다소 높을지라도 그들의 상당수가 명목상의 신자이다. 결혼할 때 한번 교회에서 결혼식을 하고, 죽을 때에 목사님의 장례절차로 교회에 가는 경우가 많다. 그들은 거의 교회 다니지 아니하면서 오랜 전통과 문화 속에서 자연적으로 하나님과 예수님을 믿는다고 생각하고 있다. 그에 비해 우리나라 신자들은 어떤가? 얼마나 뜨겁고 열심히 믿고 있는가? 물론 그렇지 않은 신자도 많이 있지만 그래도 외국의 신자에 비하면 훨씬 뜨거운 신앙을 가지고 있다.

90년대에 이르러서 한국 교회가 많은 침체를 보이고 있지만 그러나 여전히 이 나라를 대표할 만큼 강세를 보이고 있다. 그러나 이처럼 많은 교회와 성도의 수를 자랑하고 있지만 여전히 우리에게 비전이 보이지 않는 이유는 무엇인가? 교회는 나름대로 성장과 미래를 준비하기 위해서 많은 세미나와 연합활동 그리고 프로그램을 개발하고 있다. 이렇게 많은 논의와 일을 하고 있음에도 불구하고 여전히 불안한 이유는 무엇인가? 그것은 교회가 성도의 수를 증가시키는 데에 관심은 있으나 그리스도의 제자를 양성하는 것은 관심이 없기 때문이다. 성도들도 자신의 입맛에 맞는 설교나 기복설교를 듣기는 좋아하나 예수님을 바라보고 예수님을 본받아 자기를 버리고 고난에 동참하는 말씀은 듣기 싫어하기 때문이다. 성도들은 예수의 제자는 성경에 언급된 12명의 제자로 생각하고 있다. 자신의 신앙목표를 예수의 제자에 이르기까지 둔다는 것을 조금도 생각하지 않는다. 이처럼 제자도에 대한 의식없이 교회와 신앙생활에 아무리 열심을 내고 또 많은 봉사와 헌금을 한다 하여도 그는 제자가 아니다. 그런 사람은 거듭나고 은혜 충만한 신자일지는 모르지만 예수의 제자는 아니다. 제자가 없고 제자에 무관심하다면 한국교회는 비전이 보이지 않는다.

 2000년부터 밀레니엄 시대가 시작이 되었다. 새로운 시대가 왔다고 떠들썩했지만 불과 1-2년도 채 되지 않아서 새 시대에 대한 기대감도 상실되었다. 분명히 이 새로운 시대는 우리에게 큰 변화를 요구하는데 우리는 이제 그것을 감각없이 맞이하고 있다. 새로운 시대를 맞이하면서 그에 맞는 준비를 해야 한다. 본래 밀레니엄 (millennium)이라는 말은 "천년"이라는 시간을 말한다. 이 천년의 기준이 어디로부터 나왔는가? B.C.를 A.D.로 바꾸면서 역사의 기준을 만든 것은 바로 예수님이었다. 예수님이 오신 때를 기준으로 해서 A.D. 1년이라고 정했다. 이때부터 2000년이 지난 우리시대를 새로운 천년을 맞이하는 밀레니엄 시대라고 말한다. 이 새로운 시대는 그 어느 때보다도 많은 변화가 있을 것이라 예상하지만 그것이 어떻게 올 것이며, 어떻게 준비해야 할 것인지를 기독교계는 알지 못해 당황하고 있다. 나는 이 밀레님엄 시대를 생각하면서 여러 책과 토론들을 들어보았지만 특별한 것은 없었다.

그러나 내 나름대로 성경을 통해서 밀레니엄이라는 새로운 시대에 대한 답을 찾을 수 있었다. 처음 밀레니엄의 시대의 문을 여신 분은 바로 역사의 기준이 되신 예수님이다. 이 예수님이 세상에 오셔서 어떠한 일을 하셨는지 생각해 보면, 우리 교회와 기독인들이 밀레니엄 시대에 어떤 일에 집중해야 하는 지를 발견할 수 있으리라 확신한다.

예수님이 이 땅에 오셔서 하신 일이 무엇인가?

말씀을 전하고 병을 고쳐주시며 제자를 양성하셨으며 죄인들과 소외 받는자들의 친구가 되어 주시는 일 등 많은 일을 하셨다. 그 중에서도 예수님이 가장 많이 심혈을 기울이신 일이 있다면, 그것은 바로 제자를 양성하는 일이었다. 예수님은 공생애 3년 동안 항상 제자와 함께 하시면서 이들에게 말씀을 가르쳐 주셨다. 이들에게 믿음으로 살도록 훈련시키셨고 예수님이 승천하신 후에 복음의 사명을 감당하도록 사도로 부르셨다. 예수님은 마지막 순간까지도 제자들과 함께 하셨으며 부활 후에도 제자들에게 먼저 찾아오셔서 그들을 위로하고 다시 세우셨다. 그리고 제자들이 보는 앞에서 승천하셨다. 이 후에 예수님이 맡기신 복음증거의 사명을 받은 이 제자들을 통해 오늘날까지 복음이 전파된 것이다. 이처럼 밀레니엄 시대의 문을 여신 예수님이 제자양성에 심혈을 기울이신 것을 바라보면서 새로운 시대를 맞이하는 한국교회는 그동안 교회 성장으로 여겨왔던 건물이나 교인의 수에 관심을 가지기보다는 진실로 예수님을 사랑하고 본받으며 온전히 순종하기를 힘쓰는 살아있는 제자를 양성하는 일에 힘써야 할 것이다. 예수님이 제자양성으로 새로운 시대를 맞이하셨듯이 오늘날 우리 기독교회도 제자양성을 통해서 새로운 시대를 맞이해야 한다. 새로운 시대에는 분명히 이전과 비교할 수 없이 교회에 도전하는 많은 세력들이 생길 것이다. 이러한 상황에서 제자만이 복음으로 세상을 이기며 주님이 명하신 대로 땅끝까지 복음을 증거하는 사명을 이루게 될 것이다.

새로운 시대에 무엇보다도 간절히 요청되는 문제는 제자양성이라고 할 수 있겠다. 하지만 예수님의 제자양성은 참으로 보잘 것이 없었다. 3년 동안에 겨우 12명만을 키웠을 뿐이다. 이들 중의 한사람은 예수님을 팔았고 나머지는 예수님이 붙잡히자마자 예수님을 부인하고 도망하였다. 이것은 제자를 양성하는 것이, 한 사람이라도 올바로 키운다는 것이 얼마나 어려운가를 말하여 주고 있다. 한국교회는 "총동원 주일"이라 정하고 사람을 많이 모으는데 교회의 장래를 걸 것이 아니라, 한 제자를 키우는 데 교회의 사명을 다 하여야 할 것이다. 제자를 키우는 어려움과 손해를 감수하면서 교회와 기독 청년들이 제자도를 배우며 제자가 되기로 결심한다면, 한국교회는 반드시 변화될 것이다. 그리고 새로운 비전과 소망 가운데 부흥하고 발전될 것이다.

 이것은 결코 어리석은 주장이 아니다. 기독교 역사상 최고의 부흥기는 언제였는가? 예수님이 십자가에 죽으신 후에 약 300년 동안이다. 예수님이 부활승천하신 후에 이 땅에 남겨진 것이 무엇이었는가? 바로 12제자였다. 이들은 한결같이 연약한 자들이었고 학벌이나 세상적인 지위가 변변치 않은 사람들이었다. 그러나 이들로부터 세상이 뒤집어지는 영적인 혁명이 일어나기 시작했다. 너무나 완악하여서 예수님을 죽이기까지 했던 유대인들이 변화되기 시작했다. 이들이 눈물을 흘리면서 예수님을 믿기 시작했고, 이들이 먼저 나서서 사마리아와 헬라 그리고 로마에까지 복음을 전파하기 시작했다. 이들이 가는 곳마다 교회가 우뚝 우뚝 세워지고 그곳에는 유대인 이방인 가릴 것 없이 모여들기 시작했다. 결국 세계를 제패했던 초강대국인 로마제국의 콘스탄틴 대제가 기독교를 공인하고 얼마가지 않아서 국교로 삼았다. 제우스를 비롯해서 아프로디테, 포세이돈 등 우상을 섬기던 그 나라가 그들의 우상을 버리고 예수님을 섬기게 된 것이다.

　예수님의 제자양성은 처음에는 실패한 것처럼 보인다. 이미 말한 대로 이들 중의 한 사람이 예수님을 팔았고 또 이들의 대부분은 자기가 살기 위해서 예수님을 부인하고 도망했다. 예수님은 제자들의 연약한 점을 알고 있었지만 제자로 삼기에 주저하지 않았다. 예수님의 제자양성은 세계를 향한 계획이 있었다. 제자들이 비록 연약하기는 하나 하나님의 역사는 이 제자들을 통해서 폭발적으로 일어날 줄을 아셨다. 예수님의 제자가 있었기에 초대교회가 생겨날 수 있었으며 로마제국을 굴복시키는 영적인 혁명을 일으킬 수 있었다. 예수님의 제자양성은 세계를 복음화시키기 위한 계획이었다.

　오늘날 우리 시대를 볼 때 보통 실망스러운 것이 아니다. 많은 정보들은 새 천년에는 새로운 세계가 열릴 것이라고 선전한다. 첨단 정보와 물질주의가 고도로 발전된 편리하고 만족스런 세상이 열릴 것이라고 말한다. 그러나 대부분의 사람들은 그것은 세상의 한 일면에 불과할 뿐 사람들이 더욱 소외되고 쾌락주의에 빠져서 인생의 의미를 상실할 것에 대해 염려한다. 현재 우리의 자손들이 변명할 수 없는 증거들이다. 얼마나 이기적이며 잔혹하기조차 한가? 이들은 "공주병, 왕따, 일진회, 세계 최고의 흡연률" 등의 문화를 만들어 가고 있다. 이러한 새로운 세대에 우리 그리스도인들이 어떻게 싸워야 하겠는가? 현재의 흐름처럼 "은혜"라고 하면서 비위를 맞추는 설교나 기복신앙으로 되겠는가? 현세대는 이미 부족함이 없이 자란 자들이기에 기복신앙에 더 이상 귀 기울이지 않을 것이다. 이미 부모로부터 온갖 칭찬과 격려의 말을 듣고 자랐기에 더 이상 비위를 맞추는 말에 감동 받지 않을 것이다. 인생의 방향을 잃어버리고 황폐한 마음으로 살아가는 이들에게 하나님의 말씀을 진리로 삼고 도전적으로 살아가는 인생이 있음을 보여주어야 한다. 그들이 바로 예수의 제자들이다. 이 제자들이 자신의 삶을 통하여, 그리고 적극적인 전도를 통하여 새로운 세대에게 영적인 혁명을 가져다 줄 것이다.

제자가 된다는 것은 성경을 더 많이 공부하고, 많은 경건의 훈련을 통하여서 확실한 신앙을 가지는 데 목적이 있는 것은 결코 아니다. 그것은 세계를 향한 예수님의 계획에 동참하는 것이다. 예수님은 제자를 통해서 새로운 세상을 정복하고 변화시키고자 하시는 것이다. 우리가 제자가 된다는 것은 세계를 향한 예수님의 놀라운 계획에 동참하는 것이다. 얼마나 영광이고 특권인지 모른다. 우리는 스스로를 볼 때 너무나 약하고 부족하다. 세계를 책임지기는커녕 나 하나도 제대로 책임지지 못할 만큼 연약한 사람처럼 보인다. 그러나 예수님은 이들 12제자들을 통해서 우리를 격려하고 소망을 준다. 그리고 적극적으로 "새로운 밀레니엄 시대의 영적인 혁명을 주도하는 제자가 되라"고 말씀하신다.

그럼 제자도란 무엇인가?

제자도

제자도란, 영어로 Discipleship이라고 일반적으로 사용한다. 우리의 뜻으로 번역한다면 제자의 도리라고 말할 수 있다. 제자가 되는 길 또는 제자로서 걸어야할 길과 제자의 삶과 정신 등으로 표현할 수 있다. 다시 말해서 "제자도"란 제자가 어떤 사람이며, 어떻게 살아야 할 것인지에 대한 총체적인 표현이라고 말할 수 있다.

제자란 어떤 사람인가? 또 어떻게 살아야 할 사람인가?

소명의식 있는 사람

어떤 사람이 제자가 될 수 있는가? 예수님으로부터 부름 받은 사람이다. 예수의 제자들은 당시 랍비들의 제자들과는 아주 달랐다. 당시에는 제자가 되기를 원하는 사람들은 수업료를 가지고 스승들을 찾아다녔다. 그리고 일정기간동안 그 스승 아래에서 공부를 했다. 제자가 자기의 마음에 맞는 또는 수업료에 맞는 스승을 선택한 것이다. 그러나 예수님은 그렇게 하지 않으셨다. 예수님이 제자들을 직접 찾아다니셨다. 밤새도록 그물을 내렸지만 고기 한 마리도 잡지 못한 베드로와 요한과 야고보를 찾아가서 제자로 부르셨다. 나무 그늘 아래에서 꿈을 꾸고 있는 깨끗한 사람 나다나엘을 제자로 부르셨다. 그리스도인을 죽이겠다고 살벌한 눈을 가지고 다메섹을 향하여 가던 사울을 제자로 부르셨다. 오히려 어떤 유망한 청년이 '제가 예수님을 따르겠습니다' 하고 말할 때에 "여우도 굴이 있고 새들도 보금자리가 있지만 인자는 머리 둘 곳도 없다"고 하시면서 거부하셨다(마8:18-20). 예수님의 제자는 철저히 예수님에 의해서 선택된 사람들이다.

우리가 기독교인이 아니라 제자란 칭호를 듣기 원하고 우리 마음 속에 제자가 되기를 열망하고 있는 것은 선교단체에 참석했기 때문이 아니라 예수님이 우리를 제자로 부르셨기 때문이다. 기독 대학인으로서 제자라는 칭호를 아무런 거부감이 없이 들을 수 있는 것은 바로 주께서 여러분을 제자로 부르셨기 때문이다. "제자"라는 말이 어디서나 자유스럽게 나오는 말이 결코 아니다. 교회에서 아무 생각 없이 앉아있는 사람들에게 "여러분은 제자입니다"라고 말할 수 있는가? 결코 말하지 못한다. 너무나 어색하고 부담스럽다. 왜냐하면 그들에게 제자의 마음이 없기 때문이다. 성도라는 말에는 쉽게 공감하지만 제자라는 말은 너무나 어색하다.

우리가 제자라는 말을 들을 때에, 우리가 더욱 주를 사랑하고 헌신하고자 하는 마음이 드는 것은 제자로 부름 받았기 때문이다. 무엇보다 내 자신의 의지와 결정에 의해서가 아니라 예수님의 부르심에 의해서 제자가 되었다는 사실을 아는 것은 대단히 중요하다. 알다시피 제자가 된다는 것은 아주 힘들고 어려운 것이다. 예수님은 제자들에게 명령하셨다.

이에 예수께서 제자들에게 이르시되 아무든지 나를 따라오려거든 자

기를 부인하고 자기 십자가를 지고 나를 좇을 것이니라(마16:24)

예수님을 따른다는 것은 자기 부인 즉 자기를 포기하고 십자가를 지고 따르는 죽음의 길이었다. 어느 누가 이 길을 쉽게 따를 수 있겠는가?

오늘날에도 제자로 산다는 것은 아주 어려운 일이다. 대부분 그리스도인들이 세상의 성공과 만족을 얻기 위해서 교회에 출석하는 상황에서 복음을 증거하면서 자기희생적인 삶을 산다는 것은 쉬운 일이 아니다. 주의 제자로서 따르는 일이 엄청난 정신적 정서적 고통을 주기도 한다. 예수님이 사랑하는 제자에게 배반을 당했듯이 오늘날도 제자는 종종 섬기는 사람들에게 무시와 배반을 당함으로 마음에 큰 상처를 받는다. 또 함께 하나님의 역사를 위해서 다짐하고 일했던 동역자들이 세상의 유익을 얻기 위해서 떠나갈 때면 우리는 "나는 무엇 때문에 여기에 남아서 이 일을 하고 있는가?" 하는 회의적인 생각에 빠지게 된다. 이러할 때 우리를 지켜주는 것은 "예수님이 나를 제자 삼았다"라는 것이다. 이러한 확신은 내가 원해서 제자가 된 것이 아니고, 내가 이 선교단체에 들어와서 제자가 된 것이 아니라는 생각을 가지게 한다. 이것은 오직 예수님께서 나를 제자로 택하시고 나를 이곳에 보내어서 오늘날 훈련받게 하시고 준비시킨다는 확신을 가지게 한다. 나를 부르신 예수님께서 나와 함께 하시고 또 나를 인도하신다는 확신이 들 때, 우리는 시련과 마음의 상처를 이길 수 있다. 내가 택하였다면 내가 버릴 수 있지만, 주께서 택하셨기 때문에 어려움 속에서도 나를 지켜주실 것이라는 확신을 가질 수 있다. 주의 부르심의 확신은 우리를 쓰러지지 않게 하는 굳건한 반석과 같은 믿음이다.

예수님만을 사랑하기로 작정한 사람

예수님이 베드로와 요한을 향하여 "내가 너희를 사람을 낚는 어부가 되게 하리라" 하였을 때, 이들은 기꺼이 배와 그물을 버려두고 예수님을 따랐다. 그들이 삶의 생계수단을 버린 것은 오직 예수님께 헌신하기 위해서이다. 이들은 3년 동안 예수님과 동고동락하면서 깊은 인격적인 관계를 맺었다. 제자들은 처음에는 모든 것을 버려두고 따를 만큼 예수님에 대해서 세상적인 기대가 컸지만, 날이 갈수록 예수님을 더욱 사랑하고 의지하게 되었다. 무리들은 예수님에게서 더 이상 기적이나 빵과 같은 세상적인 유익이 나오지 않자 웅성거리며 떠났다. 그때 예수님이 제자들에게 "너희도 떠나려느냐?"고 물으셨을 때에 제자들은 "주께 영생의 말씀이 계시오매 우리가 어디로 가오리까?(요6:68)" 하며 예수님께 남아 있었다. 예수님이 유월절을 지키기 위해서 예루살렘에 가려는 도중에 제자들에게 "내가 그곳에 가서 고난을 받고 십자가에 죽지만 사흘 만에 부활하리라"고 말씀하셨다. 그때 베드로가 "그러지 마옵소서(마16:13-23)" 하고 간청했다. 제자들에게는 예수님이 없는 이 세상은 생각할 수 없을 정도가 되었다. 제자들의 삶과 마음은 온통 예수님에게 집중되어 있었다. 물론 이들은 예수님을 통해서 세상의 성공을 꿈꾸었던 면도 있었다. 그러나 날이 갈수록 예수님을 더욱 사랑하게 되었다.

제자들은 성령의 강림함으로 신앙이 성장하였을 때 더욱 예수님을 사랑했다. 자신들을 위해서 목숨을 바치신 예수님의 사랑이 항상 뜨겁게 요동치고 있었고, 예수님을 증거하지 않으면 안될 만큼 예수님에 대한 뜨거운 사랑도 있었다. 예수님을 위해서 살 뿐만 아니라 예수님 한 분으로 인생에 충분한 만족과 기쁨을 누리는 오직 예수 사랑의 사람이 되었다. 예수님 한 분으로 만족하기에 감옥에서조차 찬송을 부르고 감사와 기쁨을 누릴 수 있었다.

사랑은 참으로 위대한 힘이다. 여자에게 3kg의 설탕을 운반하라고 한다면 "아니 무식하게 연약한 여자에게 이 무거운 것을 짊어지고 가게 한다"고 투덜거릴 것이다. 그러나 자기 아이를 안고 가라 하면 아무리 허리가 아프고 팔이 빠진다고 하여도 어머니들은 즐겁게 안거나 메고 간다. 같은 무게인데도 이 같은 차이가 나는 이유가 무엇인가? 사랑 때문이다. 사랑은 힘든 일을 즐겁게 감당할 수 있는 힘을 공급하여 준다.

주를 사랑하는 제자만이 주의 일을 할 수 있으며 주를 본받는 자가 되는 것이다. 험난한 주의 길이라고 하여도 주를 사랑하는 마음이 있음으로 피곤치 않고 걸을 수 있다. 주를 사랑하는 마음이야말로 진정한 제자가 되게 하는 것이다. 많은 기독 대학인들이 자신을 예수의 제자로 생각하나 자신의 사명에 대해서는 많은 부담감을 가진다. 이것은 자신의 의지와 열심과 헌신으로 하기 때문이며, 이러한 열정은 오래 가지 않는다. 왜냐하면 기독 대학인도 본질적으로 하나님 앞에서 죄인이며 연약한 자이므로 쉽게 지치고 쓰러질 수밖에 없기 때문이다. 나를 향한 주의 사랑이 그 마음에 있어야하고, 그 사랑에 대한 반응으로 주를 뜨겁게 사랑할 줄 알아야 한다. 이러한 우리 주 예수에 대한 사랑이 있을 때에, 주의 일을 언제까지라도 낙심치 않고 감당할 수 있는 것이다.

그렇다면 우리가 어떻게 이런 주의 사랑을 받을 수 있으며 우리도 주를 사랑할 수 있겠는가? 사도 요한은 요한 일서에서 "하나님은 사랑이라"고 했다. 하나님이 사랑이듯 예수님도 사랑이다. 우리가 예수님을 더욱 깊게 만날수록 예수님의 사랑을 더욱 깊게 알고 사랑하게 된다. 우리의 마음에 믿음은 있으나 예수님에 대한 사랑이 부족한 것은 내가 예수님을 만나는 실제적인 노력과 수고가 없기 때문이다. 경건 생활을 게을리 하며 어려운 일이 있을 때 기도하지 않기 때문이다. 어려운 일이 있을 때에 인간적인 생각과 꾀를 버리고 예수님의 말씀에 기초해서 결단하는 자세가 없기 때문이다. 우리는 말씀을 통해서 예수님을 만나며, 기도와 묵상을 통해서 예수님을 만나는 것이다. 우리가 예수님을 만나지 않는데 어떻게 그 사랑을 알며 그를 사랑할 수 있겠는가? 제자는 주를 만나기를 힘씀으로 더욱 주님에 대한 사랑이 성장하는 사람이다. 주님 한 분만을 사랑함으로 행복할 줄 알고 만족을 누릴 줄 아는 사람이다. 예수님에 대한 사랑이 없이는 제자가 될 수 없다.

예수님을 위해 고난을 당할 각오가 있는 사람

　예수님이 많은 사람의 병을 고치고 이적을 행하였음에도 불구하고 예수님의 역사가 큰 열매를 맺지 못한 이유가 무엇인가? 인생의 마지막에 아직도 신앙의 확신이 없는 12명의 제자만이 남았던 이유는 무엇인가? 그것은 예수님께서 제자들을 부를 때에 타협 없는 고난을 강조했기 때문이다. 예수님 자신도 "예루살렘에 올라가서 고난을 받고 죽었다가 사흘만에 부활하리라(마16:21)"고 말씀하셨다. 예수님은 시간이 있을 때마다 "자기를 부인하고 자기 십자가를 지고 나를 따르라" "나를 따르는 것은 좁은 길을 걷는 것이다" "인자는 머리 둘 곳도 없다"는 말씀을 하셨다. 예수님은 자신의 제자들에게 "나를 따르는 자에게 성공과 권세가 있다"라고 약속하지 않았다. 왜 사람들이 자신들의 정치 지도자를 목숨을 걸고 따르는 것인가? 자기 주인이 권력을 잡는 날에 자신에게도 권력과 부가 보장되기 때문이 아닌가? 가만히 있어도 수 천만 원짜리 옷이 배달되는 기가 막힌 세상이 열리는 것이다. 이것이 세상의 이치이다. 그러나 예수님은 제자들에게 "나를 따르면 죽음의 대가를 치러야 한다"고 냉정하게 말했다.

　누가복음 14장에 보면 예수님은 제자가 되기를 원하는 자들에게 망대를 짓는 일과 전쟁에 관한 비유를 말씀했다. "망대를 짓는데 무턱대고 짓는 것이 아니라 먼저 예산을 세워서 짓는 것이 아니냐?"는 것이다. 또 "전쟁을 할 때에 상대방의 전력을 탐색하고 싸울 것인지 타협할 것인지 결정해야 하지 않겠느냐?"는 것이다. 제자가 된다는 것도 마찬가지라는 것이다. "예수의 제자"라는 멋진 명분에 매료되어서 따르기보다는 "나는 이 일을 위해서 목숨을 바칠 각오가 되어있는가"를 심사숙고한 후에 결정하라는 것이다. 그저 열심히 성경을 배우고 선배들을 따라 한다고 해서 제자가 되는 것은 아니다. 예수님을 위해서 살기도 하고 예수님을 본받기 위해서 자기를 미워하는 고난을 향한 결심이 있어야 한다는 것이다.

복음서 이후에 제자들의 삶에 대해서 사도행전에 약간 언급한 것 외에는 별로 나타나지 않는다. 그러나 사도 중에 야고보는 제일 먼저 헤롯왕의 손에 순교 당했고, 베드로와 바울은 로마에서 도마는 인도에서 순교 당했다. 그리고 요한은 오랫동안 밧모 섬에서 유배를 당하면서 고난을 받았다. 사도행전에는 주로 바울의 선교활동이 기록되어 있는데 그가 복음을 전하기 위해서 얼마나 많은 고통을 받았는지 잘 나타나 있다. 고린도후서 12장에서 자신은 복음을 전하려다가 "배고픔과 감옥에 갇힘을 셀 수 없이 하였고, 사십에 하나 감한 매를 5번, 3번의 태장, 돌로 맞고 세 번 파선, 그리고 동족과 이방인들의 생명을 위협하는 위험 등 셀 수 없는 위기가 있었다고 한다. 그는 죽을 고비를 수차례가 아닌 수십 차례를 넘긴 것이다. 그의 복음 사역은 죽을 고비를 넘기는 극단적인 고난을 직면하고 이것과 싸우면서 주의 말씀을 증거함으로 이루어진 것이다.

제자의 길은 하늘나라에서는 영광의 길이겠지만 적어도 이 땅에서는 고난의 길이다. 죽을 각오가 없이는 예수님을 따를 수도 없고 본받을 수도 없는 것이다. 제자가 된다는 것은 이 땅에서의 인간적이고 세속적인 만족과 행복에 대한 포기를 의미하며 이에 대한 깊은 고민이 있어야 하는 것이다.

기독대학인들은 대학 복음역사에 뛰어들면서 다른 사람들보다 더 많은 헌신을 하게 된다. 한 영혼을 섬기고 역사를 이루고자 할 때 정신적으로 정서적으로 많은 고통을 당하게 된다. 이러한 것을 이상하게 여기지 말기 바란다. 때때로 한 영혼을 섬기기 위해서 애타는 헌신을 하지만 그에 합당한 열매가 나타나지 않을 때, "나는 무언가 잘못하고 있는 것은 아닌가? 성령의 역사가 없는 것은 아닌가? 나는 형제를 섬길 자질이 있는가?" 하고 슬픔에 빠지기도 한다. 그러나 성경에 나타난 복음의 역사들은 모두 고난 속에서 이루어졌다. 믿음이 좋은 제자들이라고 해서 무조건 찬양하고 감사함으로 역사를 이룬 것은 아니다. 양을 얻기 위해서 온 땅을 찾아 헤매었고, 그 양들이 이단에 넘어갈 때는 많은 염려와 고민 속에서 기도하고 편지를 쓰기도 했다. 사도들은 복음역사를 이루기 위해서 많은 고통을 당했고 고민도 했다. 그러할 때 그 시련들을 주를 위해서 죽고자 하는 각오로 돌파해 나갔던 것이다.

기독 대학인들은 선교단체를 통해서 말씀을 배우고 특별한 훈련을 많이 받으며, 이에 따라서 풍성한 은혜를 받는다. 주께서 우리에게 이러한 은혜를 주신 이유가 무엇인가? 주를 더 잘 알고 깊이 신뢰하도록 하는 목적도 있지만, 한편으로는 양을 치고 주의 역사를 이루는 데 부딪히는 어려움을 감당할 수 있는 하나님의 위로와 능력이 되게 하는 것이다. 기독 청년인 여러분에게 주를 사랑하는 마음과 말씀과 기도로부터 받은 은혜가 있는가? 그것으로 자신을 기쁘게만 할 것이 아니라, 주께서 우리에게 주신 사명을 이루며, 이에 따르는 고난을 감당하는 은혜의 능력이 되기를 바란다.

제자 양성하는 사람

예수님은 부활하신 후, 베드로에게 오셔서 "네가 나를 사랑하느냐? 내 양을 치라(요21장)" 고 하셨다. 사도 바울도 디모데후서 2장 2절에서 "내게 들은 바를 충성된 사람들에게 부탁하라 저희가 또 다른 사람들을 가르칠 수 있으리라"고 했다. 또 고린도후서 4장 12절에서는 "그런즉 사망은 우리 안에서 역사하고 생명은 너희 안에서 하느니라"고 했고, 골로새서 1장 29절에서 "이를 위하여 나도 내 속에서 능력으로 역사하시는 이의 역사를 따라 힘을 다하여 수고하노라"고 말하고 있다.

예수님이 수제자인 베드로에게 남긴 마지막 부탁은 "양을 치는 것"이었고, 바울 사역의 핵심도 "성경공부를 통한 제자를 양성하는 것"이었다. 사도들은 이를 위해서 말씀대로 "자신 안에서 역사하시는 성령에 의지하여 힘을 다하여 수고하는 자"였다. 제자가 된다는 것은 자신의 영적인 성장을 위한 것이 아니다. 자신과 닮은 또 다른 제자를 양성하기 위한 것이다.

그러나 제자를 양성한다는 것이 결코 쉬운 일이 아님을 사도 바울의 진술을 통해서 조금이나마 알 수 있다. 사도 바울같이 말씀의 능력이 있고, 영적으로 충만한 분도 양을 칠 때에는 '힘을 다하여 수고' 했다. 양을 치는 것, 자신과 닮은 제자를 양성하는 것은 때가 되면 저절로, 적당히 되는 것이 아니다. 혼신의 힘을 다하지 않으면 이룰 수 없는 하나님의 일이다.

선교단체의 특징은 기독 학생운동이다. 역사를 이루는 주체는 지도자가 아니라 학생들이다. 기독 학생들은 영적으로 어느 정도 성장하게 되면, 그 모임에서 리더가 되면서 자연스럽게 제자를 양성하는 일을 시작한다. 사람에 따라 일찍 시작하는 사람도 있고 좀 늦게 시작하는 사람도 있다. 우리가 예수의 제자가 된다는 것은 예수님만을 열심히 배우는 데 있는 것이 아니라 주의 말씀을 좇아서 양을 치는 것 곧 자신과 닮은 제자를 양성하는데 있는 것이다. 제자의 열매를 맺기 위해서는 마치 어머니가 자식을 낳기 위해서 고통스러운 산고(産苦)를 경험하여야 하듯이 제자를 양성하기 위해 요구되는 많은 고통과 수고를 감당해야 한다.

그런데 제자양성을 하는 데 주의할 점이 있다. 인간적으로 사람을 도와서는 안 된다는 것이다. 자신을 돌이켜 볼 때, 제자가 되기 위해서 많은 훈련을 받았다. 어려움도 있었고 때로는 눈물을 흘리는 아픔도 있었을 것이다. 매일 아침 일찍 일어나서 경건의 시간을 가져야 하며 시험기간 중에도 예배와 성경공부에 참석해야 하는 어려움도 있었다. 때로는 중요한 약속이 있는데도 불구하고 그것을 포기하고 모임에 참석해야 하는 등 많은 아픔들이 있었다. 이러한 훈련을 통해서 예수님에 대한 우선권을 가지게 되었고, 동시에 세상 것에 대한 지나친 욕심과 미련을 버리게 됨으로 하나님나라 확장을 위한 운동가로 연단 받았다.

하지만 이것이 그때에는 신앙적인 결단이었는데 그것으로 인해서 마음에 상처가 남기도 한다. 그래서 자신의 제자가 그런 문제에 직면했을 때에 그 아픔을 알고 과감히 권면하지 못한다. 그 제자가 신앙이 자라서 스스로 결정할 때를 기다린다든지, 이런 저런 이유가 있을 때마다 이해하고 양보해 주기도 한다. 고난이 없이 제자를 키우려는 인간적인 마음이 생기는 것이다. 리더의 마음에 "나는 그 어려운 훈련을 감당했지만 너는 너무 연약하니까 어려울 것이야"라는 생각이 든다. 이것은 참으로 양을 무조건 연약하게 여기는 교만이며 중요한 실수이다. 고난이 없는 제자가 있을 수 없듯이 고난과 훈련 없이 제자로 자랄 수가 없는 것이다. 리더는 제자를 키우고 권면할 때에 그 기준은 인간적인 선한 생각과 마음이 아니라 하나님의 말씀과 뜻이어야 한다. 말씀에 따라서 훈련시키고 순종시켜야 한다. 주를 따르기 위해 세상 것과 인간적인 것을 버리게 하고, 자신을 쳐서 복종시키도록 강권해야 한다. 리더의 강권이 자신의 제자에게 분명히 부담이 되고 신앙적인 어려움에 빠지게 할 수 있다. 그러나 믿는 자 안에 계시는 성령이 그 아픔을 상담해 주며, 그 아픔을 통해서 더욱 제자의 모습으로 성장시켜 가실 줄 믿어야 한다. 제자를 양성하는 것도 사람의 지혜와 능력으로 하는 것이 아니라 하나님의 역사로 되어지는 것이다. 제자의 삶의 열매는 "양을 치는 제자양성"에 있는 것이다.

결 론

이상을 살펴볼 때 제자도란, 예수님의 부름을 받은 자로서 주를 사랑하는 자이다. 더 나아가서 주를 위해서 고난을 즐거이 받으며 주님이 맡기신 사명에 따라서 다른 제자를 양성하는 것이라고 말할 수 있다. 제자가 된다는 것은 분명 어려운 일이다. 그러나 제자 양성은 우리 예수님께서 공생애 기간 동안 가장 심혈을 기울인 하나님의 일이었다. 그 결과로 나온 제자들에 의해서 복음은 세상을 향해서 폭발적으로 전파되었고, 오늘날 우리에게까지 이르게 되었다. 제자들은 당시에는 복음 증거로 인해서 세상에서 많은 고난을 받았고 대부분이 순교에 이르는 고통이 있었다. 그러나 이들은 역사에 영원한 이름을 남겼다. 무엇보다도 주께서 기뻐하는 인생을 살았다는 점에서 복된 인생이었다. 제자가 되고 제자 양성을 위해서 청년의 시절을 보내는 것은 우리를 제자로 부르신 예수님이 기뻐하시는 일이요, 우리의 삶을 가장 가치 있는 일에 투자하는 것이다.

6장

대학선교와 제자도 II

하나님 편에서 | 사람 편에서 | 복음 역사 편에서

이에 예수께서 제자들에게 이르시되 아무든지 나를 따라오려거든 자기를 부인하고 자기 십자가를 지고 나를 좇을 것이니라 누구든지 제 목숨을 구원코자 하면 잃을 것이요 누구든지 나를 위하여 제 목숨을 잃으면 찾으리라(마16:24-25)

 박찬호. 그는 우리나라 스포츠 선수 중에 최고의 인기를 누리고 있는 사람이다. 우리나라뿐만 아니라 미국을 비롯한 세계에서도 알아주는 특급 투수이다. 나는 박찬호를 보면서 저 선수가 만일 한국 프로야구에서 뛰었다면 어떻게 되었을까 생각해 보았다. 박찬호가 처음 미국 프로야구에 데뷔했을 때만 해도 볼만 빨랐지 다른 부분에서는 문제가 많은 불안한 투수였다. 특히 1-2회에서 볼이 불안해서 자꾸 포볼로 보낸다든지, 시원하게 삼진을 잡고서도 다음 타자에게 어이없는 볼을 던져서 홈런을 맞는다든지, 1명만 주자가 나가도 불안해져서 스스로 무너지는 경우가 많았다. 이런 일이 1-2년 동안 계속되었다. 나를 비롯한 많은 사람들이 박찬호가 던지는 경기를 보면 마음이 조마조마해서 볼 수가 없었다. 만일 박찬호가 한국에서 투수생활을 했다면 그는 오늘날의 세계적인 투수가 결코 되지 못했을 것이다. 우리나라의 특성상 조급함 때문에 박찬호가 많은 실패를 거

듭하면서 성장하는 것을 지켜보지 못했을 것이다. 그저 볼만 빠르고 컨트롤이 없는 문제아 투수가 되고 말았을 것이다. 지금까지 우리나라에 박찬호 같은 빠른 볼을 가진 투수들이 종종 있었다. 그러나 선동열이라는 1세기에 하나 나올까 말까한 투수 외에는 다들 별볼일 없는 투수로 전락하고 말았다. 이러한 점들이 미국과 우리나라의 야구의 수준 차를 보여주고 더 나아가서 교육수준과 질의 차이도 알 수 있게 한다. 우리나라 사람들은 완전히 준비된 사람을 요구하지, 들어와서 서서히 준비되는 사람을 원하지 않는다.

이런 점이 우리 한국교회에서도 아주 잘 나타난다. 교회신문을 보면 종종 목사를 청빙하는 광고가 보인다. 요즘같이 목사님이 많은 시대에 그러한 광고는 희소식이 아닐 수 없다. 많은 젊은 목사님들이 그곳에 이력서를 낸다. 그때 교회가 사람을 선발하는 기준이 무엇인가? 대부분의 교회가 그 목사의 학력을 본다. 어느 대학출신인지 보고 인간적인 경력 등을 살펴본다. 이런 문제점이 있기에 많은 목사들이 인간적인 영광은 있으나 실속 없는 박사 학위를 취득하려고 애를 쓰고, 가짜 박사학위를 얻기 위해서 신앙 양심을 버리고 거짓된 돈을 사용하는 것이다. 이런 것이 하나님 앞에서 무슨 소용이 있겠는가?

예수님은 이런 세속주의를 거부하셨다. 예수님이 부르신 제자들은 세상적으로 눈에 띄는 사람이 크게 보이지 않는다. 대부분이 어부출신이거나 세리출신, 그리고 열혈당원 등의 사람들이다. 심지어 그 중에는 나중에 자신을 팔아서 잇속을 챙기는 '멸망의 자식' 까지 있었다. 인간적으로 크게 기대가 되지 않는 제자들이었다. 그러나 훌륭한 선생이란 어떤 사람인가? 인간적으로 재능 있는 사람을 잘 가르쳐서 뛰어난 인재로 키우는 사람도 훌륭한 선생이지만, 더 훌륭한 선생님은 별 볼일 없고 소망이 없는 사람을 정성을 다해 가르쳐 그도 좋은 사람이 되게 하는 데 있는 것이 아닌가? 여기에 가르치는 보람도 더 있는 것이다.

이런 점에서 예수님은 선생님 중에 최고의 선생님이었다. 예수님은 제자들을 훈련시키셨다. 3년간의 많은 훈련을 통해서 제자들의 인격과 삶이 변화되고, 성령으로 충만한 사람이 되게 했다. 그리스도의 신부로 거룩한 사람이 되게 했고, 그리스도의 군사로 충성된 사람이 되게 했다. 더 나아가서 한번 설교하면 3000명이 회개하는 능력 있는 설교자가 되게 하였고(행2장), 또 이들이 편지를 쓰면 그것이 곧 계시된 성경이 되는 성령의 감동이 충만한 사람이 되게 하였다. 이들 모두는 인류의 영원한 스승이 되었다.

예수님은 결코 준비된 사람을 원하지 않았다. 예수님이 제자를 선발할 때, 그가 얼마나 준비되었는가를 보지 않았다. 그저 진심 하나만 보시고 선발했다. 그리고 예수님은 그들을 향한 오랜 기다림 속에서 제자들을 훈련시키셨다. 그리하여 그들로 하여금 주의 역사에 사도로 설 수 있게 하셨다.

이렇게 훈련된 제자들이 세상에 나서자 어떤 일이 일어났는가? 예루살렘과 유대가 진동했다. 복음은 폭발적으로 세계를 향해 퍼지기 시작했다. 제자들이 가는 곳마다 초대교회가 세워지고 그곳에서 유대인뿐 아니라 많은 이방인들도 예수님의 복음 앞에 굴복하였다. 이보다 복음의 능력이 그 시대를 감동시키고 영향력을 준 시대는 없었다. 에베소에서는 복음에 감동한 백성들이 자신들의 운명을 주관하던 은5만의 가치가 있는 마술 책을 불태우는 사건도 일어났다 (행19장). 결국 제자들이 활동하기 시작한 지 300여 년이 안 되어서 로마제국이 복음화 되는 놀라운 성과를 나타내게 된 것이다.

그러나 그 시대가 결코 복음을 영접하기에 좋은 시대였다고 말할 수 없다. 오히려 그 어느 시대보다도 악하고 무서운 시대였다. 예루살렘에서는 예수님을 죽이는 사건이 있었다. 사람이 한 번 피를 보면 이성을 상실하는 법이다. 이후에는 예수 잔당, 즉 제자들을 향한 극심한 탄압이 예상되는 시기였다. 로마제국에서는 복음이 처음 전파되자 이상하게 생각하고 핍박을 했다. 가뭄이 들어도, 전염병이 돌아도, 화재가 나도 "이것은 분명 예수쟁이들 때문에 신들이 노하였다"고 여기고 살인적인 핍박을 했다. 심지어는 성찬식을 오해하여 예수쟁이들이 모이면, 아이를 잡아먹는 의식을 행한다는 괴이한 소문까지 퍼졌다. 많은 성도들이 십자가형을 받고 죽거나 원형경기장에서 짐승에게 잡아먹히며 사람들의 오락의 대상으로 순교했다. 이들은 핍박을 피해 카타콤이라는 지하묘지 속에 숨어서 살았다.

이와 같은 시대의 완악함과 어려움이 예수님의 복음운동을 좌절시키지 못한 것은 "예수님을 위해서 죽기도 하고 살기도 하리라"는 인생철학을 가지고 헌신하는 제자들이 있었기 때문이다. 이들은 하루아침에 만들어진 제자가 아니었다. 스스로 많이 준비된 사람들로서 갑자기 예수를 믿어서 능력을 받은 사람들도 아니었다. 예수님이 많은 마음의 고통을 가지고 훈련시키심으로 준비된 사람들이었다.

제자란, 예수님을 죽기 살기로 믿기로 결심한 사람이 아니다. 이런 사람은 기도원에 가면 많이 있으며 죽기 살기로 기도하고 맹세하는 사람들이 이 시대에 많이 있다. 제자는 그런 사람이 아니다. 예수님 안에서 오랜 시간동안 훈련받을 줄 아는 사람이다. 훈련을 통해서 주의 역사의 일꾼으로 준비되는 사람이다. 또한 그 훈련을 통해서 그 시대의 악함을 이기는 것이다. 현대 시대는 악하고, 대학은 물질주의와 향락주의에 빠져 있으며, 그곳에서 나오는 사상들은 하나님을 거부하고 대적하고 있다. 이러한 죄의 세력과 싸우고 정복하기 위해서는 예수님에 대한 불타는 열정도 있어야 할뿐만 아니라 또한 냉철한 기독교적인 사고방식과 지성 그리고 성숙한 인격이 필요하다. 이를 위해서는 훈련을 통해서 이루어지는 제자가 되어야 하는 것이다. 훈련이 없이는 제자가 있을 수 없고, 제자 없는 대학 복음화란 꿈도 꿀 수 없다.

기독 대학인으로서 대학을 복음으로 정복하는 제자로 살기를 원하는가? 그렇다면 어떤 일을 이루기 전에 먼저 자신이 주안에서 훈련받아야 하겠다. 많은 훈련으로 자신을 연단시킨 제자일수록 더욱 큰 능력과 영향력을 가지게 될 것이다. 단체에서 어떤 사람이 영향력 있는 리더인가? 어떤 사람이 그 단체를 성장시키는가? 결코 인간적인 능력이 뛰어나거나 외모가 뛰어난 사람이 아니다. 자기 힘만 의지한 지도자는 대부분 역사를 이루지 못하고 동역자들과 갈등하면서 주어진 시간을 허비할 것이다. 좋은 결과를 가지는 지도자는 은밀한 곳에서 자기를 혹독하게 훈련시키는 사람이다. 영적인 능력과 사람을 이끄는 리더십은 성실하고도 은밀한 훈련을 통해서 길러지는 것이다.

그렇다면 우리가 예수님의 제자로서 훈련받을 것이 무엇인가? 우리가 대학 복음화를 꿈꾸는 제자가 되기 위해서 어떤 점을 길러야 하겠는가? 이에 대해서 하나님 편에서, 인간 편에서 그리고 복음역사 편에서 3가지로 나누어 생각해 보고자 합니다.

하나님 편에서

믿음

제자는 먼저 예수님을 믿고 따르는 사람이다. 제자가 다른 사람보다 돋보이는 것은 그 믿음이 출중하기 때문이다. 예수님을 전심전력하여 믿는 믿음이야말로 제자의 표징이다. 믿음이 없는 제자를 과연 생각할 수 있는가? 제자에게 있어서 믿음이란, 단순히 구원을 위한 것도 아니며 영적인 풍성함을 위한 것도 아니다. 제자의 믿음이란 자기에게 맡겨진 사명을 이루게 하는 하나님의 능력이 되어야 한다. 제자의 믿음이란, 자신의 구원을 이루기 위한 수단이나 영적인 만족을 위한 것의 수준을 넘어서 하나님의 역사를 이루는 은혜와 능력으로 승화되어야 한다.

　예수님은 폭풍우 치는 갈릴리 바다에서 비명을 지르는 제자들에게 "믿음이 적은 자들아" 하고 책망했다. 마태복음 17장에 보면 제자들이 간질로 쓰러진 아이를 고치지 못하여서 사람들 앞에서 망신당하는 장면이 나온다. 그때에 예수님께서 오셔서 그 아이를 고쳐 준다. 제자들이 "주님 왜 저희는 그 아이의 귀신을 쫓아내지 못하였나이까?" 하고 물었다. 예수님은 "믿음이 적은 연고니라. 겨자씨만한 믿음만 있었더면 이 산을 명하여 여기서 저기로 옮길 것이라(마 17:20)"고 하셨다. 제자들이 믿음 없는 행동을 했을 때 예수님으로부터 가차 없이 '믿음이 없는 자'라고 책망을 받았고, 사람들로부터 비웃음을 당했다. 그러나 이들이 믿음이 있었을 때에는 큰 능력을 발휘했다. 누가복음 10장에 보면 예수님이 70인의 제자를 부르시고 이들에게 "전대나 주머니나 여분의 신발을 가지지 말고 전도여행을 떠나라"고 명했다. 제자들이 예수님의 말씀을 믿고 전도여행을 했을 때 놀라운 역사가 일어났다. 이들이 돌아와서 전도역사의 보고를 하는데 한결같이 "우리가 주의 이름으로 명하였더니 귀신들이 우리에게 항복하더이다"라고 말하고 있다.

　제자들은 믿음이 있을 때 승리했고 믿음이 없이 자기 생각과 경험에 의지할 때 실패했다. 예수님은 이러한 면에서 항상 제자들의 믿음 세우는 것을 우선적으로 훈련시키셨다. 복음서에는 예수님이 "제자를 시험하여 가로되"라는 말이 자주 나오고 있다. 특별히

5000명을 오병이어로 먹이시는 사건에서 예수님은 빌립에게 "시험하여 가로되 너희가 먹을 것을 주라(요6:6)"는 말씀이 나온다. 이것은 제자들의 믿음을 훈련시키기 위한 것이었다. 예수님은 생활의 모든 부분에서 제자들의 믿음을 세우기 위해 훈련시키셨다. 예수님께서 제자들에게 주는 마지막 권면인 요한복음 14장 12절에서 다음과 같이 말씀하셨다.

> 내가 진실로 진실로 너희에게 이르노니 나를 믿는 자는 나의 하는 일을 저도 할 것이요 또한 이보다 큰 것도 하리니 이는 내가 아버지께로 감이니라

이 말씀이 주는 의미가 무엇인가? "예수님을 믿는 자만이 예수님의 일을 할 것이라는 것"이다. 아니 예수님보다 더 큰 일을 할 것이라는 것이다. 우리가 제자가 되기를 원한다면, 제자로서 주의 사명에 충성하고자 한다면 예수님에 대한 온전한 믿음을 가지기 위해 훈련받고 자기를 쳐서 복종하는 순종이 있어야 한다.

기독 대학인의 사명인 대학 복음화의 역사와 그 열매는 우리가 얼마나 예수님을 믿고 의지하였느냐에 달려있다. 복음역사의 상황은 항상 우리가 기대하는 상황과 정 반대일 때가 많다. 학생들은 전도자의 전도에 대해서 무관심한 정도가 아니라 혐오감을 보일 정도로 거부적이다. 일을 한 번 해보려고 하면 동역자가 갑자기 휴학을 한다든지 군대에 가버린다. 그동안 힘써서 섬긴 양이 별다른 이유

도 없이 떠나 가버리는 아픔도 있다. 매번 복음의 일꾼을 낙심케 하는 사건이 일어나고 있다. 이러한 때에 사람을 바라보거나 홀로 남아있는 자신을 바라본다면 자신도 무너지고 마는 것이다. 이러할 때 예수님의 제자는 예수님을 바라보아야 한다. 예수님이 나를 부르셨고, 이 대학을 맡기셨다는 소명과 사명 앞에서 자신을 올바로 세워야 한다.

기독 대학인이 복음사역을 하는 이유가 무엇인가? 사람을 많이 모아서 그들로부터 영광을 얻기 위한 것도 아니요, 어떤 유익을 얻고자 하는 것도 아니다. 오직 예수님의 사명을 충성스러운 마음으로 이루고자 헌신할 뿐이다. 예수님 때문에 대학 복음화 사역에 뛰어들었고, 예수님을 위해서 헌신하는 것이다. 그러므로 어려울 때에 예수님을 바라보고 믿음을 지켜야 한다. 복음역사는 항상 시련이 있다. 그러나 이 시련은 사명인을 절망케 함으로 하나님의 역사를 좌절시키는 방해물이 되지는 않는다. 오히려 사명인은 그 시련을 통해서 자신의 신앙과 인격을 정금과 같이 연단시킨다. 시련의 날에 예수님을 바라보고 더욱 순종하고자 하는 믿음을 가질 때, 떠났던 양들도 돌아오고, 갈피를 잡지 못하였던 동역자들도 제자리를 잡으면서 역사를 이루는 그릇을 만드는 것이다. 모든 역사가 승승장구하지는 않는다. 주의 일은 항상 모든 것이 무너질 역사의 위기에 놓여있는 것처럼 위태위태하게 보인다. 그러할 때마다 이 역사의 중심에 서 있는 제자가 예수님에 대한 변치 않는 믿음과 충성이 있을 때 그 위험은 성장을 향한 위대한 기회가 될 것이다.

복음의 역사는 믿음의 역사이다. 제자로서 얼마나 믿음을 세우기 위해서 자신을 연단하고 복종시키느냐에 따라서 복음역사의 열매가 결정될 것이다. 따라서 제자는 믿음으로 구원을 받을 뿐만 아니라 매사에 믿음으로 살고자 애를 쓰는 믿음의 사람이 되어야 한다.

말 씀

제자들은 말씀의 사람들이었다. 예수님이 "내가 너희로 사람을 낚는 어부가 되게 하리라" 할 때에 이들은 예수님의 말씀을 좇아 배와 가족을 버리고 예수님을 따랐다. 예수님이 오병이어의 기적을 베풀었다. 사람들은 그 다음날에도 떡을 얻기 위해서 예수님께 나왔다. 그러나 예수님은 떡은 주시지 않고 그 사건의 의미를 말씀하셨다. 사람들은 예수님의 말씀에 관심이 없었다. 결국 예수님이 떡을 주지 않을 것이 분명하게 되자 이들은 다 떠나갔다. 이들이 떠나갈 때에 예수님과 함께 있던 사람들도 떠나갔다. 떠나가는 이들을 보며 예수님도 낙심이 되었다. 그래서 제자들에게 "너희도 가려느냐?"고 물었다. 그때 베드로가 뭐라고 말씀하는가? "영생의 말씀이 계시오매 우리가 뉘게로 가오리이까?(요6:68)" 라고 말한다.

제자들은 예수님의 말씀에 관심이 있었던 사람들이다. 사람들은 예수님이 주시는 떡과 기적에 관심이 있었지만, 제자들은 예수님의 말씀을 사랑했고 그 말씀을 듣고자 배와 가족을 다 버린 사람들이다. 항상 조용한 시간이 되면 예수님께 나아가 "오늘 씨 뿌리는 비유를 말씀 하셨는데 씨는 무엇이며 뿌려진 밭은 무엇입니까?" 하고 질문하였다. 제자들은 예수님의 말씀을 진지하게 공부하는 사람들이었다. 예수님은 이 제자들을 깊이 사랑하시고 시간이 나는 대로 말씀을 가르치셨다.

후에 제자들은 말씀의 사람들이 되었다. 베드로의 첫 설교에 3000명이 변화되었다. 사도행전 2장에 나오는 그의 설교를 보면 놀라운 점이 많이 있다. 그의 설교는 단순히 "회개하고 예수를 믿으라"는 설교가 아니었다. 수학이나 과학에서 가장 어려운 부분이 있다면 가정에 대한 증명이다. 베드로의 설교는 바로 "예수님이 그리스도이시다"라는 사실을 구약과 예수님의 생애를 근거로 논리적으로 증명했다. 믿거나 말거나 내 주장을 말한 것이 아니라 유대인들이 도무지 반박할 수 없는 빈틈없는 논리로 증거한 것이다. 이 설교를 들은 유대인들이 그의 증명을 인정하지 않을 수가 없었다. 모두가 자신들이 예수님을 죽인 죄를 눈물로 회개하며 예수님을 메시아로 영접했다. 이들이 말하는 것과 편지는 모두가 성령에 감동된 하나님의 말씀으로 받아들여졌다.

초대교회는 기적과 병을 치료하는 일로 세워진 것이 아니라 베드로와 바울을 비롯한 제자들의 말씀의 증거와 성경공부를 통해서 세워졌다. 제자들의 능력있는 사역은 한결같이 말씀의 사역이었다.

예수님이 원하는 제자가 되려 한다면 말씀의 사람이 되어야 한다. 성경공부를 좀더 많이 그리고 진지하게 해야 한다. 지식을 많이 쌓는 것도 중요하지만 그것이 나의 영혼의 은혜가 되고 삶을 변화시키는 능력의 말씀이 되어야 한다. 적당히 지식적으로 배운 성경은 자신에게도 은혜가 되지 않을 뿐만 아니라 제자로서 다른 사람에게 복음을 전하거나 도울 때 전혀 능력이 되지 않는다. 자신이 먼저 은혜를 받고 변화되지 않는다면 다른 사람에게도 그 말씀과 지식은 무미건조한 것이 되고 마는 것이다. 말씀을 배우되 하나님으로부터 듣는다는 겸허한 마음과 함께 그것을 진지하게 묵상해야 할 것이다. 배운 말씀은 자신의 지식을 쌓는 것으로 그치지 않도록 그 말씀 앞에서 자신의 생활을 비추어보고 반성하고 회개할 것이 있는지를 찾아보아야 한다. 그리고 그 말씀을 좇아 자신의 삶을 결단하고 주께서 원하시는 삶으로 적극적으로 나아가야 된다.

요한복음 7장에 보면 예수님께서 유대인들에게 말씀을 전하시는 장면이 나온다. 그러나 유대인들은 그 말씀의 은혜에 감사하기보다는 "이 사람이 배우지 아니하였거늘 어떻게 글을 아느냐"고 비웃는다. 예수님은 이들에게 "사람이 하나님의 뜻을 행하려 하면 이 교훈이 하나님께로서 왔는지 내가 스스로 말함인지 알리라(요7:17)"고 말씀하셨다. 말씀의 지식은 결코 책을 읽고 토론을 통해서 배워지는 것이 아니라 그 말씀 앞에서 자기를 쳐서 복종하고 순종함으로 완성되는 것이다. 말씀에 순종할 때에 우리는 이성으로 깨달았던 하나님의 지혜가 내 삶의 은혜와 능력으로 나타난다. 지식은 많이 있지만 행함이 없는 말씀은 우리의 삶을 더욱 악하게 할 뿐이다. 배우기를 힘써야 할 뿐만 아니라 그 말씀을 깊이 생각하면서 똑같은 비중으로 행하기를 힘써야 할 것이다.

기 도

 "기도해야 한다"는 말은 아무리 강조해도 부족함이 없다. 예수님은 기도의 사람이었다. 아침 이른 시간을 기도로 시작했고 하루의 일을 마치면 조용한 곳으로 물러가서 기도하셨다. 제자들에게도 기도하도록 권면하셨다. 일반적으로 잘 알려진 "구하라, 찾으라, 두드리라"는 말씀은 예수님이 제자들에게 주신 기도의 권면이다. 또 주님은 마태복음 6장에서 "너희는 이렇게 기도하라 하시면서 하늘에 계신 우리 아버지여 이름이 거룩히 여김을 받으옵시고...."라는 주기도문을 가르쳐 주셨다. 예수님은 제자들에게 기도하도록 권면했고, 그들을 기도의 동역자로 삼았다. 그러나 제자들은 예수님의 기대에 잘 부응하지 못한 것 같다. 예수님이 죽기 전날 기도하기 위해서 베드로와 요한, 야고보를 데리고 겟세마네 동산에 오르셨다. 예수님은 땀이 핏방울이 되도록 기도하고 있었는데 제자들은 가까운 거리에서 정신없이 잠을 자고 있었다. 예수님은 두 번이나 오셔서 제자들을 깨웠지만 제자들은 일어나지 못했다. 이 기도의 능력은 다음날 햇살이 돋자 아주 분명하게 드러났다. 예수님은 자기를 잡으러 온 자들에게 의연하게 잡히시고 십자가의 죽음을 받으셨다. 그러나 제자들은 자기만 살기 위해서 허둥지둥하다가 결국 예수님을 부인하고 도망하는 연약한 모습을 보였다.
 기도 없이 인간적인 의리와 힘으로 따랐던 제자들이 실패하는 모습이다. 그러나 이 제자들도 예수님이 부활 승천하실 때에 마가의 다락방에서 전적으로 기도에 힘쓰는 모습을 보여 준다. 이들이 전적으로 기도할 때 성령의 강림이 일어났다. 기도를 통한 성령의 충만함은 죽기까지 복음을 전파하는 증거자가 되게 하였고 또한 이것은 세상을 향해서 영적인 혁명을 일으키는 힘이 되었다.

예수님은 마태복음 9장에서 제자들에게 "추수할 일꾼을 보내어 주소서" 하고 기도하게 한다. 그리고 바로 이어서 마태복음 10장에서 기도하는 제자들을 12사도로 세우신다. 예수님은 기도하는 사람의 기도를 통해서, 그리고 그 사람을 통해 선교의 역사를 이루어 가신다.

제자는 기도의 사람이 되어야 한다. 기도를 통해서 하나님과 교제를 이루어야 하고 사명에 대한 하나님의 도우심을 받아야 한다. 복음 역사란 어떤 것인가? 사람의 힘으로 되는 것인가? 우리가 절친한 후배를 만나서 전도하여 초청하지만 그가 따라오는가? 또 따라온다고 하여도 그가 예수님을 쉽게 영접하는가? 그렇지 않다. 복음의 열매는 사람의 사랑과 권위로 되지 않는다. 하나님의 도우심이 필요하다. 하나님이 나의 후배와 양의 마음을 열어 주셔야만 그가 예수님을 믿을 수 있다. 하나님이 잡아 주셔야만 내가 돕는 영혼이 넘어지지 않고 성장할 수 있다. 사람을 돕다보면 자신의 한계를 깊이 느끼지 않을 수 없다. 양을 향한 진실한 사랑은 섬기는 영혼을 위해서 기도하는 것이다.

우리는 마음속에 기도제목을 가지고 있다. 대학 복음화를 위해서 또 섬기는 영혼을 위해서 그리고 세계선교를 위해서 기도의 마음을 가지고 있다. 이 기도의 마음이 무엇을 의미하는가? 주님께서 우리에게 기도의 마음을 심어주신 것이다. 우리가 기도할 때 성실하게 응답하여 주겠다는 약속이다. 그래서 예수님은 "그러므로 내가 너희에게 말하노니 무엇이든지 기도하고 구하는 것은 받은 줄로 믿으라 그리하면 너희에게 그대로 되리라(막11:24)"고 말한 것이다.

그런데 우리 자신들은 어떠한가? 우리 마음을 강력하게 이끄는 기도의 제목을 가지고 얼마나 시간을 정해서 기도하기에 힘쓰고 있는가? 양을 위해서 기도하라는 성령의 권고가 있지만 그것을 붙잡고 기도하기보다 심방하여 만나고 설득하는 일에 더 힘을 많이 쓰지는 않는가? 주의 도우심을 의지하기보다 나의 말과 진심으로 그 영혼을 굴복시키려고 하지는 않는가? 인간적인 방법과 힘으로 할 때 힘은 많이 들고 열매는 없는 것이다. 설령 이런 방법으로 한때에 많은 열매를 맺는다 할지라도 얼마가지 않아서 작은 시험에 너무나 쉽게 무너지고 말 것이다. 기도가 없는 주의 일은 마치 모래 위에 집을 짓는 것과 같다. 주님의 도우심을 의지하지 않는 인간적인 수고는 하나님의 역사가 아니다.

우리는 종종 예수님을 믿는 데 실패하고, 제자로서 성장하는 데 실패하며 떠나가는 사람들을 본다. 우리가 그 영혼을 붙잡을 수 없었던 이유가 무엇인가? 많은 인간적인 노력과 리더로서 영혼을 위해 고민하고 염려하며 권면했을 것이다. 그러나 리더의 진심을 외면한 채 자기의 길로 떠나간다. 이러할 때 우리가 반성해야 할 것은 그 영혼을 위해서 얼마나 기도했느냐 하는 것이다. 인간적인 노력 못지않게 기도로 "그 사람을 붙잡아 달라"고 기도했는가? 우리는 청년이기에 젊음과 힘을 의지함으로 기도에 많이 부족할 수 있다. 많은 심방과 권면보다 기도가 훨씬 능력이 있음을 알아야 한다. 왜냐하면 기도를 통해서 하나님이 도우시기 때문이다. 내가 아무리 능력과 지혜가 있다고 하여도 어찌 하나님의 도우심과 비교할 수 있겠는가? 하나님이 도우시는 것보다 확실한 도우심은 없는 것이다. 내가 돕는 영혼을 위해서 인간적인 노력과 정성만큼 기도에 헌신했다면, 또 권면하는 시간의 1/10만큼 기도했다면 그 양을 붙잡고도 남았을 것이다.

예수의 제자가 되어서 대학을 복음으로 정복하고 제자의 열매를 맺기를 원한다면 기도에 힘써야 한다. 기도의 제목은 주님이 우리 마음에 심어준 거룩한 마음이며 그것을 입으로 고백하고 구할 때에 응답해 주시겠다는 주님의 약속이다. 기도하시오. 주님은 기도를 통해서 기독 대학인에게 맡겨진 제자의 사명을 놀랍게 이루실 것이다.

성령충만함

사도행전 1장에 예수님이 부활승천하신 후에 제자들이 모여서 다락방에서 기도에 온전히 힘쓰는 모습이 나온다. 사도행전 2장에서는 이렇게 기도하는 제자들에게 성령이 강한 바람소리처럼 불의 혀처럼 강림하는 사건이 나온다. 제자들은 이 때 예수님이 약속하신 보혜사 성령을 받는다. 이 성령의 강림은 제자들을 성령충만케 했다.

"성령충만" 여기에는 많은 신비가 있다. 기독교 역사와 오늘날에도 "성령충만"은 많은 부작용을 낳았다. 많은 이단이 나왔고 건실한 교회가 분열되는 아픔이 있었다. 그래서 가능하면 교회에서 성령충만에 대해서 언급하지 않고 있다. 어떤 사람이 성령충만에 대해서 말하면, "이 사람이 이단이 아닌가?"하고 의심을 받는다. 그러나 성경은 많은 곳에서 성령충만을 받으라고 말하고 있다. 사도 바울은 에베소서 5장 18절에서 "술 취하지 말라 이는 방탕한 것이니 오직 성령의 충만함을 받으라"고 말하고 있다. 성령의 충만함을 받는 것은 성경의 정당한 가르침이다. 오늘날 우리 기독교인들이 무능력하고 영양가 없는 메마른 신앙생활을 하는 것은 성령의 충만함을 무시하기 때문이다.

예수님의 제자들이 성령충만함을 받자 어떤 반응을 보이는가? 이들은 방언을 하기 시작했다. 사람들은 여기에 주목한다. 그래서 "성령충만의 증거는 곧 방언이다"라고 말한다. 그러나 이것은 잘못된 것이다. 이들의 방언에는 목적이 있었다. 이 방언은 성령충만의 증거가 아니라 복음을 세계적인 언어로 증거하는데 필요한 실제적인 은혜였다. 당시는 오순절이어서 세계의 사람들이 예루살렘에 왔었다. 제자들은 유대인이어서 히브리어밖에 몰랐다. 그런데 이 제자들이 성령이 충만하니 각 나라의 언어 즉 로마어, 이집트어, 그리스어, 아시아어 등 각 나라의 말로 복음을 전하는 것이었다. 일반적으로 방언하면 하늘나라의 언어라 하여 알아들을 수 없는 언어로 생각하고 있다. 그러나 초대교회의 방언은 알아들을 수 있게 하는

데 목적이 있었다. 그 후 제자들의 성령충만한 모습이 계속적으로 나오고 있으며, 제자들의 성령충만함은 복음을 강력하게 전하는 능력으로 나타났다. 예수님을 부인하던 제자들이 이제는 목숨을 걸고 예수님을 증거하는 담대함으로 나타났다. 특별히 유대인으로서 고정관념을 버리고 이방인을 향해서 복음을 전하는 모습으로 나타났다. 이 성령의 충만함은 온 세계를 향하여 폭발적인 복음증거로 열매 맺었다.

성령충만함의 열매는 개인을 위한 신비한 체험이 아니라 복음증거의 능력으로 나타났다. 이런 면에서 복음 역사가 좀더 활기 있고 폭발적으로 성장하기 위해서 제자들은 성령충만함을 받아야 한다.

그렇다면 어떻게 성령충만함을 받을 수 있는가? 제자들 시대에는 오순절에 비로소 성령이 강림하셨다. 구약의 성령은 하나님의 뜻에 따라 역사했고 그 일이 마치면 떠나갔다. 그러나 오순절 이후 성령의 강림은 예수님을 믿는 모든 자에게 단번에 오시는 역사였다. 예수님을 믿는 것이 곧 성령의 역사이다. 따라서 예수님을 믿는 모든 자에게 성령이 거하신다. 믿는 모든 사람의 중심에 성령이 계시는 것이다. 어떻게 성령충만을 받을 수 있겠는가? 일반적인 기독교인들의 문제점은 "충만"이라는 단어이다. 대부분 "충만"을 마치 컵에 물을 채우는 개념으로 생각한다. 메마른 마음이 어떤 신비한 사건으로 인해 뜨거움으로 가득 채워지는 것을 기대한다. 그러나 성령이 무슨 물체처럼 우리 몸에 더 많이 부어지거나 채워지는 분은 아니다. 성령은 성 삼위일체의 한 분 하나님으로 인격적인 분이다. "충만함"은 채워진다는 개념이 아니라 지배한다는 개념이다. 성령충만함은 어떤 신비한 자극으로 인해서 사람의 마음 가운데 성령이 채워지는 것이 아니라, 믿는 자 안에 계시는 성령을 인식하고 그 성령의 통치를 받아들인다는 의미이다.

제자는 성령의 통치를 받아들이기 위해서 먼저 기도에 힘써야 한다. 예수님께서는 겟세마네 동산에서 땀이 핏방울이 되도록 기도하심으로 십자가를 지기 싫어하는 마음을 굴복시키셨다. 기도는 사람의 정욕을 누르고 하나님의 뜻에 순종하도록 만든다. 다음으로 배운 말씀을 마음에 새기고 그 말씀에 순종하는 삶을 사는 것이다. 성령은 믿는 자 안에서 배운 바 그 말씀을 기억나게 하고, 그 말씀에 순종하도록 권면한다. 기독 대학인으로서 배운 바 된 그 말씀에 적극적으로 순종하는 것, 그것이 바로 성령충만함이다. 말씀이 내 안에 살아있고 내가 주의 말씀과 뜻에 적극적으로 순종하는 것이 성령충만한 삶이다. 이처럼 성령의 지배 아래에서 살 때 믿는 자에게 놀라운 하나님의 능력이 나타난다. 성령께 순종하는 자에게 복음의 능력이 있다. 짧은 말에도 사람을 감동시키는 능력이 있으며 내가 알지 못하는 길을 가지만 그곳에 놀라운 선한 역사들이 일어나는 것이다. 모든 것을 아시고 능히 모든 것을 주관하시는 성령께서 성령께 순종하는 자에게 발걸음을 인도하여 주시는 것이다. 제자 운동의 놀라운 힘은 그 시스템이 다른 곳보다 탁월한 것에 있는 것이 아니라 기독 대학인들 안에 역사하시는 성령의 인도하심에 성실하게 순종하고 충성함으로 일어나는 성령 하나님의 역사이다. 내가 예수님을 믿는 것은 "내 안에 살아 역사 하시는 성령의 인도하심에 민감하게 반응하는 것"이다. 제자의 특징은 바로 이 성령의 통치에 온전한 태도를 가지는 것이다.

사람 편에서

불교를 비롯하여서 세상 대부분의 종교들은 은둔생활을 대단한 미덕으로 인정한다. 그래서 수양이 높은 도승들은 한결같이 범인이 따라갈 수 없는 고행을 한 사람들이다. 이들은 오랜 세월 동안 도를 닦아서 나름대로 인생의 철학이나 확신을 가지고 있는 사람들이다. 그러나 예수님의 제자도는 이러한 고립된 은둔을 높게 인정하지 않는다. 오히려 제자도란 현실과 부딪치는 가운데 하나님의 말씀의 의미를 깨달아 가는 것이요, 성장하고 성숙해 가는 것이다. 예수님은 요한복음 7장 17절에 말씀하셨다.

> 사람이 하나님의 뜻을 행하려 하면 이 교훈이 하나님께로서 왔는지 내가 스스로 말함인지 알리라

하나님의 말씀을 깨닫는 것은 성경을 100번 읽거나 은둔과 기도의 생활을 통해서 깨닫는 것이 아니라 그 말씀에 순종을 함으로써 그 말씀이 진실로 하나님의 말씀인지, 또는 그 말씀이 의미하는 바

와 능력을 알 수 있다는 말이다. 이러한 면에서 제자도란 하나님과의 깊은 관계를 맺는 사람일 뿐만 아니라 사람과의 깊은 관계를 맺는 사람이다. 제자는 복음을 전하기 위해서 사람과 관계를 맺는 사람이다. 따라서 제자는 세상과 사람에 대해서도 복음을 전하기 위해 훈련으로 준비해야 한다.

인격

어떤 성도는 교회생활은 열심이며 헌신적인 데 비해 그의 인격은 형편이 없는 사람이 있다. 다른 사람을 쉽게 무시하거나, 누가 자기 말에 반론을 주장하면 참지 못하고 화를 내어서 겁이 나서 더 이상 말할 수 없게 하는 사람이 있다. 그래서 "누구 때문에 교회에 못 나가겠다"라는 말도 종종 듣는다. 사람에게 이처럼 인정받지 못할 때 그가 과연 복음역사를 위해서 무엇을 할 수 있겠는가?

신앙이란 무엇인가? 인격적인 하나님과 예수님을 만나는 것이다. 인격적인 분과 만날 때 우리의 인격도 한층 더 성숙해질 수 있다. "신앙은 좋은데 인간성은 나쁘다"라는 말은 있을 수 없다. 신앙은 곧 인격으로 나타나는 것이다. 좋은 신앙은 좋은 인격으로 나타나고 좋은 인격은 타인에게 깊은 감화력을 주는 것이다.

사도 바울은 인격적으로 모난 사람이었다. 지나치게 열정적이어서 사람들에게 겁이 나게 했을 것이다. 그는 예수님 믿기 전에는 기독교인을 죽이는 핍박자였다. 원정을 다니면서까지 핍박하였던 사람이다. 이런 성격이 예수님을 믿는다고 하여서 단숨에 변하지는 않는다. 사도행전 15장에 보면 바나바와 함께 오랫동안 선교여행을 하다가 마가 문제로 서로 다투고 헤어졌다. 바나바는 연약한 마가를 다시 데리고 가자는 주장이었고 바울은 한 번 도망간 자를 믿을 수 없다는 것이었다. 서로 끝까지 양보하지 않아서 결국 그들의 평생 동역이 한순간에 끝나고 말았다. 갈라디아서 2장 11절에 보면 베드로가 잘못을 하자 그 자리에서 책망하는 모습도 보이고 있다. 이는 복음을 수호한다는 점에서 인정할 만하지만 그래도 사도들 중에 가장 권위 있는 베드로를 많은 사람 앞에서 직선적으로 책망하는 것은 좀 지나친 면이 있다.

이렇게 거친 바울은 평생을 자신의 인격과 싸웠다. 그래서 그는 노년에 고린도전서 13장이라는 사랑의 장을 기록했다. "사랑은 오래 참고 온유하며 성내지 아니하며...." 또 갈라디아서 5장 22절에서 "오직 성령의 열매는 사랑과 희락과 화평과 오래 참음과 자비와 양성......"이라는 유명한 말씀을 남기셨다. 이러한 말씀은 그가 많은 기도와 성경의 묵상 속에서 깨달은 것이 아니라 자신의 모난 인격과 싸우면서 깨달은 것이며 이러한 지식을 바탕으로 그의 인격도 성숙하여진 것이다. 사도 바울이 이룬 세계선교의 역사는 말씀의 능력뿐 아니라 인격적인 성숙함과 감화력에서 나온 것이다.

제자의 목적이 무엇인가? 선교하는 정예용사이다. 사람에게 복음을 전하기 위해서 먼저 사람들에게 존경을 받아야 한다. 그의 인격이 다른 사람에게 호감을 주어야 한다. 기독 대학인으로서 복음을 전할 뿐 아니라 한편으로 자신의 인격을 성숙시키기 위해 피 흘리는 싸움을 해야 할 것이다. 우리 인격의 대부분의 문제는 고질적인 문제이다. 하루아침에 새로워지는 것이 아니라 10년 20년 아니 평생에 걸쳐 싸워야할 문제들이다. 평생 동안 예수님을 생각하고 본받고자 하는 인격적인 노력이 있어야 한다. 한때 스마일 운동이 있었다. 스마일 배지(badge)도 달고 가능하면 많이 웃으려고 노력했다. 많이 웃는 사람은 그 얼굴이 항상 평안하고 웃음이 있다. 기독 대학인으로서 인격적인 노력을 기울일 때 그의 얼굴과 몸가짐에서 성숙한 인격의 향기가 나타나는 것이다. 아직은 많이 부족하지만 인격적인 노력 없이 사는 사람과 아주 다른 느낌을 주는 것이다. 기독 대학인으로서 사람들로부터 존경과 인정을 받지 못한다면 어떻게 복음을 전할 수 있겠는가?

섬기는 생활

요즘은 자기권리 주장의 시대이다. 다른 사람이 내 생활에 개입하지 않기를 원하고 나도 다른 사람의 생활에 개입하지 않는다는 것이다. 그러나 누구든지 아무리 능력이 있다 하여도 자기 혼자의 힘만으로는 살 수 없다. 서로의 도움이 필요하다. 현대인들은 누군가 도와주기를 바라지만 그 도움을 요청할 용기가 없고 어떤 사람들은 상대방이 도움이 필요한 줄 알지만 내 일이 아니기 때문에 귀찮아하며 모르는 척 하는 것이다. 결국 이 사회는 삭막하고 외로운 사회가 되는 것이다.

이러한 시대에 섬기는 사람은 돋보인다. 20세기의 최고의 인물은 마더 테레사이다. 그녀가 세상에 남긴 업적은 그렇게 크다고 말할 수 없다. 전쟁을 막은 것도 아니고 놀라운 발명품을 개발한 것도 아니다. 그녀는 인도의 한 빈민촌에서 섬기는 일만을 해왔을 뿐이다. 그녀의 좌우명은 "사람은 편안하게 죽을 권리가 있다"는 것이었다. 그녀가 시작한 일은 강가에 나가서 죽은 시체를 건지는 일이요, 썩은 시체를 헝겊으로 잘 감싸서 땅에 묻어주는 일이었다. 소문을 듣고 그녀에게 오는 사람들은 거의 죽을 지경에 있는 사람들이었다. 이들 중 테레사 수녀의 기도를 받고 살아난 사람은 단 한 명도 없다. 그저 테레사 수녀의 따뜻한 말 한마디와 섬김 속에서 불행한 사람들이 편안히 죽었을 뿐이다. 20세기가 끝나면서 온 세상은 아무런 기적도 나타내지 않은 이 수녀를 지목했다. 그리고 그녀에게 노벨 평화상을 수여했다. 너무도 이기적이고 자기중심적인 세상에서 죽어 가는 사람을 섬기는 사람이 있다는 것은 놀라운 일이요 감동적인 일이었다.

오늘날 복음의 증거는 더 이상 말로 되지 않는다. "예수 믿으면 구원받는다"는 사실을 모르는 사람이 어디에 있는가? 불교신자도 다 아는 것이다. 이제는 말로 전도하는 시대가 아니라 섬기는 삶과 말씀을 실천하는 삶을 통해서 전도해야 한다. 많은 말보다 예수님의 사랑을 품고 남이 싫어하는 일과 꼭 필요로 하는 일을 돕는 것이 훨씬 설득력이 있다. 기독 대학인이 있음으로 많은 사람들이 자신의 상처에 위로를 받고 편안하고 유익한 삶을 누리도록 해야 할 것이다. 내 일은 좀 천천히 하더라도 남의 일을 먼저 도와야 할 것이다. 그리할 때 여러분의 말에 사람들은 귀를 기울이게 될 것이다.

용 서

그리스도인은 예수님의 십자가 죽음으로 하나님의 용서함을 받은 사람이다. 예수의 제자에게는 이러한 하나님의 용서가 뜨거운 은혜로 자리 잡고 있다. 예수님께서 제자들에게 "나를 따르는 것은 좁은 길이라. 자기를 부인하고 자기 십자가를 지고 나를 따르라"고 하셨다. 또 "의를 위하여 핍박을 받는 자는 복이 있다"고 하셨다. 이러한 말씀들은 제자의 삶이 험난하다는 것을 말하고 있다. 험난한 일 중의 하나는 아마도 사람들에게 배신을 당하는 것일 것이다. 예수님께서 가룟 유다에게 배신을 당하셨듯이 주의 말씀을 좇아 제자를 양성하려는 리더는 섬기는 제자로부터 배신을 당하는 경우가 많이 있다. 자기에게 잘하고 유익이 있을 때에는 잘 나오다가, 좀 힘들고 손해가 있으면 냉정하게 거절하는 것이다. 그리고 너무나 많은 사람들이 약속을 지키지 않는다. 리더는 시간을 내어서 약속 장소에 나갔는데 약속한 사람은 아무런 의식이 없이 약속을 어긴다. 이러한 때에 절로 낙심되고 배신감이 든다.

그리고 주의 제자로 살다보면 다양한 사람과 만나게 된다. 전도할 사람과 만나기도 하지만 동역자들과 만난다. 사람이 만나는 곳에 미묘한 갈등이 있고 다툼이 있어서 때로는 동역자와 인간적으로 어려워지기도 한다. 복음역사가 있는 곳에 반드시 인간적인 갈등과 고민이 있다.

그러나 그리스도인은 어떤 사람인가? 하나님과 예수님의 용서로 하나님의 자녀가 된 사람이다. 그리스도인의 심령 중심에는 우리의 죄를 위해서 죽으신 예수님의 사랑과 용서가 있다. 이러한 주의 용서는 이웃을 향한 용서로 나타나야 한다. 제자는 근본적으로 다른 것은 잘하지 못할지라도 용서만큼은 잘 해야 하는 것이다. 이러한 면에서 그리스도인은 용서의 전문가이다. 남의 배반과 허물과 잘못에 대해서 기꺼이 용서할 줄 알아야 한다. 타인이 잘못할 때 나의 용서의 사랑을 보일 수 있는 기회로 삼아야 한다. 분노하거나 원망을 품어서는 안 된다. 자원하는 마음으로 모든 사람을 용서하고 감싸주는 한 사람만 있어도 그 모임은 놀라운 영적 분위기가 조성될 것이다. 여기저기서 들려오는 원망과 불평의 소리를 잠재울 것이다. 왜냐하면 그 사람을 생각하면 자신이 부끄러워지기 때문이다. 나와 약속을 어긴 사람을 다시 찾아가서 권면할 때 그 사람은 그를 새롭게 바라볼 것이며 진심으로 존경하고 따를 것이다. 용서의 사랑이 완악한 마음을 녹이며 차가운 마음을 감동시키는 것이다. 지금 당신의 마음속에 상처로 남은 사람이 있는가? 용서하길 바란다. 용서는 그 사람을 미움이 아니라 그리움으로 변화시킬 것이며 비로소 그 영혼을 얻을 수 있을 것이다.

상 담

양을 돕는 일에 있어서 중요한 3가지가 있다면 성경공부, 교제 그리고 상담이다. 리더는 자신이 돕는 제자가 어려움에 빠질 때, 잘못된 점이 보일 때, 어떤 결정을 내리지 못할 때 그를 찾아가 상담하게 된다. 상담으로 인해서 사람을 얻을 수도 있고 잃어버릴 수도 있다. 나도 많은 상담을 하였는데 그때마다 "링 위에 올라가는 권투선수" 같은 비장한 느낌이 든다. 대화는 부드럽게 진행되지만 그 안에 보이지 않는 인간의 죄와 치열한 싸움이 있다. 때로는 상대방이 죄에 대한 고집으로 인해서 내가 밀리고 낙심에 빠지기도 한다. 나의 분명한 주장 앞에서 상대방은 노골적인 거부감을 나타내기도 한다. 상담은 중요하다. 어떤 분은 상담을 잘해서 양을 얻는 반면에, 어떤 사람은 그 사람의 입장을 지나치게 이해한 나머지 무기력하게 돌아오기도 한다. 제자는 사람을 낚는 어부이다. 상담을 통해서 양의 마음을 돌이키게 하고 주안에서 새롭게 출발하도록 도와야 한다.

많은 기독 대학인들이 인격적으로 성숙하나 제자 정신은 연약할 때가 많다. 사람을 이해한다고 말씀대로 권면하지 못하며 영적으로 바로 돕지 못하는 경우가 많다. 상담을 하여서 선한 결과를 가져오는 리더를 발견하기가 쉽지 않다. 무엇이 문제인가? 상담하는 리더가 인간적이기 때문이다. 예수님이 인생에 최고의 보화요 우리의 삶이 하나님 앞에 있을 때 최고의 가치가 있다는 확신이 없기 때문이다. 쉽게 상황논리에 빠지고 그들의 연약함에 동조하고 만다. 상담자는 상대방의 입장에 대해서 세심하게 귀를 기울여야 하나 자신의 경험에 의해 너무 쉽게 속단을 내려서는 안 된다. 그 사람에게 두신 "하나님의 뜻을 분별"해서 그에게 설득력 있게 대화해야 한다. 주를 위해 손해보고 주를 위해 핍박을 받는 것이 얼마나 가치 있는 삶이요 복된 것인지 설명해 주어야 한다. 상담자가 하나님의 뜻을 알고도 그 사람의 고집과 연약함 앞에서 양보해서는 안 된다. 인간적인 아픔이야 얼마든지 양보할 수 있지만 하나님의 뜻만큼은 양보해서는 안 된다. 많은 지혜와 노력이 필요하지만 궁극적으로 피상담자가 현재의 어려움을 하나님 앞에서 해결하도록 도와야 한다. 때로는 이로 인해 서로 상처를 받을 수 있으나 그렇다고 하여서 쉽게 양보해서는 안 된다. 너무나 분명한 하나님의 뜻 앞에서 그 영혼이 자기의 욕심을 버리지 못하여 떠날 수도 있다. 그러나 "의로운 책망은 근심할 것이 없다"고 했다. 자기 욕심의 환상이 깨어지는 날 그 사람은 영혼의 궁핍함을 느끼고 다시 주께로 돌아올 것이다. 반면에 인간적인 권면으로 그 상황을 적당히 마무리할 때 그는 얼마 가지 않아서 떠나버릴 것이며 다시는 돌아오지 않을 것이다.

　어떤 자매가 어려움이 있어서 고민하고 있었다. 그래서 나는 "왜 나에게 와서 상담을 하지 않니?"라고 말했더니, "간사님 이야기야 뻔하잖아요"라고 말하는 것이었다. 나는 성심을 다하여 그와 상담하는데 상대방은 그렇게 말하는 것이었다. 그러나 그는 알고 있다. 왜냐하면 하나님의 뜻이 대부분 분명하기 때문이며 자신도 알고 있기 때문이다. 고민하는 사람 중에 하나님의 뜻을 몰라서 고민하는 사람은 거의 없다. 자신의 문제가 고민이 되는 것은 하나님의 뜻을 알면서도 자기 욕심을 버리지 못하기 때문이다. 나는 나와의 상담이 "뻔하다"는 말에 충격을 받지 않는다. 그것이 나의 원하는 바이다. 자신들이 장성한 후에 어떤 어려움에 부딪혔을 때 "이 문제를 간사님께 가지고 가면 뭐라 말할까?"하고 스스로 질문해 볼 것이다. 그런 질문을 할 때 "나에게 나올 답"을 본인들도 스스로 찾는다. 그는 오직 그 답 앞에서 스스로 타협하지 않고 결단하는 용기를 내야할 것이다. 다른 사람의 도움을 받지 않고 주안에서 스스로 문제를 발견하고 적극적으로 해결한다는 것은 자립신앙을 가진 성숙한 사람이다. 간사의 음성과 답변을 기억하고 있다는 것은 그가 어떤 삶 속에서도 자기가 나아갈 방향을 잃어버리지 않고 있다는 증거이다.

상담을 잘하길 바란다. 많은 기도로 준비하고 풍성한 말씀으로 무장하길 바란다. 우리 자신이 예수님에 대한 분명한 믿음으로 나아간다면 성령께서 도우실 것이다. 성령님의 또 다른 이름이 무엇인가? 예수님은 보혜사라고 했다. 보혜사라는 명칭은 영어로 카운셀러(Counselor)이다. 성령은 우리의 상담을 놀랍게 도우실 것이다. 상담에 대한 많은 공부와 연구를 하길 바란다. 제자 한 사람을 얻기 위해서 반드시 결정적인 상담의 고비를 맞이할 것이다. 상담을 잘 할 때에 그를 제자로 얻게 되는 것이다.

복음 역사 편에서

우리는 이제 제자로서 가장 실제적이고 중요한 일에 도착했다. 제자는 신앙과 인격의 성장에만 있는 것이 아니다. 예수님이 제자를 양육한 것은 제자를 통해서 세계선교를 이루고자는 계획 때문이었다. 이런 면에서 제자양육은 세계선교를 위한 가장 효과적인 주님의 방법이라 말할 수 있다. 제자로서 복음 역사를 이루기 위해 훈련받고 헌신해야 할 부분이 많이 있다. 그 중에서 오늘은 몇 가지만 중점적으로 살펴보고자 한다.

단순한 삶

예수님의 제자들은 예수님을 따르기 위해서 자신의 생계 수단이던 배와 그물을 버렸다. 자기 부모와 가정도 버리기도 했다. 이들이 이렇게 한 이유는 예수님을 온전히 따르기 위해서였다. 예수님께 집중하기 위해서 세상적인 얽매임을 다 버린 것이다. 마태복음 3장에 세례요한은 예수님을 증거하기 위해 광야에서 살았다. 약대털옷과 메뚜기, 석청만을 먹으면서 복음을 전했다. 이들 모두가 예수님께 집중했던 사람들이다.

예수님을 믿는 사람은 그 삶이 예수님께 집중하기 위해 단순해야 한다. 주를 따르는 데 얽매이는 것이 없도록 해야 한다. 가능한대로 자신이 속한 선교단체에 헌신하기 위해서 세상적인 모임과 서클들을 정리할 줄 알아야 한다. 기독 대학인은 주께서 주신 복음 역사와 전공공부를 병행하기에 몹시 바쁜 사람이다. 이 두 가지를 주 앞에서 성실하게 감당하기 위해서는 다른 일을 할 수 있는 시간적인 여유가 없는 것이 사실이다. 또 친구문제로 복잡한 사람이 있다. 예수님을 믿거나 주의 일에 헌신하게 되면 자연스럽게 세상의 모임이나 친구들로부터 멀어지게 된다. 이 때에 모임이나 친구들로부터 "함께 하지 않는다"고 핀잔을 듣는다. 그러나 이러한 것을 지나치게 아쉬워할 필요가 없다. 왜냐하면 주안에서 새로운 친구가 생기는 것이다. 마음만 통할 뿐 아니라 영혼도 통하는 사람들과 적극적으로 사귀어야 한다. 친구는 같이 노는 대상이 아니라 전도의 대상이 되어야 하며, 영혼이 통하며 인생의 목표와 가치가 같아야 진정한 친구가 될 수 있을 것이다. 그러므로 친구를 적극적으로 전도하여서 예수님을 믿게 해야 한다. 그렇게 할 때 몸과 마음이 통하는 영원한 친구가 될 것이다.

이외에도 학비를 비롯한 물질이 꼭 필요한 경우가 아니면 아르바이트를 하지 않는 것이 좋다. 그 시간에 공부를 하여서 자신의 대학생활을 충실하게 하기를 바란다. 대학시절에 예수님을 아는 것과 학생으로서 지식을 쌓는 것이 인생을 돌이켜 보면 지혜로운 선택인 것이다.

이같이 복음역사와 학문에 집중하는 것, 이 두 가지가 나의 생활의 중심을 이룰 때 우리는 비로소 제자로서 헌신적이고 효과적인 삶을 살 수 있다. 요즈음의 대학생들을 보면 너무 생활이 복잡하고 주님이 기뻐하지 않는 인간관계로 인해 바쁜 것 같다. 주님을 온전히 따르기 위해서 삶을 단순하게 정리하기를 바란다. 예수님께 집중하는 단순한 삶은 능력 있는 삶을 창출해 낼 것이다.

공동체 의식

히브리서 기자는 히브리서 10장 25절에서 "모이기를 폐하는 어떤 사람들의 습관과 같이 하지 말고 오직 권하여 그 날이 가까움을 볼수록 더욱 그리하자"라고 말하고 있다. 제자가 되려면 공동체의식이 있어야 한다. 어떤 사람이 그 모임의 리더이며, 어떤 사람이 좋은 열매를 맺는가? 모임이 있을 때 항상 그 자리에 있는 형제자매가 아닌가? 다른 어떤 일이 있을지라도 그 일을 제쳐놓고 책임감을 가지고 달려오는 사람이 진정한 리더이다. 모임에서 리더가 되는 일은 그렇게 어렵지 않다. 그저 열심히 참석하기만 하면 어느 날 리더가 되어 있을 것이다.

복음역사는 람보식으로 출중한 능력 있는 한 두 사람에 의해 주도되는 역사가 아니다. 공동체역사이다. 서로 사랑함으로 사람을 끄는 매력적인 모임이 되어야 하며, 목표에 대한 사명감을 공통적으로 가짐으로 전체가 운동성이 있어야 한다. 모두가 "한 명의 친구를 데리고 와서 배가의 역사를 이루자"라고 했는데 서로 '나는 힘들어 다른 사람이 데리고 오겠지…' 라는 마음을 품을 때에 그 결과는 어떻게 되겠는가? 목표는 허공에 외치는 소리가 되고 우리 자신들은 실패의 아픔 속에서 "그럼 그렇지"하고 깊은 패배주의에 빠질 것이다. 제자는 개인적으로도 성실할 뿐만 아니라 동역할 줄 알아야 하며 주어진 목표 앞에서 적극적으로 헌신할 줄 알아야 한다.

자신이 속한 모임을 주의 몸으로 알며 서로에 대해 지체의식을 가져야 한다. 즐거움과 슬픔을 함께 나누고 목표도 함께 공유하게 될 때 그 단체와 모임은 힘있게 성장할 것이다.

전도와 제자양성

예수님의 제자는 다른 성도와 다른 특별한 능력이 있어야 하는데 그것은 바로 복음을 제시하는 능력이다. 우리가 전도하는 사람마다 반드시 예수님을 믿어야 하는 것은 아니지만 지금까지 다른 사람에게서 듣지 못한 복음의 놀라운 은혜와 감동을 느껴야 한다. 어떤 사람이 자기 동생이나 친구 중에 예수님을 도무지 믿지 않는 완악한 마음이 있어서 고민하다가 우리를 생각하고 데리고 와서 "이 아이에게 복음을 들려주세요" 할 정도로 복음을 전하는 데 능숙해야 한다. 10분 동안에 짧게 복음을 전할 수도 있어야 하며, 30분 동안에도 전할 수 있는 능력을 가져야 한다. 이러한 능력은 전도폭발훈련이나 전도지를 통해서 조금만 노력하면 기독 대학인들은 얼마든지 가질 수 있다.

또 제자를 양성하는 일에 집중해야 한다. 기독 대학인들이 제자를 양성하는 것은 단순히 모임의 성장을 위한 것이 아니다. 요한복음 21장에 예수님은 베드로에게 "네가 나를 사랑하느냐?"고 물었다. 그리고 베드로에게 "내 양을 치라"고 말씀했다. 베드로는 이 말씀을 일생동안 기억하며 양을 치는 일에 전념했다. 그는 노년에 베드로전서 5장에서 각 교회에 장로 즉 지도자들에게 "너희 중에 있는 양 무리를 치되 부득이 함으로 하지 말고 오직 하나님의 뜻을 좇아 자원함으로 하며 더러운 이를 위하여 하지 말고 오직 즐거운 뜻으로 하라(벧전 5:2)"고 권하고 있다.

기독 대학인들의 예수님에 대한 사랑의 구체적인 표현은 양을 치는 것으로 나타나야 된다. 주를 사랑하는 그 사랑으로 양을 사랑해야 하고 주의 말씀을 사모하는 그 마음으로 성경을 가르쳐야 한다. 진정한 예수의 제자는 양을 침으로 신앙의 비밀을 아는 사람이다. 예수의 제자들은 양을 치는 사람과 치지 않는 사람의 신앙수준이 확실한 차이가 있다. 진정한 예수의 제자는 양을 침으로 자신의 사명을 다하는 사람이며 양을 침으로 더욱 신앙이 깊어지는 것이다. 제자의 삶의 꽃은 양을 치는 것이다. 우리의 경건생활과 헌신 그리고 기도의 모든 것이 양으로 열매와 영광이 나타난다. 진정한 제자는 자신의 양으로 인해 기쁨이 가득하고 자신의 양으로 슬픔과 고통을 받는 사람이다. 제자는 양을 얻기 위해서 이곳저곳을 바쁘게 돌아다니는 사람이다. 사람을 만날 때마다 저 사람이 나의 양이 될 수 있는가를 저울질하며 속으로 계산하는 사람이다. 양을 치는 것이야말로 우리가 예수님을 사랑하는 표현이 되어야 하고 우리의 삶의 중심이 되어야 한다.

편지 쓰기

예수님의 제자들의 특징 중에 하나는 양들에게 편지쓰기를 잘 하였다는 것이다. 그들이 쓴 편지가 후에 성경이 되었다. 로마서, 디모데 전후서, 고린도서, 히브리서, 요한 계시록 등 모두가 어려움에 빠져 있거나 멀리 떨어진 양들에게 전하는 편지들이었다. 이 편지로 인해서 그의 양들과 교회가 나아갈 방향을 얻었고 문제를 해결

받기도 했다.

요즘은 전화시대이다. 전화로 서로 안부를 묻고 전할 이야기를 한다. 그러나 이 편한 전화가 있다고 하여서 편지가 필요 없는 것은 아니다. 편지에는 분명 말로서 전달할 수 없는 감동과 분위기가 있다. 편지는 우리의 가슴에 담긴 진실을 전할 수 있다. 또한 편지는 받는 사람에게 그 어떤 권면보다 의미 있게 받아들여져 내용을 진지하게 생각해 보게 한다. 오히려 전화시대에 편지는 더욱 의미 있는 전달체가 될 것이다. 편지를 즐겨 쓰는 것이 성경에 나타난 제자도이다. 편지를 쓰길 바란다. 좋은 편지를 쓰기 위해서, 더 나아가서 감동 있는 편지를 쓰기 위해서 평소에 자신이 받은 은혜를 글로 쓰는 연습을 많이 해야 할 것이다. 편지를 쓸 때 우리가 생각하는 것보다 훨씬 좋은 열매를 거둘 수 있다. 특별히 그동안 관계가 멀어진 지체들에게 편지를 쓰시오. 군에 간 형제들에게 꾸준한 편지로 돕길 바란다. 제대 후에는 더욱 성숙한 모습으로 만날 수 있게 될 것이다. 편지를 쓰는 것이 제자도의 중요한 부분이다.

결 론

예수님의 제자들은 예수님을 따르기 위해서 가족과 배를 버렸다. 그들은 좀더 온전히 따르기 위해서 자기를 부인하고 버리는 훈련을 받았으며, 더 나아가서 하나님을 깊이 의지하는 기도와 말씀의 훈련을 받았다. 제자도란 예수님을 온전히 따르기 위한 훈련이며 세상을 향한 주의 계획을 이루기 위한 정예용사로서 준비되는 과정이다. 이처럼 제자들이 훈련받고 준비되었기에 이들이 예수님을 죽인 완악한 세상을 변혁시키는 영적인 혁명을 일으킨 것이다. 그 완악한 이스라엘을 회개시켰으며, 도무지 변할 것 같지 않은 로마제국이 예수님을 영접하여 기독교 나라를 이룩하게 하였다.

제자는 저절로 되는 것이 아니라 주안에서 뜻을 정한 사람이 주님의 뜻에 따라서 원대한 꿈을 가지고 자기를 쳐서 복종시킴으로 이루어지는 것이다. 제자들의 삶은 고달프고 힘들었지만 이들의 삶은 주안에서 가장 존귀한 인생이었으며 칭찬받는 인생이었다. 기독 대학인으로서 예수의 제자로 살기 위해서 훈련을 받고 준비되는 것은 세상적으로 보면 어리석은 인생이요 스스로 어려움을 자초하는 인생이지만 이러한 훈련과 준비를 통해서 이 세상의 핵심이 되는 대학을 변화시키고 교회와 세상에 놀라운 영적인 혁명을 일으키게 될 것이다.

이러한 삶은 고달프고 어려움이 따르지만 예수님이 기독 대학인들에게 원하는 것이요 하늘의 영원한 상이 있는 인생이다. 나그네와 같은 우리 인생을 제자로 부르신 예수님을 실망시키지 않기 위해서, 또한 온전한 제자가 되기 위해서 하나님과 사람 그리고 복음 역사 앞에서 자기를 열심히 연단시키는 것이야말로 참으로 의미 있는 인생이 아니겠는가? 주의 뜻에 따라서 대학 복음역사를 이루는 것이야말로 이 땅에서 이루어지는 영원한 열매이다. 우리가 제자가 된다는 것은 대학 복음화를 위해 헌신하는 삶이요 참으로 영광스러운 삶이다.

7장

하나님의 감동으로 쓰여진 성경

하나님의 감동으로 기록된 성경 | 구원에 이르는 지혜가 기록된 성경 | 하나님의 사람을 온전케 하는 성경

또 네가 어려서부터 성경을 알았나니 성경은 능히 너로 하여금 그리스도 예수 안에 있는 믿음으로 말미암아 구원에 이르는 지혜가 있게 하느니라 모든 성경은 하나님의 감동으로 된 것으로 교훈과 책망과 바르게 함과 의로 교육하기에 유익하니 이는 하나님의 사람으로 온전케 하며 모든 선한 일을 행하기에 온전케 하려 함이니라 (딤후 3:15-17)

성경은 인류 역사상 가장 많이 팔린 책(bestseller)이다. 인생을 진지하게 살기를 원하는 사람들은 성경을 읽어보기를 원한다. 인생에 대해서 고민하며 진지하게 살고자 하는 사람과 대화를 해 보면 대부분 성경에 대해서 관심이 많고, 조금씩이나마 읽어보았다. 또 역사나 철학, 음악 그리고 미술에 이르기까지 공부를 하는 사람들은 자기의 학문 영역의 깊은 곳에 성경이 있다는 사실을 알고 성경에 대해 공부하고자 하는 마음을 가진다.

   서구 세계의 철학, 법, 음악은 그 배경이 하나님을 경외하는 것과 성경으로부터 출발하였다. 오늘날 우리가 누리고 있는 모든 유익한 것들의 대부분은 성경과 교회로부터 나온 것이다. 가장 대표적인 것이 있는데 주일을 지키는 것이다. 이 주일은 구약 성경의 안식일로부터 유래된 것이다. 하나님은 이스라엘 백성에게 일주일 중에 하루는 하나님을 섬기기 위해 하던 일을 멈추고 온전히 하나님만을

섬기도록 명하셨다. 이러한 성경의 가르침을 서방세계가 받아들이면서 주일은 쉬도록 보장되었다. 우리나라가 5000년의 역사를 자랑하지만 우리 역사 속에서 공휴일로 정해진 날이 언제인가? 추석이나 설, 그리고 동지 같은 명절뿐이었다. 그 외에는 하는 일이 있든 없든 무조건 일을 해야만 했다. 휴일이 없이 머슴은 머슴 일을 하였고, 사또는 사또의 일을 해야 했다. 그런데 기독교가 들어오면서 사람은 하나님을 경배하기 위해서 일주일에 하루는 일을 해서는 안 된다는 것을 알게 되었다. 결국 이것은 시간이 지나면서 당연한 문제로 받아들여지게 되었다. 오늘날에는 아무리 월급을 많이 준다 하여도 주일에 일을 시키면 사람들은 그 직장을 떠나고 말 것이다. 현대인들은 주일에 하루를 쉬도록 보장 받은 것을 당연한 것으로 여기고 있지만 우리의 5000년 역사 가운데는 쉼이 없었다. 일요일에 쉬는 것은 오직 성경의 원리로부터 나온 것이다. 그러므로 성경을 아는 자뿐만 아니라 성경을 모르는 자도 모두 성경의 은혜를 누리고 사는 것이다.

　또 성경에 관해서 말할 때 빼놓을 수 없는 한 가지 이야기가 있다. 미국 남북전쟁기간에 한 장군과 대령의 두 역전의 용사들이 기차를 타고 가며 이야기를 나누었다. 그들의 대화는 종교적 문제였고 예수에 관한 이야기였다. 그들 중 한 사람이 "역사적인 예수가 초자연적인 미신으로 온통 뒤덮여 있는데 이것은 수치라고 생각되는군요"라고 하자, 또 한 사람은 "복음서의 많은 기적들이 하나의 전설이요 신화에 지나지 않습니다."라고 혹평했다. 장군이 "진짜 예수에 관한 소설을 누군가가 써야할 것 같소"라고 하자, "장군님이 하셔야 하겠습니다. 예수는 훌륭한 사람이지 그 이상의 존재는 아니라는 것을 장군님은 그대로 묘사해 내실 수 있을 것 같습니다"라고 대령이 말했다. "그럼 내가 하지"라고 답했다. 이 장군은 예수는 한 인간일 뿐 하나님이 아니라는 것을 입증하기 위하여 성경을 주의 깊게 읽으면서 그리스도의 생애에 관한 면밀한 조사를 시작했다. 마침내 그 책은 "그리스도의 이야기"라는 부제목으로 출간되어 2백만 부나 팔리는 베스트셀러가 되었고 영화화되었는데, 그 책과 영화 이름이 '벤허'이다. 그 장군은 류 왈리스(Lew Wallace)요, 대령은 미국의 유명한 불가지론자 로버트 잉거졸(Robert Ingersoll)이다. 그 책이 유명해진 것은 왈리스 장군이 그 책을 쓰기 위해 성경을 읽다가 예수님을 만나게 되어 진실한 그리스도인이 되었기 때문이다. 성경은 하나님을 믿지 않을 뿐만 아니라 거부하기로 작정한 사람까지도 변화시키는 하나님의 놀라운 은혜와 능력이 살아있는 하나님의 말씀이다.

이 외에 성경이 온 인류에게 준 영향력은 크고 놀랍다. 성경이 완성된 지 2000년이 넘는 동안에 성경이 하나님의 말씀이 아니라고 도전하는 사람들이 많았다. 그러나 수많은 도전 가운데 오히려 하나님의 말씀이요 참 진리인 것이 증명되었다. 성경은 도전 앞에서 더욱 하나님의 말씀으로 드러났다. 오늘날 분명한 것은 믿지 않는 자들도 성경을 하나님의 말씀으로 인정하고 있다는 점이다. 세상 사람들은 세상의 어떤 종교적인 경전보다 성경의 말씀을 하나님의 말씀으로 그 권위를 인정하고 있다. 그렇다면 도대체 성경은 어떤 책이기에 하나님의 말씀으로 그 권위를 가지고 있는 것인가?

하나님의 감동으로 기록된 성경

성경은 40여 명의 저자에 의해서 기록되었다. 그들 중에는 애굽에서 왕자 교육을 받았던 모세와 같은 사람을 비롯하여 솔로몬, 다윗과 같은 왕이 있다. 반면에 아모스와 같은 목동도 있고, 베드로와 요한과 같은 어부도 있고, 그리고 그리스도인을 죽이는 것을 하나님의 뜻으로 알고 젊은 한 때에 광분하였던 바울 같은 사람도 있다. 또 욥기나 히브리서는 저자가 누구인지 알 수 없는 작자 미상인 것도 있다. 이 성경은 무려 1600년 동안 이처럼 많은 사람들에 의해서 기록되었지만 그 내용에서는 놀라우리 만큼 일정하게 하나님과 예수 그리스도 그리고 그리스도를 통한 인류 구원에 대해서 말씀하고 있다.

시대에는 각각의 고유한 문화가 있기 마련이다. 고전주의 시대에는 음악이나 그림이나 고전적인 원칙에 의해서 표현된다. 또 낭만적인 시대에는 낭만적인 성격을 가진다. 각 시대마다 주장하는 것이 다르고 표현 방법이 다르다. 같은 사람이라도 살아가면서 사상이 달라진다. 피카소의 경우에 청년과 중년 그리고 장년에 있어서 선호하는 색깔이 다르고 자기의 그림 세계가 달랐다고 한다. 또 유명한 임마누엘 칸트도 전기작과 후기작의 사상이 서로 상충되었다고 한다. 짧은 일생을 살아가는 한 인간도 서로 다른 사상을 가지고 있다. 이것을 볼 때, 1600년의 세월과 40여 명의 각기 다른 신분과 성격을 가진 사람들이 기록하였음에도 불구하고 통일적인 사상을 가지고 있다는 사실이 놀랍지 않은가?

이러한 사실은 오랫동안 많은 사람들이 연구하여서 하나님의 뜻을 발견하고 기록한 것이 아님을 증명한다. 오히려 이것은 성경의 모든 말씀이 한 존재로부터 나왔다는 것을 의미한다. 그 한 존재가 바로 영원하신 하나님이다. 성경의 모든 말씀이 한 존재로부터 나왔다. 하나님의 말씀이기에 1600년이라는 장구한 세월 속에서도 완전한 일치를 보이는 것이며, 그 내용에 있어서도 완전한 진리의 말씀인 것이다. 많은 사람들이 하나님의 말씀의 온전함을 드러낼 뿐이었다. 학생 중에도 몇몇 사람들은 "자기가 어떤 신앙인에게 질문했는데 잘 대답을 못하더라. 기독교가 그렇고 그런 것이 아니겠느냐?"고 생각하는 사람들이 있는 것 같다. 그러나 이러한 생각은 지극히 어리석은 것이다. 성경이 완성된 이래에 1900년 동안 그 시대의 경건하고 천재적인 지혜를 가진 사람들은 모두 성경을 연구했다. 어거스틴이나 마르틴 루터, 칼빈 등 기독교 역사에 빛나는 사람들은 모두 그 시대 최고의 인물들이었다. 서구대학의 역사를 보면, 대학에는 신학과 철학 그리고 법학이 있었다. 그 중에서도 가장 대표적인 학문은 신학이었다. 철학은 "신학의 시녀"라고 불리울 정도였다. 좋은 지성을 가진 그리스도인을 만나지 못하여서 그렇지 대답하지 못할 질문은 없는 것이다.

또한 성경은 하나님에 의해 쓰여졌을 뿐만 아니라 하나님의 감동으로 쓰여졌다. 많은 사람들이 성경에 대해 이야기할 때 세상에서 재미없는 이야기로 여기는 듯하다. 세상에서 가장 지루한 표정을 짓고서 빨리 끝내기만을 기다린다. 얼마나 사람들이 설교를 지루하게 여기는가? 어떤 사람이 잔소리를 하면 "빨리 설교를 끝내시오" 하고 말하기도 한다. 이런 말들을 보면 사람들이 하나님의 말씀을 무시할 뿐만 아니라 지루하게 여기고 있다는 것을 알 수 있다. 그러나 하나님의 말씀은 지루하고 귀찮은 이야기가 아니다. 하나님의 말씀은 성령의 감동으로 쓰여진 감동적인 책이다. 하나님을 믿지 않는 사람이 하나님께 도전하고 반박하려고 읽어도 그만 감동이 되어서 그리스도인이 되게 하는 책이다. 예수님이 말씀하실 때에 얼마나 많은 사람들이 모였는가? 오병이어 사건을 보면 장정만 5000명이 넘게 모였다고 한다. 예수님이 말씀을 전하시면 동산과 들판이 가득 차는 놀라운 역사가 있었다. 베드로가 설교할 때 3000명이 한번에 회개하고 예수님을 믿기로 작정하였다고 한다. 참으로 하나님의 말씀은 감동적이며 인생을 변화시킨다. 그리스도인들은 모두 이 일에 증인이다. 기독 대학인들 중에 많은 사람들은 대학에 오기 전에 하나님을 알지 못함으로 헛된 생각을 가지고 살았다. 비싼 옷과 맛있는 음식으로 만족하기를 원하였고, 적당히 살고자 하는 인생철학과 허망한 마음으로 살았다. 그러다가 성경을 공부하면서 변하게 되었다. 하나님의 말씀이 그 허망한 마음을 감동시키고, 그의 청년의 정욕을 부끄럽게 하였고, 자기 마음대로 사는 것을 버리게 하였다. 그리고 도저히 용서하지 못할 사람을 예수님을 기억함으로 기꺼이 용서할 수 있게 했다. 성경은 그의 인생과 운명을 바꾼다.

성경은 고리타분하고 "누가 누구를 낳고, 누가 누구를 낳고…."를 끊임없이 반복하는 책이 아니다. 하나님께서 얼마나 죄악된 인간을 사랑하시는지 말씀하고 있고, 삼손과 데릴라 같은 재미있는 인생 이야기가 있다. 다윗이 골리앗과 싸우는 사건이 있고, 선지자들이 하나님을 떠난 인간들의 방황하는 삶을 예리하게 책망하는 말씀도 있다. 성경은 어떤 도통한 사람이 산에서 받은 신령한 계시가 아니다. 인간의 삶 속에서 그리고 목숨을 바쳐 싸우는 전쟁터에서 나타난 하나님의 말씀을 기록하고 있다.

우리는 위대한 문호를 알고 있다. "전쟁과 평화"를 쓴 톨스토이, "노인과 바다"를 쓴 헤밍웨이, 쥬라기공원을 영화로 만든 스필버그 감독 등 우리 인류에게 감동을 준 많은 천재적인 사람들을 알고 있다. 이들은 인간이다. 뛰어난 인간이 이처럼 우리를 감동케 하는데 하물며 사람을 창조하신 하나님은 얼마나 우리를 감동케 하겠는가? 사람들이 성경을 지루하게 여기는 것은 성경을 거의 접해보지 않은 사람이거나, 접해 보았다고 하여도 겉모양만 슬며시 지나간 사람들이다. 자신의 무지가 하나님의 말씀을 지루하게 여기도록 만드는 것이다.

성경은 하나님의 감동으로 기록된 하나님의 말씀이다. 어떠한 사람이라도 감동시키며 변화시키기에 충분한 은혜와 능력을 가진 책이다. 내 메마른 영혼을 흠뻑 채워줄 감동적인 책을 읽고 싶은가? 자신의 인생을 결정하는 위대한 책을 읽고 싶은가? 그렇다면 성경을 읽고 공부하시오.

이 세상에서 가장 감동적인 책 한 권을 꼽으라면 그것은 나의 책꽂이에 꽂혀있는 성경이다. 이 성경은 어떤 책과도 비교할 수 없는 책이다. 그것은 인간이 아니라 하나님이 주신 말씀이기 때문이다. 많은 사람이 성경을 읽으면서 눈물을 흘리고, 위로와 기쁨과 감동을 맛보았다. 대학 시절에 성경을 읽고 배우는 것이야말로 인생에 최상의 선택이며 가장 지혜로운 선택이다. 어렵고 곤고한 날에 성경을 펴서 읽는 것이야말로 최고의 지혜의 음성을 듣는 것이다. 성경을 읽고 묵상하는 일을 열심히 하기를 바란다. 평생 성경을 사랑함으로 자신의 삶과 영혼에 하나님의 감동이 넘치기를 바란다.

구원에 이르는 지혜가 기록된 성경

어떤 형제가 저에게 와서 "예수 믿는 사람은 왜 술과 담배를 해서는 안 됩니까?"라고 질문했다. 저는 아는 대로 몇 가지로 대답하여 주었다. 그랬더니 그것을 금지하는 내용이 성경 어디에 있는지 보여달라는 것이었다. 그래서 성경에는 "술 취하지 말라"는 말씀은 있지만 "담배를 피우지 말라는 구체적인 지적은 없습니다"라고 말했더니 목사님은 '성경에도 없는 말을 하는구만요'라고 하며 가 버리는 것이었다. 정말 성경이 무엇인지 몰라도 한참 모르는 사람이다. 성경을 기록할 때에는 담배가 없었다. 담배가 그 시대에는 아무런 문제가 되지 않았다. 또 그 시대의 문제라고 해서 성경이 모두 다 기록한 것도 아니다. 어른을 보면 인사하라, 주차 위반을 하지 말라, 쓰레기를 함부로 버리지 말라는 등의 시시콜콜한 이야기를 언급하고 있지 않다.

성경은 이미 말한 대로 1600년의 시대와 40명이 넘는 저자들이 있다. 이들의 기록들은 놀라우리만큼 통일적인 주제를 가지고 있다. 그것은 메시아 즉 그리스도를 통한 구원의 지혜이다. 하나님이 창조하신 아담과 이브가 선악과를 따먹었을 때 하나님은 즉시 찾아와서 창세기 3:15에서 "여자의 후손이 뱀의 후손과 원수가 되고 또 그 후손이 뱀의 머리를 상하게 할 것이라"고 말씀하셨다. 인간의 후손 중에 뱀 즉 사단의 세력에 결정타를 가한 사람이 누구인가? 바로 예수 그리스도였다. 하나님은 죄를 지어 죽을 수밖에 없는 인간에게 바로 예수 그리스도를 소개함으로 구원에 이르는 지혜를 가지게 하셨다. 하나님은 한 명의 자식도 없는 아브라함에게 하늘의 별과 바다의 모래와 같은 자손을 주겠다고 약속하셨다. 그것은 바로 예수 그리스도를 통한 수많은 자손의 약속을 의미한다. 이사야 7장에 보면 "처녀가 아들을 낳을 것이요 그 이름을 임마누엘이라 하라"고 말씀하고 있다. 이것은 예수님께서 동정녀 마리아에게 기적적으로 탄생할 것을 예언하고 있다. 더욱 놀라운 것은 이사야 53편에서 "그가 찔림은 우리의 허물을 인함이요, 그가 상함은 우리의 죄악을 인함이라 그가 징계를 받음으로 우리가 평화를 누리고 그가 채찍을 받음으로 우리가 나음을 입었도다"라고 말씀하고 있다. 이 예언은 예수님이 오시기 500년 전의 이야기이다. 500년 전에 예수님께서 이땅에서 어떤 죽음을 당하실 지를 예언하고 있는 것이다.

구약이란 말은 옛 약속이라는 말이다. 이 약속의 주체가 누구인가? 바로 예수 그리스도이다. 예수님은 지금으로부터 2000년 전에 이 땅에 오셨다. 예수님은 그에게 나오는 모든 사람에게 하나님의 말씀을 들려줌으로 감동시키셨다. 또 그에게 나아오는 많은 병자들을 고치셨다. 소경의 눈을 뜨게 하고 앉은뱅이를 일어서게 하고 중풍병자가 그 자리에서 일어나 걸어가는 기적을 일으키셨다. 예수님이 하신 일은 어느 것 하나 칭송을 받지 아니할 것이 없었다. 그러나 종교 지도자들은 이러한 예수님을 기뻐하지 않았다. 예수님이 하나님의 말씀을 전하고 선행을 하면 할수록 예수님을 죽이는 일에 광분했다. 예수님이 이처럼 도무지 사람들에게 미움을 받을 수 없음에도 불구하고 미움을 받고 십자가에 죽으신 이유가 무엇인가? 그것은 예수님께서 놀라운 선언을 하셨기 때문이다. 예수님이 자신을 하나님의 아들이라고 선언하고 자기를 믿음으로 구원에 이른다고 선언하셨기 때문이다.

당시 사람들은 구원이란 인간이 이를 수 있는 최고의 복이라 생각했다. 그래서 아무나 구원 받을 수 있다고 생각하지 않았다. 유대인들은 하나님을 알지 못하는 이방인들은 절대로 구원받을 수 없다고 여겼다. 이스라엘 사람이라고 해서 다 구원 받을 수 있다고 생각한 것도 아니었다. 교육을 받지 못하고 수준 낮게 살아가는 사람들은 구원에 이르지 못한다고 생각했다. 창녀나 세리나 천민들은 땅의 사람들이라 해서 무시했다. 구원 받을 수 있는 사람들은 하나님의 말씀을 읽을 수 있고 율법을 철저히 지키는 사람으로 한정하였다. 율법은 안식일의 규정만도 40가지 이상이 되었다. 안식일에 밥을 지어서는 안 되고, 물건을 나르거나 옮겨서도 안 되고, 물건을 사서도 안 되고, 병을 치료해서도 안 되고, 2km이상 걸을 수도 없다는 금지 조항들이 많이 있었다. 그래서 구원은 율법을 잘 알고 지키는 율법주의자나 바리새인과 같은 종교지도자들에게만 해당되는 것이었다. 구원은 아무나 받는 것이 아니라 특별한 사람들에게만 주어지는 특권이었다.

그런데 예수님은 놀랍게 이 특별한 구원을 아무에게나 선포하시는 것이었다. 자기의 죄를 고백하는 세리에게 구원을 선포하고, 창기에게 구원을 선포하고 심지어는 지옥의 불쏘시개감으로 여겼던 이방인, 로마의 백부장에게도 구원을 남발하는 것이었다. 유대인들이 보기에는 도무지 사람 같지 않은 죄인들인데도 불구하고 예수님은 이들에게 구원이 있다고 말씀하신 것이다. 이것은 지금까지 자신들의 신앙을 근본적으로 흔드는 것이었다. 이들은 열심히 율법을 지킴으로 구원을 받는다고 생각하였는데 예수님은 그저 자신을 믿기만 하면 구원을 받는다고 선언하시는 것이다. 이들 종교지도자들은 예수님이 구원을 지나치게 남발하는 것으로 보았다. 이들은 인간은 율법을 지킴으로 구원받는다는 자기들의 주장을 지키기 위해서 예수님을 죽일 수밖에 없었다. 이들의 사람을 죽이기 위한 십자가의 형벌이 오히려 예수님으로 하여금 온 인류의 죄를 지고 가도록 하였다. 하나님께서는 사람의 죄악으로 말미암아 십자가에 달리신 예수님을 믿는 모든 자에게 구원을 베푸시기로 결정하셨다. 성경은 "예수님을 믿는 모든 자에게 구원을 베푸신다"는 이 놀라운 사실을 집중적으로 말씀하고 있다.

모든 사람이 성경에 대해서 관심을 가지고 반드시 공부해야 하는 이유는 "성경이 인간에게 구원의 지혜를 주기 때문"이다. 인간의 구원이 어디로부터 오는 것인가? 왜 사람은 죽음을 두려워하는가? 죽음 이후의 세계는 과연 있는 것인가? 인간은 직감적으로 세상에서의 나의 삶이 하나님에 의해 심판을 받는다는 사실을 알고 있다. 또한 그 심판의 결과에 따라 우리는 영원한 천국 아니면 지옥에 간다는 사실을 안다. 이 사실은 우리가 아무리 무시하려 하여도 결코 사람의 마음속에서 지워지지 않는 사실인 것이다. 심판의 주 하나님 앞에서 사람이 어떻게 구원에 이르겠는가? 많은 지식을 얻는다 하여서 하나님이 우리의 삶을 기뻐하시겠는가? 많은 돈과 명예를 얻음으로 구원에 이를 수 있는 것인가? 그러나 학자도 왕도 죽음을 두려워한다. 이것은 자신의 삶에 구원이 없다는 것을 의미하는 것이다. 노벨상을 받고, 위대한 물리학의 법칙을 발견해도 그곳에는 하나님의 구원의 지혜가 없다. 오직 구원에 이르는 지혜는 성경 밖에 없는 것이다. 성경에서 말씀하시는 예수 그리스도를 통해서만 오직 구원에 이르는 것이다.

많은 사람들이 대학에 들어오는 이유는 전문적인 공부를 하기 위해서이다. 그러나 아무리 심오한 공부를 하여도 그곳에는 구원이 없다. 이 세상의 모든 진리와 현상의 문제는 하나님께로부터 온다. 인간의 학문이라는 것은 하나님이 창조하신 세계를 인간의 이성을 통해서 조금씩 알아 가는 것이다. 우리의 모든 지식은 지식의 근원이신 하나님으로부터 나온 것이다. 이러한 면에서 보면 하나님을 아는 신앙과 대학에서 배우는 공부가 별개가 아닌 것이다. 그러므로 우리가 진정으로 학문에 관심을 가지고 있다면, 먼저 이 세상을 창조하신 하나님을 알아야 한다. 우리가 하나님에 관한 지식을 어디에서 얻을 수 있는가? 산 위에서 얻겠는가? 기도원에서 얻겠는가? 그러다가 귀신들리기에 십상인 것이다. 오직 하나님이 자기를 계시하신 성경에서 얻을 수 있다. 성경은 우리의 학문의 근원이신 하나님과 우리의 구원의 지혜이신 예수 그리스도를 가르치고 믿음을 가지도록 우리를 설득한다.

사람의 인생에서 가장 시급하고 중요한 것이 무엇인가? 바로 생명이 아니겠는가? 육체의 생명도 중요하지만 사람의 영혼은 영원한 생명을 갈구하고 있다. 사람이 유한한 인생에서 영원히 살 길은 성경을 통해서 구원에 이르는 지혜이신 예수 그리스도를 믿는 것이다. 우리의 인생에서 성경을 읽음으로 예수님을 만나는 것보다 더 시급하고 중요한 것은 없다. 기독 대학인으로서 대학시절에 예수님을 알고 믿게 하는 성경을 먼저 배우고자 하는 열망을 품기를 바란다.

하나님의 사람을 온전케 하는 성경

디모데 후서 3장 16절에서는 말하고 있다.

모든 성경은 하나님의 감동으로 된 것으로 교훈과 책망과 바르게 함과 의로 교육하기에 유익하니

많은 성도들조차 기독교에 대해서 "예수를 믿으면 인생의 재미는 끝이다"라고 생각한다. 그러나 이는 잘못된 생각이다. 우리는 예수님을 단지 구원을 받는 천국행 티켓쯤으로 생각하는 것처럼 보인다. 그러나 성경은 구원에 이르는 지혜뿐만 아니라 구원받은 하나님의 백성이 세상에서 어떻게 살아야 할 것인지를 말씀하고 있다. 예수님은 "너희는 세상의 빛과 소금이라"고 말씀하셨고 베드로는 "음행은 입밖에도 내지 말라"고 강하게 말씀하고 있다. 성경은 우리의 악하고 게으른 삶을 곳곳에서 지적하며 책망하는데, 이것은 예수님을 믿는 것으로 만족하지 아니하고 예수님을 본받아 온전한 사람이 되게 하는 데 목적이 있다.

한 형제가 명절이 되어서 집에 내려가 가족을 만났다. 오랜만에 만난 형님들은 술과 담배를 권했다. 그때 그 형제가 용감하게 "저는 예수님을 믿기 때문에 이제는 술과 담배를 하지 않습니다."라고 단

호하게 거절했다. 그랬더니 형들은 "얘가 예수를 믿더니 완전히 버렸네"라고 편잔을 주었다. 그리스도인들 중 많은 이들이 사회에 나아가서는 술을 먹는다. 왜냐하면 술을 먹지 못하면 다른 사람과 어울리지 못할 것이라는 두려움때문이다.

그러나 우리가 술을 먹고 담배를 피워야만 온전한 사람이 되는 것인가? 건전한 상식으로 볼 때, 오히려 이런 것이 사람의 건강뿐만 아니라 정신도 황폐케 하는 것이다. 그리스도인이 예수님을 믿기 때문에 거짓말을 하지 아니하고, 사람을 사랑하고 용서하는 것을 사람들은 왜 아름답고 사람다운 모습으로 보지 않을까? 사람들은 자기와 함께 놀지 아니하고 주일에 교회를 가는 것을 왜 부정적으로 보며 그리스도인이 다른 사람보다 더 성실하고 진실한 모습을 왜 귀하게 여기지 않는가?

이것은 세상은 죄악으로 왜곡된 인간관을 가지고 있기 때문이다. 사람들은 술을 잘 먹고 자기와 함께 세상의 돈 이야기와 음담패설을 즐겁게 하는 사람을 좋아한다. 또 멋을 잘 내고 돈을 많이 벌어 쓰는 사람을 멋진 사람으로 본다. 그러나 이러한 것은 상식적으로 생각하여도 그것이 진정한 사람의 본질이겠는가? 오히려 진정한 사람은 진실하고 사랑이 넘치고 봉사와 희생의 정신으로 가득하여 사는 사람이다. 성경은 바로 이러한 온전한 사람이 되기를 우리에게 가르치고 있다.

다른 종교는 주로 우상 앞에서 복을 비는 기원이 중심이다. 돈을 많이 벌게 해 주고, 팔자에 없는 자식을 주고, 자식을 대학에 입학케

해 달라고 복을 비는 것이 대부분이다. 그러나 성경은 완전하신 하나님 앞에서 주의 백성을 끊임없이 책망하고 교훈을 준다. 그리스도인으로서 하나님 앞에서 온전한 사람이 되도록 권면하여 준다. 그리스도인은 예수님을 믿음으로 말미암아 세상 사람이 생각하는 것처럼 사람을 버리는 것이 아니라, 예수님을 믿음으로 하나님이 기뻐하심으로 창조하였던 본래의 모습을 회복하는 것이다.

사람들은 이 세상에서 살면서 자신에 대해 많은 좌절과 환멸을 가지고 있다. 다른 사람이 볼 때는 훌륭하고 성공한 사람으로 보여도 자기 자신은 그 자신이 마음에 들지 않는다. 좋은 대학과 많은 교양과 지식이 자신을 만족시키겠는가? 그렇지 않다. 잘못된 인간에게 지식과 학벌은 더욱 교만하게 만들어 줄 뿐이다. 나를 새롭게 창조하고 자기 학대로부터 벗어날 수 있는 길은 오직 하나님의 말씀이신 성경을 공부하는 것이다.

하나님이 세상을 말씀으로 창조하셨다. "빛이 있으라" 하시매 빛이 있었고 "땅이 있으라" 하시매 땅이 있었다. 성경은 하나님의 말씀이다. 우주를 창조하시고 우리를 창조하신 창조의 능력이 있으신 하나님의 말씀이다. 성경을 하나님의 말씀으로 믿으며, 읽는 자에게 하나님은 놀라운 은혜와 능력으로 우리를 새롭게 창조하여 주실 것이다. 성경을 읽는 자에게 구원의 은혜를 줄 뿐만 아니라 진정한 인간이 어떤 인간인가를 보여주실 것이다. 또한 우리 자신을 하나님이 기뻐하시는 온전한 인간으로 창조하여 주실 것이다.

진정으로 좋은 사람이 되기를 원하는가? 인간다운 삶을 살기를 원하는가? 그렇다면 성경을 배우라. 성경은 우리를 온전한 삶으로 인도할 것이다.

결 론

성경은 하나님의 감동으로 쓰여진 하나님의 말씀이다. 세상의 어떤 책에서도 볼 수 없는 구원의 지식이 있고, 온전한 사람이 되는 길이 제시되어 있다. 성경은 대단히 두꺼운 분량이다. 작심하고 일주일 동안 열심히 읽어도 다 읽기 어려운 책이다. 성경책이 어떻게 우리에게 전해져 왔는지 생각해 보면 인쇄술이 발달되기 전에는 사람들이 성경을 가죽이나 파피루스에 베꼈다. 그런 일을 주로 담당한 사람을 성경은 서기관이라고 한다. 이들은 성경을 기록할 때 대단히 어려운 자세로 앉아서(요가) 기록했다. 그 이유는 편한 자세로 앉아 기록하면 정신 집중이 안 되어서 잘못 기록하거나 오자가 나오기 때문이다. 이들은 힘든 자세로 정신을 차리고 한 자의 오자도 없이 기록하고자 애를 썼다. 그러다가 하나님의 이름인 "여호와"가 나오면 즉시 목욕을 하고 다시 기록하였다고 한다. 지금은 믿지 않는 집에도 성경책 한 권 정도는 있다. '서기관들의 기록을 오늘날의 성경책을 계산하여 본다면 오늘날 가격으로 8억 원이 넘는 엄청난 책이었다' 라는 것이다. 옛날 믿음의 조상들은 성경책을 한 권 가지는 것은 고사하고 한번 읽어보는 것이 일생의 소원이었다. 이들은 예수님을 믿으면서도 성경의 진리들에 대해 알고자 하는 깊은 열망이 있었다. 그러나 이제 우리는 마음만 먹으면 언제든지 구할 수 있고 읽을 수 있으며 배울 수 있게 되었다. 얼마나 큰 복이며 은혜인지 모른다. 대학시절에 하나님의 말씀이 기록된 성경을 귀하게 여기고 나의 인생의 진리로 삼길 바란다. 성경은 우리에게 넘치는 하나님의 감동과 구원의 지혜를 주고 우리를 온전한 사람으로 만들어 줄 것이다. 하나님의 말씀에 대한 큰 기대와 소망을 가지시기를 바란다.

8장

선교와 경건생활

성경에 나타난 하나님의 종들의 경건생활 | 경건시간이란?
경건시간에 필요한 것들

하나님의 말씀과 기도로 거룩하여짐인이니라 네가 이것으로 형제를 깨우치면 그리스도 예수의 선한 일군이 되어 믿음의 말씀과 네가 좇은 선한 교훈으로 양육을 받으리라 망령되고 허탄한 신화를 버리고 오직 경건에 이르기를 연습하라 육체의 연습은 약간의 유익이 있으나 경건은 범사에 유익하니 금생과 내생에 약속이 있느니라 미쁘다 이 말이여 모든 사람들이 받을 만하도다 이를 위하여 우리가 수고하고 진력하는 것은 우리 소망을 살아 계신 하나님께 둠이니 곧 모든 사람 특히 믿는 자들의 구주시라(딤전 4:5-10)

나는 아주 오랫동안 "경건이란 무엇인가"라는 의문점을 가지고 있었다. 신앙인은 경건해야 한다는데 도대체 이 경건이란 정확한 의미가 무엇인지 잘 알 수가 없었다. 교회에 열심히 다니는 자로서 말을 조심하고 또 선행에 힘써야한다는 것인지, 아니면 말씀을 보고 기도하는 데 힘써야 하는지, 아니면 이 모든 것을 다 포함하는 것인지 확실하지 않았다. 그러던 어느 날 본문을 묵상하다가 경건의 의미를 비로소 약간이나마 깨달았다. 바울은 7절에서 "망령되고 허탄한 신화를 버리고 오직 경건에 이르기를 연습하라"고 말한다. 바울은 이 말씀 속에서 "경건에 이르기를 연습하라"고 그의 영적 아들인 디모데에게 권면하고 있다. 이어서 10절은 "이를 위하여 우리가 수고하고 진력하는 것은 우리 소망을 살아계신 하나님께 둠이니 곧 모든 사람 특히 믿는 자들의 구주시라"고 말씀하고 있다. 7절 말씀과 10절 말씀을 연결하여 볼 때 경건에 이르는 연습, 즉 경건을 향한 수고와 진력을 하는 이유는 "우리의 소망을 살아 계신 하나님께 두기 때문"이라는 것이다. 이 말씀을 통해서 분명한 것은 경건이란, 신앙적인 말을 하고 다른 사람이 보기에 거룩하게 보이는 선행을 말하는 것이 아니라 인생의 소망을 하나님께 두고 살아가는 모든 것을 의미하는 것임을 알 수 있다. 경건이란 말이나 행동에 국한되지 아니하고 하나님께 그리고 우리의 죄를 위해 죽은 예수님께 소망을 두고 살아가는 모든 것을 의미하는 것이다. 하나님과 예수님께 소망을 두고 살아가는 사람의 삶의 모습은 어떠해야 하겠는가? 말씀과 기도하는 것을 하루 일과 중에 가장 귀한 것으로 여기지 않겠는가? 하나님이 세상을 이처럼 사랑하사 독생자 예수님을 보내어 주셨는데 하나님께 소망을 두는 우리 자신들도 예수님처럼 한 영혼을 구원하기 위해서 우리 자신을 내어주지 않겠는가? 나의 가진 것으로 복음역사를 감당하고 후원하며 필요에 따라서 구제하는 일에 참여하는 것도 하나님께 소망을 두고 살아가는 모습이 아니겠는가? 그리스도인으로서 억지로 경건하려고 노력할 필요가 없다. 하나님께 소망을 두고 살아가는 우리의 생각과 행동 등의 모든 것이 경건한 것이다. 기독 대학인과 선교사는 하나님께 소망을 두고 자신의 인생을 하나님을 알지 못하는 사람들에게 내어주기를 기뻐하는 사람이다. 이러한 면에서 선교사나 기독 대학인들은 모두 경건한 사람이라 할 수 있다.

경건은 이처럼 폭넓은 의미를 가지고 있다. 그러나 이 시간에는 이러한 경건의 의미를 특별히 5절의 말씀처럼 "말씀과 기도"에 국한하여서 생각하고자 한다. 우리가 잘 아는 대로 경건의 시간, 곧 Q.T와 선교에 대해서 하나님의 뜻은 무엇인가를 나누고자 한다.

1882년 영국의 케임브리지 대학에서 무디 전도대회가 있었는데 이때에 더글라스 후퍼(Douglus Hooper)라는 케임브리지 대학생이 회개하고 예수님을 영접했다. 그는 그 자리에서 선교사로 서원하였다. 선교사가 되기 위해서 많은 훈련을 받았는데 그 중에 핵심적인 것은 아침 경건의 시간을 갖는 것이었다. 그가 선교사로 떠나면서 동료들에게 남긴 말은 놀랍게도 선교에 대한 권고가 아니라 "경건의 시간을 기억하라"는 말이었다.

이 말은 하나님으로부터 선교사로 부름을 받았다고 확신하고 자신을 준비하는 선교후보생들에게 가장 먼저 무엇을 준비해야 하는가를 명쾌하게 말하고 있다. 선교사로 가기 전에 많은 것이 준비되어야 할 줄 안다. 선교사로서 서원한 다음부터 모든 후보생들은 정신이 없을 정도로 바쁘고 분주하다. 선교지에 대한 정보수집, 언어공부, 후원자 모집 등 많은 문제들이 산적해 있다. 종종 선교 후보자들은 너무나 해야할 일이 많아서 무엇을 먼저 해야할 것인지 잘 모르기도 한다. 이때에 아무리 분주한 생활이라 하여도 하루 중에 제일 먼저 해야할 것이 있는데, 그것은 하나님의 말씀과 기도를 통한 경건의 시간을 가지는 것이다. 경건의 시간을 통해서 매일매일 하나님의 말씀을 들으며 그 은혜의 손길을 느껴야 하는 것이다. 복음의 사역이라는 것이 하나님을 위하는 일인데 자칫 많은 일로 인해서 하나님을 잃어버릴 수 있다. 또 하나님이 원하시지 않는 일에 얽매이거나 또는 자신이 세운 목표를 향해서 달려갈 수 있다. 하나님과 함께 하지 아니하고, 하나님의 말씀을 외면하면서 자기의 뜻대로 행함으로 큰 역사를 이루었다 하여도 그것은 사람의 일이지 하나님의 일은 아니다.

지금은 이곳에 많은 동역자들과 친척들이 있다. 우리나라는 선교사라 하면 국내에 있는 어떤 목회자보다도 더 존중하고 위하는 경향이 있다. 그러나 우리들이 선교지에 홀로 있다고 생각해 보라. 우리들을 누가 이해하고 위로하겠는가? 우리들이 선교역사에 실망하고 좌절했을 때 누가 격려하겠는가? 선교역사라는 것은 마치 태평양을 막기 위해서 돌을 던지는 것과 같다. 한 선교사가 아프리카에서 사역을 하다가 식인종에게 잡혀 먹히면서 자신의 선교인생의 의미를 이렇게 말했다.

나는 주의 이름으로 대서양에 던져진 하나의 돌로서 만족한다

선교사가 선교지에 가서 헌신하면 한 부락이 예수님을 믿고 회개하는 큰 기적이 일어날 것으로 생각하면 오산이다. 유명한 허드슨 테일러도 처음 오랫동안은 한 명의 성도도 없이 고독한 선교사의 삶을 살았다. 그러나 그가 그러한 상황에서 자기의 자리를 지키면서 하나님이 주신 사명에 헌신했을 때 그가 세운 중국내지선교회에 1,200명의 선교사가 들어옴으로 중국선교를 폭발적으로 이루었다.

그의 놀라운 역사는 처음부터 화려하게 시작했던 것이 아니라 어둡고 고독한 순간을 통해서 이루어진 것이다.

내가 아는 한 자매는 OM에서 영국에 거주하는 회교도에게 복음을 전하고 있다. 3년 이상을 선교사로서 복음을 전하고 있는데 한 명의 영혼도 얻지 못하고 있다. 이 선교사님은 국내의 누구보다도 복음에 대한 열정과 영혼에 대한 간절함이 있다. 그러나 열정과 영혼에 대한 간절함만으로 복음을 알지 못하는 이방 땅에서 열매를 맺는 것은 너무도 어려운 것이다. 우리가 이러한 실제 상황에 부딪혔다고 생각해볼 때 우리는 이 시련을 어떻게 극복할 수 있겠는가? 국내에서 어렵게 준비해서 보내오는 후원금과 기도에 비해 이방 땅에서 힘겹게 적응하며 살아야 하는 자신만의 말할 수 없는 고통이 있으며, 무엇보다도 힘든 것은 선교의 열매가 쉽게 보이지 않는 것이다. 이러한 때에 아무리 선교사라 하여도 좌절하지 않겠는가? 다시 짐을 싸서 돌아오고 싶지 않겠는가?

그러나 선교사의 의미는 반드시 그곳에서 사람을 변화시키고 영혼을 예수님께로 인도하는 가시적인 결과에만 있는 것은 아니다. 선교사는 이방이라는 거대한 바다에 홀로 던져진 돌이다. 그러나 이러한 돌이 있음으로 언젠가 바다가 메워지듯 하나님께서 선교사를 쓰셔서 조금씩 이방인에게 복음이 전파되게 하고 그들을 변화시킴으로 하나님 나라의 역사를 이루시는 것이다. 어려움 속에서도 자신의 연약함과 싸우면서 선교의 사명을 이루고자 도전해야 한다. 이러한 일을 어떻게 감당할 수 있겠는가? 선교사의 의지와 결심만으로 어려움과 아픔을 다 이길 수 있는가? 할 수 없다.

그러나 예수님은 말씀하시길 "사람이 할 수 없는 것을 하나님은 하시느니라"고 하셨다. 선교사로서 직면하는 시련과 고통 그리고 절망을 하나님의 능력과 은혜로 인내하며 감당해야 하는 것이다. 이것을 가능케 하는 것은 매일 하나님의 말씀을 묵상하고 기도하는 경건생활이다.

그러므로 하나님의 말씀과 기도를 중심으로 하는 경건 생활이야말로 선교에 뜻을 품은 사명인들에게 반드시 필요한 훈련이다. 경건 생활을 통해서 우리가 비로소 하나님 앞에서 홀로서기를 하는 것이다. 이러한 훈련이 있을 때에 어떤 상황에서도 하나님의 말씀을 들으며 하나님을 의지하는 사명인이 되는 것이다. 경건 생활이 준비되지 않은 사람은 하나님 앞에서 자기를 통제할 수 없는 사람이다. 이는 시련의 날이 닥치면 당황하며 쓰러질 수밖에 없다.

성경을 주의 깊게 살펴보면 하나님께서는 얼마나 하나님의 백성이 경건 생활을 하기를 원하시는가 알 수 있다. 또한 위대한 믿음의 영웅들은 한결같이 경건 생활을 했음을 알 수 있다. 우리는 먼저 성경을 통해서 경건 생활의 실례를 찾아보고 이 경건 생활을 통해서 하나님의 종들이 얼마나 놀라운 역사를 이루었는가 살펴보도록 하겠다.

성경에 나타난 하나님의 종들의 경건생활

이스라엘의 광야 40년동안의 경건훈련(출16장)

이스라엘 백성들은 하나님의 인도하심을 받아 애굽에서 나온 지 25일 되는 날이었다. 이들은 한 달이 채 못 되어서 "고기가 먹고 싶다"고 불평했다. 이것이 한 두 사람의 불평이 되더니 삽시간에 전 회중이 "고기를 달라"고 외쳐댔다. 이들은 데모의 힘을 잘 알았던 것 같다. 애굽에서 자신들을 구해주신 하나님은 가만히 보니 데모를 하면 잘 주실 것 같이 보였나 보다. 그래서 "고기를 달라며 애굽에서처럼 고기 좀 먹자"며 하나님께 불평하며 외쳤다. 하나님이 들으시고 모세를 불러서 "아침에 너희가 하나님의 영광을 볼 것이다"라고 말했다. 이스라엘 백성이 이 말을 듣고 아침에 하나님의 영광을 보기 위해서 들판으로 나갔다. 아침 이슬이 마른 곳에 하얀 덩어리가 맺혀 있었는데 맛이 꿀 섞은 과자 같았다. 이들은 이것을 만나라고 부르면서 각기 자기 식구가 먹을 만큼 거두어 갔다. 이들은 이러한 일을 매일같이 하였는데 가나안 땅에 들어가는 40년 동안 계속되었다.

매일 아침에 만나를 줍는 이 훈련의 의미가 무엇인가? 단순히 아침 먹거리를 거두기 위한 것인가? 하나님께서는 "아침에 하나님의 영광을 보리라"고 하셨다. 아침에 만나를 거두기 위해서 들판에 나갔을 때 그곳에서 하나님의 영광을 본 것이다. 백성들이 만나를 거둘 때 아무 생각 없이 그저 먹고 싶은 대로 거두기만 했겠는가? 매일 같이 듣지도 보지도 못한 놀라운 기적이 일어나는데 아무 생각과 느낌이 없었겠는가? 이들은 분명히 만나를 거두는 삶을 통해서 하나님이 오늘도 함께 하여 주시며 우리의 필요를 아시고 섬세하게 보살펴 주심을 깨달으며 그것을 깊이 묵상하였을 것이다. 이 사건의 의미에 대해서 신명기 8장 3절은 이렇게 정의하고 있다.

> 너를 낮추시며 너로 주리게 하시며 또 너도 알지 못하며 네 열조도 알지 못하던 만나를 네게 먹이신 것은 사람이 떡으로만 사는 것이 아니요 여호와의 입에서 나오는 모든 말씀으로 사는 줄을 너로 알게 하려 하심이니라

예수님은 광야에서 사단에게 40일간 굶주린 상태에서 돌을 들고 "이것으로 떡을 만들라"는 유혹 앞에서 만나의 의미를 가진 신명기 8장 3절의 말씀을 인용하여 사단을 물리쳤다. "사람이 떡으로만 살 것이 아니요 하나님의 입으로 나오는 모든 말씀으로 살 것이라(마 4:4)"고 하셨다. 하나님께서는 만나를 거두는 삶을 통해 하나님을 항상 발견하고 그 말씀을 들음으로 살게 하셨다. 하나님은 이러한 훈련을 40년 동안 시키셨다. 하나님께서 애굽에서 나온 지 25일째 되던 날, 즉 광야생활의 첫 훈련은 경건생활을 하는 것이었다. 하나님의 백성으로서 경건 생활은 가장 우선적인 문제요, 또한 필수적이었기 때문이다.

그리스도인으로서 예수님의 제자가 되고 복음을 땅끝까지 이르

러 증거하는 선교사가 되기 위해서는 서두에서 말한 것처럼 먼저 경건 생활을 해야 한다. 아침마다 성경책을 펴면서 "그 아침에 주시는 하나님의 영광"을 보아야 하는 것이다. 선교지에 가면 먹는 것, 잠자는 것, 옷 등 많은 문제들이 극단적으로 닥쳐올 수 있다. 이때 예수님의 광야의 시험을 기억하여야 한다. 사람은 먹고 마시고 입는 문제로만 사는 것이 아니다. 선교사는 광야 같은 이방 땅에서 하나님의 말씀으로 살고 말씀으로 죽어야 한다는 비장한 각오가 있어야 한다. 만일 우리가 복음으로 살고자 하지 않는다면 선교사가 되는 것이 무슨 의미가 있겠는가? 선교사뿐만 아니라 모든 그리스도인들은 하나님에 대한 믿음과 말씀으로 살기로 서원한 거룩한 사람들이다. 복음의 일꾼은 어떠한 상황 앞에서도 먹는 것과 물질로 살려 해서는 안 된다. 오직 하나님의 말씀으로 살아야 한다. 경건의 생활은 아침에 "하나님의 영광"을 보는 가슴 벅찬 은혜의 시간이다. 이 시간을 놓치지 말기를 바란다.

다윗의 경건 생활

다윗은 이스라엘에서 가장 존경을 받는 왕이다. 그는 본래 목동이었지만 하나님으로부터 왕으로 부르심을 받았다. 다윗이 왕이 된다는 사실이 알려지자 당시 이스라엘의 초대 왕이었던 사울로부터 살인적인 미움을 받게 되었다. 그는 사울에게 생명의 위협아래 쫓기며 오랫동안 피난살이의 고초를 겪었다. 그러나 그는 이렇게 어려운 시기에 항상 새벽에 일어나 하나님을 향하여 경건의 시간을 가졌다. 그는 후에 왕이 되어서도 경건의 생활을 잊지 않았다. 이처럼 경건의 시간을 충실히 가졌던 다윗 왕은 그의 신앙과 인격으로 사울 이후 분열된 나라를 통일 시켰고 모든 이스라엘 왕의 표준이 되었다. 그래서 성경의 역사서를 보면 모든 왕은 다윗 왕과 비교되고 있다. "훌륭한 왕은 그의 조상 다윗 왕과 같았더라, 훌륭하지 못한 왕은 그의 조상 다윗 왕과 같지 아니하였더라"고 말하고 있다.

특별히 시편에 보면 그가 얼마나 경건 생활을 즐겼는지 알 수 있다.

> 여호와여 아침에 주께서 나의 소리를 들으시리니 아침에 내가 주께 기도하고 바라리이다(시5:3)
> 나는 주의 힘을 노래하며 아침에 주의 인자하심을 높이 부르오리니 주는 나의 산성이시며 나의 환난 날에 피난처심이니이다(시59:16)
> 내 영혼아 깰찌어다 비파야, 수금아, 깰찌어다 내가 새벽을 깨우리로다(시 57:8)

이 시들은 다윗이 사울에 쫓겨서 죽을 위기의 상황에서 지은 시이다. 다윗은 죽음의 순간에도 이른 아침에 경건의 시간을 가지고 하나님을 의지함으로 마음의 평화를 얻고 하나님을 찬양하고 있다.

> 내가 새벽 전에 부르짖으며 주의 말씀을 바랐사오며 (시 119:147)

다윗은 왕이 된 후에도 경건의 시간을 하나님 앞에서 성실하게 지켰다. 어떤 상황에서도 경건의 시간만큼은 철저하게 지켰다. 원수가 바로 목전에 있는 순간에도 그리고 왕이 되었을 때도 경건의 시간만큼은 극단적으로 지킨 사람이다. 그가 이처럼 새벽에 주님을 의뢰하는 삶을 살았기 때문에 하나님은 그를 이스라엘의 왕 중에 가장 위대한 왕으로 삼으시고 이스라엘과 유다를 통일시키고 하나님의 성전을 건축하는 준비를 하게 하셨다.

교회사에서는 한국교회를 20세기에 나타난 하나님의 기적으로 보고 있다. 기독교 역사 2000년 가운데 한국처럼 빠른 속도로 기독교가 전파된 나라가 없기 때문이다. 우리 민족이 예수님을 믿고 그리스도의 백성이 된 것은 참으로 하나님의 놀라운 기적이다. 이러한 비약적인 성장의 원인에 대해서 기독교 지도자들이 생각하기를 그 이유는 세계의 그 어느 곳에서도 찾아 볼 수 없는 "새벽기도에 있다"라고 평가한다. 선교사가 일을 많이 함으로 조급하게 복음역사를 이루려는 것은 금물이다. 그보다는 먼저 말씀과 기도를 통해서 은혜가 충만한 사람이 되어야 한다. 복음 증거자에게 넘치는 은혜가 있을 때 영혼들은 그 은혜의 향기를 맡고 올 것이다. 많은 일보다 하나님을 의지하고 그 말씀으로 먼저 내 자신이 준비되는 것이 중요한 것이다.

나는 학생운동을 20여 년 동안 하면서 깨달은 것은 사람을 모으기 위해서 전도하고 많은 행사를 하는 것보다 자신이 경건의 생활을 통해서 은혜 충만할 때 많은 학생들이 오는 것을 보았다. 하나님이 복음의 일꾼을 대학에 또는 이방 땅에 세우신 것은 우리를 통해서 주의 복음을 증거하기 위해서이다. 문제는 자신이 '얼마나 생명력 넘치는 주의 은혜로 충만되어 있느냐?' 는 것이다. 선교사가 주의 말씀과 은혜로 충만할 때에 선교의 열매는 자연스럽게 맺어질 것이요, 만일 이것이 부족하다면 아무리 좋은 교회를 짓고 또 많은 물질로 섬긴다고 하여도 열매는 보이지 않을 것이다. 잘 알다시피 음악은 세계 공통어이다. 감정은 통하는 법이다. 은혜도 통한다. 서로 문화가 다르고 종교가 다르고 언어가 다르지만 주의 은혜는 모든 인간적인 문제를 극복하면서 그들에게 주의 복음을 증거하게 한다. 많은 일과 일에 대한 부담감으로 경건의 시간을 잃어버리지 말기를 바란다. 복음의 일꾼이 선교지나 개인의 바쁜 일로 인해서 경건의 시간이 크게 무의미하게 느껴지고 "시간이 나면 하지" 하는 마음을 가진다면 그는 벌써 하나님의 일을 하는 것이 아니라 사람의 일을 하고 있다는 것을 명심해야 한다. 그런 식으로 일을 해서는 별로 성과도 없고 성과가 있다 하여도 시간이 지나면 무너지고 말 것이다. 그 어떤 일보다도 주님과 교제함으로 영적으로 충만함이 우선이다. 이런 영적인 충만함이 있을 때에 하나님은 그 사람을 선교 역사에 적극적으로 쓰신다. 하나님이 쓰셔야 선교를 하는 것이지 내가 열심히 한다 해서 되는 것은 결코 아니다.

다니엘의 경건생활(단6장)

다니엘은 유다 자손이었는데 유대가 바벨론에 의해 멸망을 받을 때 포로로 잡혀 온 사람이다. 그는 바벨론의 궁전에서 교육을 받았다. 후에 그는 하나님이 주신 탁월한 지혜와 재능으로 인해서 왕 대신 제국의 1/3을 다스리는 총리가 되었다. 그는 포로의 신분으로 제국 최고의 위치에 올랐기 때문에 기득권층으로부터 많은 시기와 미움을 받았다. 이들은 다니엘의 약점을 잡기 위해서 여러모로 조사를 했는데 조사하면 할수록 다니엘은 정직한 사람이라는 것만 증명되었다. 그러다가 드디어 결정적인 약점을 잡았는데 그것은 하루에 3번 예루살렘을 향하여 기도한다는 것이었다. 그래서 이들은 먼저 함정을 만들기 위해서 왕을 신으로 부르며 아첨했다. 앞으로 30일 동안은 제국의 신이신 왕 외에 다른 신에게 절하거나 기도하면 사자 굴에 쳐 넣어서 죽이도록 간청했다. 이러한 음모를 알지 못하는 왕은 자신을 신으로 여기고 허락했다.

다니엘은 이러한 음모를 알았지만 피하지 않았다. 적들이 알지 못하게 문을 닫고 기도하거나 30일 동안 기도하는 것을 쉬지 않았다. 그는 왕의 명령을 알고도 죽기를 각오하고 "하루 세 번씩 무릎을 꿇고 기도하며 하나님께 감사하였다(단6:10)"고 했다. 그의 이러한 타협 없는 경건 생활은 원수들에 의해서 즉시 고소되었고 사자 굴에 들어갈 수밖에 없었다. 그러나 사자 굴에서 놀라운 하나님의 역사가 일어났다. 사자가 다니엘을 해치기는커녕 오히려 모피 침대를 제공하고 그곳에서 다니엘은 편안한 잠을 잤다. 아침에 다니엘의 시체를 찾은 왕은 그 놀라운 광경을 보고 하나님의 살아 계심을 보았다. 왕은 즉시 하나님을 믿었을 뿐만 아니라 제국의 모든 백성에게 "다니엘의 하나님, 즉 여호와 하나님을 믿으라"고 선포했다. 다니엘의 경건 생활은 그를 죽음의 위기에 처하게 했지만 그 위기가 반전이 되어 제국을 복음화하는 계기가 되었다. 이러한 면에서 경건 생활은 오직 자신의 영적인 충만함에 머물지 않는다. 하나님은 경건 생활을 철저히 하는 사람을 통해서 복음이 온 세상에 전파되도록 역사 하시는 것이다. 다니엘은 어떤 사람인가? 죽을 각오를 가지고 경건 시간을 지킨 믿음의 영웅이다. 차라리 죽으면 죽었지 경건의 시간을 외면하는 일은 없었다. 우리는 어떠한가? 조금만 힘들어도 외면하고, 늦잠을 스스로 청함으로 이 시간을 고의적으로 외면하지 않은가? 하나님이 온 세상에 하나님의 나라의 확장을 위해서 쓰시는 사람은 목숨을 걸고 경건생활을 지키는 사람이다.

예수님의 경건 시간

복음서에 나타난 예수님의 경건 생활 모습은 새벽에 한적한 곳에 가서 기도하시는 것으로 나타난다. 마가복음 1장 35절에 보면 "새벽 오히려 미명에 예수께서 일어나 나가 한적한 곳으로 가사 거기서 기도하셨다"라고 말씀하고 있다. 예수님의 생활은 그야말로 과로한 생활이었다. 아침부터 많은 사람들을 만나고 그들에게 복음을 전하셨고, 병을 고쳐주고 귀신을 쫓아 주었다. 또 예수님의 사역이란 갈릴리를 중심으로 하여 예루살렘과 사마리아 등을 오가는 선교 여행이었다. 때로는 종교지도자들과 논쟁을 벌이며 핍박을 받기도 하셨다.

예수님은 이 많은 일들을 어떻게 감당하셨는가? 그것은 새벽에 기도함으로 감당하셨다. 예수님은 하나님과 깊은 교제를 통해서 하나님으로부터 오는 능력과 은혜를 입으셨다. 복음의 일꾼으로서 과로한 생활을 하는가? 어떻게 피곤을 풀어야 하는가? 또 더 많은 일을 하기 위해서 지혜와 능력을 어디에서 공급 받아야 하는가? 참된 해결은 하나님 앞에서 말씀을 보고 기도하는 경건 생활을 가짐으로 얻을 수 있다. 예수님은 누구이신가? 하나님의 아들이시다. 지혜와 능력의 하나님이시다. 이러한 예수님도 경건 생활을 매일 하셨다. 예수님의 생활과 말씀은 바로 모든 그리스도인의 모범이며 순종해야 할 삶의 도리이다. 예수님께서 이처럼 과로한 생활 중에도 매일 이러한 경건 생활을 하셨는데, 이 예수님을 믿고 따르는 주의 자녀들과 복음의 일꾼들도 반드시 이러한 예수님의 경건 생활을 본받아야 되지 않겠는가?

베드로의 경건생활

우리가 알다시피 베드로는 예수님을 따라다닐 때 좌충우돌하며 나서기를 잘하는 사람이다. 예수님은 죽기 전날 밤에 베드로에게 "오늘 이 밤에 닭이 두 번 울기 전에 네가 세 번 나를 부인하리라"고 경고했다. 이 때 베드로는 "내가 죽을지언정 주를 부인하지 않겠나이다" 라고 강경하게 예수님의 말씀을 거부했다. 그러나 그는 결국 예수님의 말씀대로 새벽닭이 두번 울기 전에 3번 예수님을 부인하고 말았다. 그 후 전설에 의하면 베드로는 새벽닭이 울 때면 자기가 부인한 예수님을 기억하고 매일같이 울었다고 한다. 나는 분명히 확신한다. 성경에 나와 있지는 않지만 베드로뿐만 아니라 모든 예수님의 제자들은 예수님을 본받아 모두 새벽에 경건생활을 하였으리라고 생각한다.

우리는 지금까지 이스라엘 백성과 믿음의 조상들이 어떻게 경건의 시간을 가졌는가 살펴보았다. 그렇다면 경건 시간이란 무엇이며 구체적으로 어떻게 시간을 가져야 하는지 살펴보도록 하겠다.

경건의 시간이란?

경건의 시간에 대한 표현은 여러 가지가 있다. Quiet Time, 일용할 양식 먹고 소감 쓰는 시간, 날마다 주님과 함께, 그리고 생명의 양식을 먹는 시간 등이 있다. 말은 여러 가지로 할 수 있지만 그 의미는 동일하다. 신앙이란, 예수님과 성도가 동행하는 삶을 의미한다. 영적인 교제들과 경건의 시간이 구분되는 것은 예수님과 만나기 위해서 나의 하루생활 중에 어떤 시간을 미리 따로 떼어놓기 때문이다. 이 시간은 사람에 따라 아침이나 점심, 저녁이 될 수 있지만 이미 살펴본 만나 사건이나 다윗과 예수님 등 믿음의 선배들을 볼 때 하루를 시작하는 아침이 제일 이상적으로 보인다.

이 경건의 시간은 이미 본문에서 살펴보았듯이 말씀과 기도로 구성되어 있다. 말씀을 보고 기도하는 것이 바로 경건의 시간인 것이다.

말씀을 읽고 묵상하는 시간

말씀을 볼 때에 각자 신앙의 성격에 따라 사용하는 교재가 다를 것이다. 어떤 분은 두란노 출판사에서 나오는 '생명의 삶'을 볼 것이고, 또 어떤 이는 '날마다 주님과 함께'라는 책을 보기도 할 것이다. 나는 ESP에서 나오는 '일용할 양식'을 보고 있다. 그러나 어떤 분은 이러한 경건 서적을 사용하지 않고 성경의 목록표를 가지고 성경을 계속해서 읽어 가는 분도 있을 것이다. 어떤 방법으로 하든지 자신에게 맞는 방법을 사용하면 된다. 방법은 다양하지만 여기에 있어서 중요한 원칙은 우리에게 주어진 성경말씀을 통해서 하나님과 예수님을 인격적으로 만나고 그 음성을 들어야만 한다는 것이다. 성경을 읽고 그 뜻을 알고 오늘 하루는 내가 어떻게 살아야겠다고 다짐하는 것에서 끝내서는 안 된다. 그곳에서 살아계신 하나님과 제자들을 훈련시키고 사랑하시는 예수님을 인격적으로 만나야 하는 것이다. 만일 우리가 아버지를 만나는데 서로 얼굴만 보고 "이심전심"이라며 서로의 뜻을 다 안다며 말없이 헤어진다면 그것이 좋은 만남이라고 말할 수 있겠는가? 냉랭하게 하나님의 뜻만을 파악하는 것은 올바른 경건생활이 아니다. 하나님은 인격적인 하나님이시다. 뜨겁게 사랑하시고 허물이 있을 때 따끔하게 책망하시는 분이시다. 예수님도 얼마나 제자들과 함께 어울리기를 좋아하셨는가? 제자들을 위해서 기도하시고 그들의 허물을 감싸주시는 사랑이 넘쳤다. 예수님이 죽으신 후 제자들은 고향으로 돌아가서 갈릴리 바다에서 물고기를 잡고 있었다. 그 때에 예수님께서 제자들을 찾아오셨는데 예수님을 만난 베드로의 모습은 어떤가? 그는 고기를 잡다가 옷을 입고 바다에 뛰어들어 헤엄쳐서 예수님을 만났다. 베드로는 예수님을 감격적으로 만나고 있는 것이다. 예수님과 제자들은 생동감 있게 만났다. 제자들이 예수님을 따라다닌 것은 도를 닦기 위한 것이 아니라 주님과 깊은 교제를 나누기 위해서이다. 제자들은 항상 주님을 만나는 것을 기뻐하고 즐거워했다. 그러나 바리새인들은 주님을 만나는 것이 부담스러웠고 냉랭했다. 그리스도인으로서 성경을 아무리 읽을지라도 그곳에서 주님의 음성이 들리지 않고 주님을 만나는 감정이 없다면 우리 자신은 어느덧 바리새인처럼 심령이 굳어있고 메말라 있는 것이다. 말씀에는 분명히 말하는 사람의 인격이 담겨져 있다. 경건의 시간에 무엇보다 예수님과 깊은 만남을 가지는 것이 제일 중요하다.

우리가 요한복음 1장 14절을 보면 말씀의 실질적인 저자이신 하나님과 예수님과 인격적으로 만나야 한다는 것이 중요하다는 사실을 보여준다.

말씀이 육신이 되어 우리 가운데 거하시매 우리가 그 영광을 보니 아

버지의 독생자의 영광이요 은혜와 진리가 충만하더라

이 말씀은 그리스도인들에게 너무나도 유명한 말씀이다. 볼 때마다 이 부분의 말씀은 감동적인 은혜가 있다. 나는 본문을 여러 차례 설교하려고 시도해 보았다. 그러나 영력이 부족하여서인지 도무지 말씀에 접근할 수가 없었다. 자꾸만 교리적이 되고 딱딱한 설교가 되었다. 아무리 노력을 하여도 말씀이 주는 감동을 전할 수가 없었다. 몇 차례 이 본문에 대한 설교도 들었지만 마음에 드는 설교는 아니었다. 그러다가 어느 날 내가 항상 경건의 시간에 사용하는 일용할 양식을 통해서 깊이 깨달은 바가 있었다. 요한복음 1장 1-8절은 요한복음 서론이다. 이 요한복음은 A.D. 8-90년경에 사도 요한이 에베소 교회에서 기록한 것으로 알려져 있다. 아마도 사도 요한은 요한복음을 저술하기 전에 많은 기도 속에서 예수님을 깊이 묵상하였을 것이다. 그가 "예수님은 태초에 계신 하나님이시며 또한 말씀이라"고 말할 때에 그의 심령은 성령의 충만함으로 떨렸을 것이다. 그가 예수님을 생각하며 예수님에 관해서 글을 쓸 때에 그의 심령은 예수님으로 충만했을 것이다. 요한복음 서론 중에 "말씀이 육신이 되어 우리 가운데 거하시는 예수님"을 바라보니 "하나님의 영광과 은혜와 진리"로 충만케 되었다. 이 본문은 예수님을 기억하고 깊이 묵상하면서 나온 본문이다. 깊은 묵상을 통해서 예수님을 만날 때에 그의 마음에는 하나님의 영광과 은혜 그리고 진리로 충만했다. 이러한 사실을 알게 되니까 본문의 은혜로운 감정이 저절로 제 마음에 전하여져 왔고 말씀의 준비도 새롭게 할 수 있었다. 요한은 경건의 시간을 통해서 예수님과 깊이 인격적으로 만난 것이다. 그의 이러한 만남이 이처럼 감격적인 말씀을 기록하게 한 것이다.

우리는 친구로부터 편지를 받을 때에 친구의 글씨와 문체로부터 친구의 마음과 감정을 읽는다. 편지가 전공서적이나 소설책과 다른 점은 바로 친구의 냄새가 물씬 풍기기 때문이다. 요즘은 컴퓨터가 많이 보급되었기 때문에 편지가 컴퓨터로 배달된다. 그래도 편지에는 친구의 냄새가 물씬 풍겨나며 잘 쓴 편지이든 못쓴 편지이든 친구가 바로 옆에 있는 것처럼 느낀다. 성경의 말씀도 마찬가지이다. 그 말씀을 주시는 하나님과 예수님과 함께 있는 것을 느끼며 인격적으로 만날 때에 성공적인 경건의 시간을 이룬 것이다. 이것이 처음에는 쉽지 않겠지만 그러나 목표와 방향을 잊어버리지 않고 꾸준히 노력할 때에 이러한 영적인 만남을 이룰 수 있다. 자칫하면 성경을 읽으면서 하나님의 뜻을 찾는다며 성경을 해석하거나 분석하는 데 많은 시간을 보낼 수 있다. 그것은 좋은 방법이 아니다. 물론 경건의 시간을 성경연구에 병행할 수는 있지만 성경의 저자이신 하나님과 예수님과의 인격적인 만남을 가지는 것이 더 중요하다. 경건은 성경을 연구하는 시간이라기보다 주님과 만나고 교제하는 시간이기 때문이다.

그리스도인으로서 경건의 시간을 가질 때에 발견되는 놀라운 일들은 내 자신의 문제에 대해서 그때그때 말씀하시고 응답하신다는 것이다. 저는 ESP(기독대학인회 출판사) 사장으로 일한 적이 있었다. 그 때에 많은 독자들로부터 "오늘 말씀을 통해서 내 문제가 해결되었다"고 감사하는 편지와 전화를 받았다. 이 문제는 특별한 사람에게만 있었던 경우가 아니라 경건생활을 하는 모든 복음의 일꾼들의 공통된 고백이다. 어떻게 이러한 놀라운 일들이 일어날 수 있는가? 경건 서적을 쓰는 집필자나 목사님들이 그 사람의 문제를 예상하고 상담하기 위해서 쓴 것인가? 그렇지 않다. 모든 경건 서적은 일 년의 계획에 따라 편집되어 발간되는 것이다. 그럼에도 불구하고 그리스도인의 문제를 해결하는 데 조금도 어려움이 없는 것은 두 가지 이유가 있기 때문이다.

먼저, 인간의 모든 문제는 하나님을 만날 때 저절로 해결된다는 것이다. 창세기 15장에 보면, 아브라함이 조카 롯을 구하기 위해서 전쟁을 벌였다. 전쟁은 승리했지만 물질적으로 얻은 것은 없고 보복을 당할까 두려움이 있었다. 고민하는 아브라함에게 하나님께서 나타나셨다. 그때 하나님께서 말씀하시기를 "아브람아 두려워 말라 나는 너의 방패요 너의 지극히 큰 상급이니라"고 하셨다. 아브람에게 필요한 것은 전쟁에서 싸울 수 있는 군사와 이에 필요한 비용이었다. 그러나 하나님은 "내가 곧 방패와 상급이라"고 말씀하셨다. 이에 아브라함은 지금 필요한 것은 하나님이 아니라 군사와 돈이라고 말하지 않았다. 아브람은 하나님을 만난 것으로 모든 문제

를 해결한 것이다. 하나님이 함께 계시니 어떤 원수의 침략도 두렵지 않았던 것이다.

또 욥기를 보면 욥이라는 사람은 잘못도 없는데 사단의 질투로 험난한 인생을 살았다. 온 가족이 죽고 모든 재산을 잃어버렸다. 그의 몸도 문둥병이 들어서 기왓장으로 몸을 긁는 고통스러운 인생이 되었다. 그가 이러한 고통 속에서 더욱 고통스러웠던 것은 왜 자신이 이런 고통을 당하는지 알 수가 없다는 점이었다. 그래서 그는 하나님을 불평하고 원망했다. 욥기 40장에 보면 드디어 하나님께서 욥에게 나타나서 "하나님과 변론하는 자는 대답할지어다"라고 말씀하셨다. 그때에 욥은 "나는 미천하오니 무엇이라 주께 대답하리이까 손으로 내 입을 가릴 뿐이로소이다"라고 말했다. 자기가 아프고 힘들 때에는 하나님에 대해서 별의 별말을 다하면서 "죽었으면 좋겠다"고 말하던 욥이 하나님께서 나타나시니 아무 소리도 못하는 것이다. 그는 하나님을 만남으로 자신의 모든 문제를 해결 받았고 그 하나님에 의해서 자기의 모든 불행을 받아들일 수 있게 되었다.

세상에는 불행한 사람이 많이 있다. 그 중에 하나님을 만난 사람은 불행 중에서도 기뻐하고 있다. 뇌성마비에 걸린 사람, 신체적으로 어려움이 있는 사람 등등 이 분들의 슬픈 인생을 누가 해결해 주겠는가? 그러나 이들은 자신의 문제가 해결되지 않았지만 하나님을 만남으로 그 모든 문제를 극복하고 행복한 인생을 사는 것이다. 하나님을 만나는 것이 모든 인간의 문제의 해결이다. 돈이 문제이거나 몸이 불편한 것이 문제가 아니다.

두 번째는 *성령의 역사이다.* 우리가 성경을 읽을 때에 성령이 우리의 문제에 대해서 상담하여 주신다. 예수님께서 제자들에게 "내가 떠날 때에 보혜사 성령이 오시리라(요14:26)"고 하셨다. 보혜사란 영어로 "Helper, 또는 Counselor"라고 말한다. 카운셀러란, 상담자이다. 우리가 말씀을 보면서 하나님과 예수님을 기억하고 생각할 때 성령 하나님께서 우리의 문제에 대해서 상담하시고 치료해 주시는 것이다.

경건의 시간이란 무엇인가? 하나님과 예수님 그리고 성령을 만나는 은혜가 충만한 시간이다. 우리가 어찌 예수님을 사랑한다고 하면서 이 시간을 외면하겠는가?

이와 같이 말씀을 보고 묵상할 때에 꼭 펜을 들어 소감을 쓰는 시간을 가지라는 것이다. 성경이란 무엇인가? 성령의 감동으로 쓰여진 하나님 말씀이다. 경건 시간을 통해서 받은 바 그 은혜를 펜을 들어 자신의 노트에 기록할 때에 내가 묵상함으로 받은 은혜 이상의 성령의 감동이 있다. 글을 쓰면서 더 깊고 풍성한 은혜를 체험하는 것이다. 가능하면 받은바 은혜는 글로 써서 적어보는 것이 필요하다.

기도의 시간

말씀묵상과 소감 쓰기가 마치면 기도해야 한다. 기도할 때 먼저 자기의 문제를 가지고 기도할 것이 아니라 오늘 주신 말씀의 은혜를 가지고 집중적으로 기도해야 한다. 주님과 인격적인 만남을 감사하는 기도를 하며 주신 말씀에 따라서 결단한 것을 가지고 기도해야 한다. 그리고 이어서 자신의 필요한 문제를 가지고 기도해야 한다. 가능하면 기도노트를 가지고 기도하는 것이 좋겠다. 기도노트에는 기도제목을 적어놓고 그것을 체크하면서 기도하시길 바란다. 그러면 하나님의 응답이 어떻게 오는지 우리가 볼 수 있다.

기도할 때 중요한 것은 자기의 문제만 집중하여서 열정적으로 기도할 것이 아니라 예수님을 생각하면서 대화를 나누듯이 기도하라는 것이다. 또 기도한 후에 잠시 주님의 음성을 듣는 조용한 시간을 가지시길 바란다. 많은 경우에 자기의 말만 쏟아 붓듯이 하고 끝내는 경우가 많은데 이것은 우스꽝스러운 기도이다. 기도 후에 조용히 주님의 음성을 들음으로 기도의 시간을 마치기를 바란다. 기도는 하나님과 우리 주님과 영혼의 대화임을 잊지 말길 바란다.

경건 시간에 필요한 것들

시간과 장소 정하기

예수님도 새벽미명에 한적한 곳에 가서서 기도했다. 정한 시간과 장소는 우리에게 익숙한 감정을 주어서 마음에 평화와 집중을 할 수 있게 한다.

깨어있는 마음의 자세

경건의 시간을 가질 때에 피곤하다 하여서 잠자리에 누워서 하거나 흐트러진 자세를 해서는 안 된다. 아침의 경우 일어나서 세수를 하고 가능하면 단정한 옷차림으로 임하는 것이 좋다. 잠에서 미처 깨지 못한 흐릿한 정신과 잠옷차림으로 임하는 것은 바람직하지 않다. 경건 시간이란 그래도 하나님과 인격적인 만남을 가지는 시간인데 단정하지 않은 옷차림과 멍한 정신으로 나가서야 되겠는가? 또 아침의 경우 먼저 잠시 신문을 보는 경우가 있다. 경건 시간 전에 신문을 보는 것은 자살행위이다. 신문은 그 날의 경건 시간을 망치게 하고 말 것이다. 신문은 경건 시간이 끝나기 전까지 손도 대어서는 안 된다. 필자의 경우 아침에 세수하고 옷을 갈아입은 후에 잠시 체조를 하거나 커피를 먹으면서 맑은 정신을 회복한다.

말씀을 사모하는 마음

의무나 책임감으로 임하는 것은 은혜의 시간을 율법의 시간으로 바꾸는 것이다. 말씀을 보는 것을 기뻐하시길 바란다. 성경을 읽을 때에 조용히 읽기도 하고 소리 내어 읽기도 하라. 특별히 시편은 시를 낭송하듯이 분위기를 가지고 읽으라. 또 선지서와 같은 하나님의 심판이 있는 말씀은 책망하는 마음을 품고 읽으라. 내가 속으로 읽는 것과는 또 다른 은혜가 있을 것이다.

찬양으로 맞이하는 아침

아침에 일어날 때 마지못해서 일어난다면 그 사람은 경건 시간을 가지는 데 많은 어려움이 있다. 어차피 일어날 것, 자리를 박차고 일어나면서 "찬양하라 내 영혼아, 찬양하라 내 영혼아, 내 속에 있는 것들아 다 찬양하라" 하며 일어나 보라. 그러면 하루가 아주 활기차게 주 안에서 시작될 것이다.

결 론

하나님과 만나는 새벽의 시간을 놓치지 말길 바란다. 선교사로서 또 복음의 일꾼으로서 예수의 복음을 세상의 끝까지 전하고 싶은가? 그렇다면 먼저 경건 시간을 가짐으로 자신을 하나님 앞에서 준비하길 바란다. 이른 아침 말씀과 기도로 주님과 만나는 이 경건 시간이야말로 우리들이 어디에 가든지 여러분을 인도하며 주 안에서 굳게 서도록 붙잡아 줄 것이다. 또한 이 시간을 통해서 나의 일이 아니라 하나님이 맡겨주신 사명을 이룰 것이다. 경건 생활이 준비되지 않고서는 주의 사명을 이룰 수가 없다.

다시 한 번 더글라스 후퍼((Douglus Hooper) 선교사의 말을 기억하시오.

너의 경건의 시간을 기억하라

9장
소그룹운동(cell)

예수님의 제자 양성 중에 나타난 소그룹의 특성 | 초대교회의
부흥의 비결 | 실제적인 소그룹 운동을 위한 전략

내가 진실로 진실로 너희에게 이르노니 나를 믿는 자는 나의 하늘 일을 저도 할 것이요 또한 이보다 더 큰 것도 하리니 이는 내가 아버지께로 감이라(요14:12)

셀(cell)이라는 말은 세포를 말하는데, 이것은 유기체 중의 가장 최소의 단위라고 말할 수 있다. 이 셀이 모여서 그리고 각각 자기의 역할을 제대로 함으로써 건강한 우리의 몸을 이루는 것이다. 우리의 몸은 전체적이다. 손에 가시가 박히면 그 부분만 고통이 있는 것이 아니라 온 몸이 고통을 받는다. 셀이라는 작은 공동체가 건강하게 이루어질 때에, 교회라는 전체적인 공동체도 건강하게 성장할 수 있는 것이다.

요즘 한국 교회에서는 교회 성장의 비결로서 'cell 또는 소그룹 운동이다' 라는 확신을 가지는 것 같다. 셀이나 소그룹 모임은 같은 뜻으로 사용되고 있다. 그래서 부흥에 대해서 열망하는 많은 교회들이 셀 또는 소그룹 운동에 관해서 많은 관심이 있다. 이를 반영하듯이 많은 출판사에서 외국 서적을 번역해서 지식을 공급하고, 또 많은 교회에서 소그룹 운동을 통한 성공적인 부흥의 이야기를 하고

있다.

　나는 이 운동만 26-27년 동안 해왔다. 내가 이 모임에 처음 나왔을 때부터 요회공부라는 셀 모임이 있었다. 7-8명씩 모여서 성경을 공부하는 모임이다. 처음 나왔을 때에는 크게 3개의 셀 모임이 있었다. 지금은 20여 개가 넘는 셀 모임을 이루고 있고 학생들도 거의 300여명이 참석해서 공부하고 있다. ESF는 한국에서 셀 운동의 원조라고 할 수 있다. 그리고 그 운동을 통해서 오늘날 여기까지 왔다. 우리가 셀 운동을 하게 된 것은 이 운동이 학생선교단체를 부흥시키는 운동임을 나름대로 많은 연구와 실험을 통해서 발견했기 때문인 것은 아니다. 처음에 대학 청년들이 모여서 성경을 읽었다. 그러던 중에 한 리더가 나름대로 문제를 만들었고, 그리고 모여서 그 문제를 풀었다. 과외공부를 하듯이 성경을 공부했다. 이것이 출발점이 되어서 오늘날 ESF운동의 특징적인 성경공부가 되었다. 한 성경공부 팀, 즉 소그룹이 어느 정도 성장하면, 그 그룹 안에서 작은 팀 10여명 수준으로 나눈다. 그래서 한 모임에 이런 팀이 2-3개, 많게는 5개까지도 담겨져 있다. 처음에는 모인 사람이 소그룹이었고, 또 하는 과정에서 이 정도의 그룹으로 공부하는 것이 편하고 쉬워서 이런 방법을 택했는데, 요즘에 와서는 이 방법이 갑자기 각광을 받고 있다. 많은 목회자가 나에게 와서 소그룹 운동이 앞으로 우리 교회가 가야할 방향이라고 말한다. 그 말을 들을 때에, 나는 좀 이상했다. 우리는 수십 년 전부터 이 방법을 선택했고 지금도 하고 있는데, 그것이 무슨 큰 발견이 되는가하는 생각에서이다. 그리고 지금 대학생들이 300명 이상 되는데, 이 정도면, 한 교회 규모로 생각해 볼 때는 엄청나게 큰 성장을 이루었다고 볼 수 있다. 그러나 지난 40년이 넘는 역사를 볼 때에, 그렇게 크게 성장한 것이라고 자랑할 수는 없다. 이 방법은 좋은 방법이기는 하지만 그렇게 교회 전체를 부흥시키는 좋은 방법이라고 말할 수는 없다. 많은 교회들이 이 소그룹운동을 펼치지만 도중에 하차함으로 실패한다. 이것을 보면 결코 쉬운 방법이 아님을 알 수 있다. 소그룹 운동이 반드시 교회부흥을 위한 보증수표는 아닌 것이다.

하지만 그래도 이 소그룹 운동에 대해서 매력을 가지는 것은 이 운동의 원조가 ESF나 어떤 선각자가 일으킨 것이 아니라, 바로 우리의 주인이신 예수님께서 이 운동을 하셨다는 것이다. 소그룹 운동의 원조는 다름 아닌 예수님이다. 예수님이 이 운동을 3년 동안 하셨는데, 그 결과는 별로 좋지 않았다. 한 제자가 예수님을 팔아서 돈을 챙기고 도망했다. 그 결과로 예수님이 십자가에 못 박히게 되었는데, 이 결정적인 순간에 나머지 11명의 제자도 예수님을 배반하고 도망했다. 이 소그룹운동은 당시에는 실패한 것 같았다. 하지만 예수님이 부활하신 후에, 놀랍게도 이 소그룹은 다시 시작되었다. 그리고 이 소그룹에 의해서 활발하게 복음이 전파되었다. 교회가 세워지게 되었고 복음이 세계를 향해서 폭발하듯이 전파되었다. 그리고 이 복음이 오늘날 우리에게까지 내려오게 되었다.

오늘날 많은 교회가 소그룹 운동에 대해서 관심을 가지는 것은 바로 예수님의 제자 양육법에 대해서 관심을 가지게 되었다는 것을 의미한다. 이런 점에서 바람직하고 적극적으로 이 방법을 배워서 사용해야 하는 것이다. 거듭 말하지만 이 소그룹 공부방법은 부흥의 보증수표가 아니다. 이 방법은 사람의 수를 늘리는 데 목적이 있는 것이 아니다. 예수님은 12제자 양성에 목표를 두고 시행하셨음을 알아야 한다. 바로 복음의 일꾼과 지도자를 양성하는 것이 본래 목적이었음을 잊어서는 안 된다. 능력 있는 일꾼을 양성한다는 것은, 그 수가 비록 적을지라도 그 사람을 통해서 그 교회와 공동체는 점차로 부흥될 것이다. 일시적인 분위기 속에서 부흥되는 것이 아니라, 어떤 상황에서도 흔들리지 않는 뿌리 깊은 부흥이 될 것이다. 우리는 초등학교 시절에 의무적으로 '국민교육헌장'을 외웠다. 다 잊어버렸지만 지금도 기억에 남는 것은 '우리는 역사적 사명을 띠고 이 땅에 태어났다'는 것이다. 청년의 시절이 중요한 것은 이때가 장래를 위해 준비하는 기간이기도 하지만, 교회적으로 또 국가적으로 지도자로서 꿈을 키우고 준비하는 때인 까닭이다. 청년을 잘 키운 민족과 교회는 어떤 시련 속에서도 흔들리지 않고 성장할 것이다. 청년을 외면하고 눈앞에 있는 사람의 수와 건물만을 의지하는 국가나 교회는 시간이 지나면 급속도로 쇠퇴하고 말 것이다. 지금은 청년 위기의 시대이다. 청년들이 대학을 졸업하여도 취업하기가 어렵고 어느 청년도 자신을 이 민족의 지도자라고 생각하는 사람이 없다. 이러한 시대에 교회는 청년을 깨워야 한다. 청년에게 꿈을 심어주고 하나님의 말씀 가운데 지도자로서 성장하도록 도와야 한다. 앞으로 한국교회의 장래는 "우리 청년들이 얼마나 하나님의 말씀

속에서 성장하느냐"에 달려 있는 것이다.

이런 점에서 지도자 양성을 목표로 하는 원조 소그룹 운동과 이 운동을 일으킨 예수님께서 이 일을 어떻게 이루셨는지 살펴보도록 하겠다.

예수님의 제자 양성 중에 나타난 소그룹의 특성

예수님은 12 제자를 중심으로 제자 양성을 하셨다. 이러한 인원 구성이 소그룹운동을 하는 데 있어서 이상적인 숫자라고 생각된다. 12명보다 적으면 좀 왜소하게 느껴지고, 12명 이상이 되면 공동체 의식과 인격적인 깊은 관계를 유지하기가 어려운 점이 있다. 예수님의 생애를 살펴보면, 예수님이 많은 곳을 돌아다니면서 복음을 전파하셨지만 그 가운데서도 예수님은 제자들의 교육을 빠뜨리지 않으셨다는 것을 알 수 있다. 예수님의 사역의 핵심은 많은 사람들에게 복음을 가르치기보다는 소그룹을 통한 제자 양성에 있었다. 복음서에는 무리에게 가르친 말씀보다 제자들에게 조용히 그리고 인격적으로 가르치신 말씀이 훨씬 많이 있다. 예전에 어떤 분이 "내가 우리 집 마당을 쓸지라도 나는 지구의 중심을 쓸고 있다"라고 말했다. 지구는 둥글다. 이런 동그란 구의 특징은 어느 지점도 중심만

맞추기만 하면 그곳이 축이 되는 것이다. 마당을 쓸 때에도 지구의 중심을 쓴다는 비전이야말로 세계를 변화시키는 힘이 아니겠는가? 예수님은 제자 소그룹을 그저 작은 모임으로 보지 않았다. 예수님은 이 소그룹을 통해서 세계를 변화시킬 비전을 가지신 것이다. 그래서 짧은 3년의 생애 속에서도 제자 양성을 위한 소그룹 운동에 전념하신 것이다.

예수님은 제자들을 말씀으로 양육하셨다.

요한복음 1장 1절에 보면 '예수님은 곧 말씀'이라고 하셨다. 제자들이 예수님과 함께 하셨다는 것은 이들이 말씀으로 양육을 받았다는 것을 의미한다. 예수님을 말씀이라고 말하는 것은 예수님의 말씀이 곧 하나님의 말씀이라는 것을 말할 뿐만 아니라, 예수님의 모든 것 즉 생각하는 것, 행하시는 것, 느끼시는 것이 하나님이 우리에게 말씀하시고자 하는 것을 실제의 생활에서 보여주신 것을 말하는 것이다. 예수님은 자신의 모든 실제적인 삶을 통해서 하나님의 말씀을 제자들과 우리에게 보여주신 것이다.

예수님이 제자양성을 하는데 실제적으로 중심을 둔 것은 바로 하나님의 말씀을 가르치시는 것이었다. 예수님은 마태복음 13장에 보면, 무리에게 씨 뿌리는 비유를 가르치셨다. 그러나 무리들은 그 말씀을 듣지만 그 말씀이 가서 농사를 지으라는 것인지, 아니면 씨를 뿌릴 때 좋은 땅에 떨어지도록 잘 뿌리라는 것인지 알지 못했다. 무리들은 이 말씀을 적당히 들었지만 제자들은 이 말씀이 쉽게 이해가 가지 않았다. 조용한 시간에 제자들이 나아와서 예수님께 "오늘 낮의 말씀이 무슨 뜻입니까" 하고 물었다. 그 때에 예수님이 너무 기뻐하시면서 "너희야말로 천국의 비밀을 알 자격이 있다" 하면서, 그 비유에 담긴 천국의 의미를 자세하게 풀어서 알려 주셨다. 때로는 산 위에 올라가서 수양회를 하셨다. 바로 마태복음 5-7장의 산상수훈이다. 예수님은 사건이 있을 때마다 제자들에게 그 사건이 어떤 의미를 가지는지 항상 가르치셨다. 복음서의 상당한 부분은 예수님이 제자들에게 말씀을 가르치시는 모습으로 기록되어 있다. 예수님을 따르던 많은 사람들이 예수님을 떠날 때에 예수님은 제자들에게 "너희도 가려느냐"고 물으셨다. 이 때 베드로가 "영생의 말씀이 계시매 우리가 어디로 가오리까"고 답변했다. 제자들은 예수님의 말씀에 매료되어 있는 사람들이다(요6:66-67). 어떤 사람들은 제자들은 "어디에서 신학공부를 하였느냐?"고 말하기도 한다. 하지만 제자들은 역사상 가장 훌륭한 성경 선생님이신 예수님으로부터 집중적으로 말씀 훈련을 받은 것이다. 이러한 말씀 훈련이 있었기에 예수님이 승천하신 후에 제자들은 말씀으로 세상을 변화시키는 사도가 된 것이다. 신약의 성경은 어떤 것인가? 사도들의 설교요, 편지이다. 예수님의 소그룹 운동 출신인 제자들이 말을 하면 그것이 곧 하나님의 말씀이요, 편지를 쓰면 그것이 곧 성령에 감동된 하나님의 말씀이었다. 제자들은 말씀으로 충만한 사람이었다. 예수님의 소그룹 운동의 교육 목적은 말씀으로 충만한 제자를 양성하는 데 있었다. 소그룹 운동은 성경 공부하기에 적합한 모임이다.

예수님은 제자들에게 말씀에 순종하는 훈련을 시키셨다.

누가복음 5장에 보면 예수님은 밤새도록 수고하였지만 고기 한 마리도 잡지 못한 베드로에게 '깊은 데로 가서 그물을 던지라' 고 명하신다. 베드로가 그 말씀에 순종하여 그물을 던질 때에, 그물이 찢어질 정도로 많은 물고기를 잡게 하신다. 여기서 예수님은 말씀에 순종할 때에 하나님의 기적이 나타난다는 것을 보여주신다.

마태복음 14장에서는 오병이어 사건이 나온다. 제자들은 예수님의 이적으로 만드신 떡을 배불리 먹고 그들을 떠나 배를 타고 갈릴리 호수를 건너고 있었다. 갑자기 광풍이 불었다. 제자들도 어부였지만 이 광풍 앞에서는 속수무책이었다. 이들이 "죽게 되었다"고 외칠 때에 예수님께서 친히 찾아오셔서 이들을 구원하셨다. 나는 이 말씀을 공부하면서 이 사건의 의미가 무엇인가를 생각해 보았다. 이 사건은 바로 오병이어 사건이 있은 지 몇 시간 지나지 않았을 때이다. 예수님은 오병이어 사건을 통해서 이들에게 큰 은혜를 주셨다. 예수님이 주시는 떡과 고기를 먹는 직접적인 체험도 했다. 예수님은 이들에게 주신 그 은혜를 그들의 마음 깊은 곳에 새기기 위해서 그들을 바다 가운데 놓고 광풍으로 시험하고 계시는 것이다. 죽음의 위기 앞까지 몰고 가신 것이다. 그런데도 불구하고 제자들은 예수님을 찾지 않았다. 자기의 의지로 감당하다가 안 되니까 자포자기하는 것이다. 예수님은 제자들에게 이 광풍의 시련을 통해서 자신들이 얼마나 믿음이 없는가를 깨닫게 하며, 하나님의 말씀을 더디 믿는가를 알게 하신 것이다. 물론 이들이 어려울 때, 믿음으로 감당하는 것은 실패했지만, 제자들은 이러한 섬뜩한 훈련을 통해서 예수님만이 우리의 살 길임을 실감 있게 깨닫게 된 것이다.

예수님은 하나님의 말씀에 의지하도록 죽음의 위기를 맛보는 엄청난 훈련을 시키신 것이다. 예수님의 제자 훈련을 그저 인격적이고 감미로운 훈련으로 생각하는 사람이 많다. 결코 그렇지 않다. 죽음에 이르는 훈련을 통해서 제자들의 믿음이 강하게 세워진 것이다. 이러한 훈련을 통해서 제자들은 예수님이 승천하신 후에 사도로서 죽음을 두려워하지 않고 복음을 증거하였던 것이다. 제자는 절로 되는 것이 아니다. 자기의 한계를 뛰어넘는 훈련이 있어야 한다. 운동도 자기가 감당할 수 있는 정도의 가벼운 운동은 별로 도움이 되지 않는다. 지쳐서 쓰러질 정도의 자기 한계를 넘을 때, 그때부터 우리의 혈관이 터지면서 새로운 근육과 힘이 생기는 것이다.

오늘날과 같이 쾌락주의와 유혹거리가 많은 세상에서 말씀으로 승리하기 위해서는 강력한 제자양성 프로그램이 필요하다. 소그룹에서 말씀공부만 하는 것으로 다 끝난 것이 아니다. 한 주 후 다시 만났을 때에는 배운 말씀을 가지고 운동원끼리 서로 고백하면서 서로의 삶을 나눠야 하는 것이다. 나는 ESF에서는 이것을 위해서 소감을 써서 발표하게 한다. 배운 말씀을 내 생활 속에서 어떻게 실천했는지를 돌아보게 하는 것이다. 성경 공부의 목적은 많이 아는 데 있는 것이 아니라 그 말씀을 붙잡고 순종하는 데 있다.

예수님은 제자들을 위해서 간절히 기도하셨다.

　누가복음 11장에 보면 예수님께서 제자들에게 '너희는 이렇게 기도하라'고 하시면서 구체적으로 기도하는 방법을 가르쳐 주신다. 또한 '구하라, 찾으라, 문을 두드리라'고 말씀하심으로 제자들이 적극적으로 기도하도록 하셨다. 요한복음 17장은 예수님이 십자가에 못 박히시기 전날 제자들을 위해서 기도하시는 기도의 내용이다. 특별히 제자들이 예수님을 죽이는 이 살벌한 시대 상황 속에서 하나님의 말씀이신 진리로 거룩해지기를 기도하고 계신다. 예수님은 제자들을 기도로 키우셨다. 누군가가 말하기를 "기도로 키운 자식은 망하지 않는다"고 했다. 어거스틴의 어머니 모니카는 자식을 위해서 항상 기도했다. 자식이 허랑방탕한 생활과 이단에 빠지는 절망적인 상황에 놓이기도 했다. 세상 사람은 포기하여도 어머니는 포기하지 않고 계속해서 기도했다. 결국 어거스틴은 어머니의 기도를 기억하고 다시 돌아왔다. 그는 후에 기독교 역사상 칼빈과 함께 위대한 신학자요, 성인이 된 것이다. 제자들이 목숨을 빼앗는 위협 앞에서도 신앙을 지키고 전파할 수 있었던 것은 예수님이 이처럼 기도로 섬기셨기 때문이다. 소그룹 모임은 기도의 뒷받침이 있을 때에 어떤 상황에서도 무너지지 않는 것이다. 많은 교회가 소그룹 모임을 가지지만 대부분 얼마가지 않아서 무너지고 만다. 그 이유 중의 하나는 기도가 부족했기 때문이다.

예수님은 제자들과 교제하는 시간을 많이 가지셨다.

제자들이 전도여행을 마치고 돌아왔을 때, 피곤한 제자들에게 '한적한 곳에 와서 잠깐 쉬어라(막6:31)' 고 말씀하신다. 예수님은 제자들이 피곤할 때, 그들을 쉬게 함으로 피곤함을 풀어주셨다. 예수님은 항상 제자들과 함께 하는 공동생활을 하면서 그들과 깊은 교제를 나누셨다. 특별히 교제 면에서 자주 나오는 것은 오병이어의 사건을 비롯해서 각종 잔치 집, 최후의 만찬 등 주로 먹는 것이다. 함께 밥을 먹고, 떡을 떼고, 마시는 교제가 어떤 교제보다 효과적임을 알 수 있다. 예수님은 십자가에 죽기 직전의 마지막 식사 자리에서 '너희가 서로 사랑하면 이로써 모든 사람이 너희가 내 제자인줄 알리라(요13:35)' 고 말씀하셨다. 제자의 표는 목숨 걸고 복음을 전하는 데 우선적으로 있는 것이 아니라, '서로 사랑하는 것', 곧 사랑의 공동체를 이루는 데 있는 것이다. 예수의 소그룹은 사랑으로 충만한 공동체였다. 사랑의 교제를 위해서 많은 노력을 해야 할 것이다. 예수의 소그룹을 본받아서 함께 식사하는 기회를 자주 가져야 한다. 또한 함께 소풍이나 여행을 다니면서 서로에 대한 깊은 사랑으로 발전해야 한다. 하지만 이 사랑의 교제가 이성간의 연애로 발전해서는 결코 안 된다. 연애는 자칫 그 공동체를 무너뜨릴 위험이 있다. 사랑의 공동체를 이루기 위해서는 그 사랑이 모두에게 골고루 나누어져야 하는데, 한 사람에게만 집중될 때, 자신도 모르게 편이 갈라지고 결국 분열하게 되는 것이다.

　예수님은 3년간 제자 양성을 위한 소그룹 운동을 이루셨다. 예수님은 공생애 3년을 이 역사에 바치셨다. 대부분 회장이나 팀장을 6

개월 길면 1년 정도 한다. 그러나 예수님은 3년이나 하셨다. 그것도 모두가 예수님을 처음 만난 풋내기이다. 예수님 같은 능력 충만하고 기도 많이 하시는 분이 3년간이나 집중적으로 도우셨으니 얼마나 큰 역사를 이루셨겠는가? 엄청난 부흥의 역사를 이루시지 않았겠는가? 그러나 예수님이 이처럼 심혈을 기울이셨지만 실패하고 말았다. 이 소그룹 운동은 막판이 되자 풍비박산이 나버렸다. 유다를 비롯한 베드로, 요한, 야고보 등 모든 제자들이 예수님을 배반했다.

이 충격적인 사실은 우리에게 위로와 소망이 된다. 예수님도 심혈을 기울였지만 실패했다는 면에서 우리도 실패의 가능성이 있다는 것이다. 많은 대학 청년부들이 활성화와 부흥을 목표로 소그룹 운동을 도입한다. 하지만 큰 기대를 가지고 시작했으나 막상 시작해 보면 여러 가지 이유로 어려울 수가 있다. 그렇지만 우리 소그룹 운동이 너무 안 되었다고 낙심하지 말기를 바란다. 예수님도 생전에는 3년 동안 했지만 실패하셨다. 더욱 위로가 되는 것은 히브리서 2:18 "자기가 시험을 받아 고난을 당하셨은즉 시험받는 자들을 능히 도우시니라"고 했다. 실패 속에서도 소그룹 운동에 소망을 두고 기도하며 다시 시작하는 팀원과 리더에게 먼저 실패하신 예수님께서 그 고통의 마음을 이해하며 위로하신다. 소그룹 운동이 청년을 새롭게 하며, 예수님이 기뻐하시는 제자를 양성하고, 참된 지도자를 양성하기 위해서는 많은 인내와 노력이 필요한 것이다. 예수님은 이렇게 말씀하셨다.

내가 진실로 진실로 너희에게 이르노니 나를 믿는 자는 나의 하는 일을 저도 할 것이요 또한 이보다 큰 것도 하리니 이는 내가 아버지께로 감이니라(요12:14)

이 말씀 속에서 예수님은 실패하셨지만 우리는 더 큰 역사를 이룰 것임을 약속하시는 것이다. 이 놀라운 약속은 사도행전의 초대교회에서 사도들에 의해서 이루어졌다.

초대교회의 부흥의 비결

기도와 성령충만

예수님이 부활 승천하신 후에 제자들은 다락방에 모여서 기도에 전혀 힘썼다. 이날이 오순절 날이었는데 이들이 기도할 때에 갑자기 하늘에서 강한 바람 소리가 들리며 불의 혀같이 뜨거움이 임하였다. 제자들은 갑자기 성령의 충만함을 받아서 하나님의 말씀을 증거하기 시작했다. 제자들은 대부분 갈릴리 촌사람인데도 이들은 놀랍게도 여러 나라의 말로 말하기 시작했다. 이들은 성령의 충만함으로 배우지도 않은 외국어를 자유스럽게 구사한 것이다. 그날에 베드로가 성령의 충만함으로 설교를 하자 한번에 3000명이 회개하는 역사가 일어났다고 한다.

그리고 사도행전 4장에 보면, 베드로와 요한이 기도하기 위해서 성전에 들어가다가 문득 선천적인 앉은뱅이를 보게 되었다. 그에게 "은과 금은 나 없어도 내게 있는 것으로 네게 주노니 곧 나사렛 예수 그리스도의 이름으로 걸으라"고 명할 때에, 그가 그 자리에서 일어나 걸을 뿐만 아니라 뛰어다니는 역사가 일어난 것이다. 이것은 예전에 예수님이 하시던 일이었는데 이제 사도들에게도 동일한 역사가 일어난 것이다. 성령의 충만함을 받은 제자들의 말에는 권능이 있어서 예수님을 죽였던 심령이 회개를 하고 예수님을 전혀 알지 못했던 이방인들도 예수님을 믿는 구원의 역사가 폭발적으로 일어났다.

그리고 사도행전 6장에 보면 교회에 행정적인 문제가 생기자 사도들은 기도하는 것과 말씀 전하는 것에만 전념할 것을 선언한다. 예수님이 계셨을 때는 기도하기 싫어하고 예수님이 죽음을 앞두고 절박하게 기도하실 때 제자들은 그 옆에서 잠을 자던 자들이었다. 그러던 이들이 이제는 기도에 전념하겠다고 선언한 것이다. 이 얼마나 획기적인 변화인가? 성령의 역사가 제자들을 기도의 사람으로 변화시키고 이것이 초대교회를 불같이 성장하게 만든다.

작은 소그룹이 어떤 운동이 되기 위해서는 그곳에 성령의 충만함이 있어야 하는 것이다. 그렇다면 우리가 어떻게 성령의 충만함을 받을 수 있는가? 어떤 분이 항상 성령 충만함에 갈급해 있었다. 그러던 어느 날 전봇대에서 어느 유명한 부흥강사의 '성령 충만 성회'가 체육관에서 있다는 광고를 보았다. 그래서 '이번에는 성령 충만을 좀 받아야겠다' 하고 큰마음을 먹고 체육관에 갔다. 하루가

지나고 이틀 사흘이 지나도 자신이 기대한 뜨거움이 없는 것이었다. 강사가 큰소리를 지르는데 그것이 짜증스럽기만 했다는 것이다. 마지막 날까지 인내했는데 그 강사가 갑자기 "성령 충만 받아라"를 3번이나 외치는 것이었다. 그러나 본인은 아무런 의식이 없었다는 것이다. 그리고 나에게 물었다. "성령 충만이 무엇입니까? 내 마음이 너무 악해서 성령을 못 받은 것입니까?"하고 절망적으로 물었다.

성령 충만이란 무엇인가? 어떻게 하면 우리 마음이 뜨거워지고 능력이 있겠는가? 방언을 하고 신기한 환상을 보면 그것이 성령 충만인가? 문제는 사람들이 성령 충만을 지극히 마술적인 능력과 감정의 뜨거움으로 생각한다는 점이다. 성령은 인격적인 하나님이다. 예수님께서는 요한복음 16장에서 성령을 '진리의 성령' 이라고 부르셨다. 성령은 믿는 자에게 하나님의 말씀을 사모하게 하며, 그 말씀에 순종하게 하는 것이다. 성령의 충만은 곧 말씀의 충만이다. 하나님의 말씀을 깊이 묵상하고 그 말씀에 순종하는 자가 곧 성령의 충만함을 누리게 되는 것이다. 성령의 충만함은 말씀의 지배를 받는 삶이다. 성령은 우리에게 말씀에 순종하도록 요구하신다. 그 말씀에 순종할 때 우리에게서 사람을 감동시킬 은혜가 나오는 것이다. 특별히 리더는 항상 자신을 말씀에 복종시킴으로 성령충만한 리더십을 가져야 하는 것이다. 말씀을 잘 가르치고자 하는 욕심으로 아무리 많은 주석을 베껴 가지고 온다고 하여도 그에게 말씀에 순종하는 삶이 없다면 소리 나는 꽹과리가 되고 말 것이다. 초대교회는 이와 같이 기도와 성령의 충만함으로 그야말로 폭발적으로 성장했다.

말씀의 교회
초대교회는 성령 충만함으로 말씀이 강력하게 역사하는 교회였다. 사도들은 이미 말한 대로 기도와 말씀을 선포하는 데 전념하기로 했다.

> 하나님의 말씀이 점점 왕성하여 예루살렘에 있는 제자의 수가 더 심히 많아지고 허다한 제사장의 무리도 이 도에 복종하니라(행 6:7)

하나님의 말씀이 강력하게 선포되고 또 그 말씀이 역사하는 교회였다.

선교 및 전도하는 교회

> 저희가 날마다 성전에 있든지 집에 있든지 예수는 그리스도라 가르치기를 쉬지 아니하니라(행 5:42)

초대교회의 큰 특징 중의 하나는 전도와 선교이다. 스데반은 전도하다가 돌에 맞아 죽기도 했다. 베드로는 고넬료라는 이탈리아의 백부장에게 복음을 전했고, 빌립은 에디오피아 내시에게 복음을 전했고 그리고 바울은 그 인생 전체를 선교사역에 바쳤다. 성령에 충만한 이들이라고 해도 모든 것이 순탄한 것은 아니었다. 전도와 선교를 하다가 죽기도 하고, 수많은 죽을 고비를 넘겼다. 이들은 사도행전 1장 8절의 말씀에 따라 "땅 끝까지 이르러 복음의 증인"이 되었다. 증인이란 '자기가 본 사실을 목숨을 걸고 증거하는 사람'이다. 이들은 그야말로 목숨을 걸고 복음을 증거한 사람이다. 목숨을 걸고 하는데 어떤 일이든 안 되겠는가?

　소그룹이 운동화 되기 위해서는 어떤 것이 필요하겠는가? 이런 체제로 개편했다고 해서 저절로 부흥의 운동이 일어나는 것은 결코 아니다. 이 운동에 목숨을 거는 열정이 있는 사람이 있어야 한다. 리더에게 이런 마음이 있어야 하고 함께 하는 동역자들도 이런 마음을 함께 공유해야 하는 것이다. 성경적인 방법이라고 해서 다 잘 되라는 법은 없다. 사도 바울은 고린도전서에서 "하나님의 일꾼에게 요구되는 것은 오직 충성이라"고 했다. 충성된 일꾼이 있을 때에 소그룹운동이 이 교회에 뿌리를 내릴 수 있고, 이것이 장차 열매를 맺게 되는 것이다.

실제적인 소그룹운동을 위한 전략

　우리가 예수님이 아니고 사도가 아닌 만큼 실제적인 상황에서는 예상하지 않았던 많은 문제들이 있을 수 있다.

소그룹 운동이 좋은 제도임에도 실패하는 가장 큰 문제는 지도자의 부재이다. 예수의 소그룹 운동이 후에 세계를 변화시키는 폭발적인 운동이 될 수 있었던 것은, 그곳에 참여한 제자들이 훌륭한 인물들이었기 때문이 아니다. 우리가 성경에서 보듯이 이들은 그렇게 뛰어난 사람들이 아니었다. 예수님의 말씀을 빨리 이해하지 못하는 사람들이었다. 때로는 예수님으로부터 "이 믿음이 없는 자들아, 내가 얼마나 너희와 함께 있어야 하느냐"라고 책망받기도 하였다. 하지만 이들은 후에 예수님이 소원했던 대로 세계를 복음화 시키는 운동가들이 되었다. 이렇게 되기까지는 이 소그룹 모임을 이끌어갔던 탁월한 지도자 예수님이 있었다. 소그룹 모임이 성장하려면 반드시 운동으로 발전해야 하는데 이 모임에서는 운동가 즉 지도자를 양육하고 배출해야 하는 것이다. 그러기 위해서는 먼저 이 모임을 이끌어 가는 사람이 리더십이 있어야만 한다. 좋은 리더를 세우지 못한다면 소그룹 운동이 성공하기는 어렵다. 또한 소그룹의 목표가 청년부의 수를 늘리는 데 있는 것이 아니라 하나님께서 기뻐하시는 리더를 양성하는 데 있어야 한다. 따라서 소그룹 운동의 리더가 중요하다. 또한 참여하는 모든 사람도 리더에 대한 열망이 있어야 한다. 따라서 리더와 또 참여하는 모든 지체들은 하나님이 원하는 리더가 무엇인가를 많이 생각하고 또 자신을 준비해야만 할 것이다. 그럼 리더로서 갖추어야할 자세가 무엇인가?

소그룹 운동가의 리더로서 갖추어야 할 자세

하나님께서 우리를 이 모임을 일으키기 위한 사명인으로 부르셨다는 것을 확신해야 한다. 이것을 소명이라고 한다. 사도 바울은 항상 자신을 소개할 때, "예수 그리스도의 종 바울은 사도로 부르심을 받았다"라고 말한다. 즉 바울은 자신이 사도가 된 것은 자신의 뜻으로 된 것이 아니라 하나님의 뜻으로 되었다고 말한다. 또 디모데후서 1장 9절에서는 "하나님이 우리를 구원하사 거룩하신 부르심으로 부르심은 우리의 행위대로 하심이 아니요, 오직 자기 뜻과 영원한 때 전부터 그리스도 예수 안에서 우리에게 주신 은혜대로 하심이라"라고 한다. 바울의 이러한 확신은 우리의 직분이 하나님께로부터 왔다는 것을 의미한다. 더 나아가서 자신이 사도로 부름 받은 것은 내가 예수를 믿어서가 아니라 내가 주님을 알기 전 '영원의 때'에 하나님은 이미 나를 아시고 그때에 나를 사도로 계획해 놓으셨다는 것이다. 바울이 이 땅에 나오기 전에 바울은 이미 사도로 살도록 운명지어져 있었다. 내가 모임의 리더가 되고 동역자가 된 것은 청년부 모임의 구성상 어쩔 수 없이 된 것이 아니라는 것이다. 비록 상황은 그럴지라도 내가 직분을 받은 것은 사람과 모임에 의해서 세워진 것이 아니라 하나님이 내 인생에 대해서 영원 전부터 계획하고 준비하셨다가 이제 나를 부르고 그 자리에 세우셨다는 것을 알아야 하는 것이다. 즉 우리는 지금 하나님 앞에서 역사적 사명을 받았다는 것으로 인식해야 하는 것이다.

이러한 믿음과 인식은 이 모임을 감당하는 우리에게 어떠한 역경 앞에서도 흔들리지 않는 견고함을 제공한다. 하나님이 나를 이 운동 가운데 세우셨음으로 내가 이 일에 꼭 필요한 존재이며, 사명을 감당할 지혜와 능력을 주실 것을 확신하게 된다. 이러한 인식이 있을 때 우리는 어려움 앞에서 좌절하지 않는다. 어려움 앞에서 나의 무기력함을 뼈저리게 느끼면서도 '나를 세우신 하나님'을 바라봄으로 이 운동의 중심에 서있는 것이다.

많은 리더들이 "제가 능력이 부족해서 더 이상 이 직분을 맡지 못하겠습니다. 저는 자격이 안 됩니다. 제가 리더하면 덕이 안 됩니다. 더 이상 못하겠습니다. 다른 사람 세워주세요."라고 말하는 것이다. 심사숙고하고 많은 기도를 통해서 세웠는데 정작 부름 받은 자신들은 완강하게 거부하거나, 좀 감당하다가 그만 하겠다고 우기는 것이다.

이러한 말들은 복음 역사를 하나님의 역사로 알고 감히 황송해서 감당하지 못하겠다는 말 같지만 그 이면에는 지극히 인간적이고 이기적인 판단이 있는 것이다. 하나님이 나를 부르시고 쓰신다는 생각보다는 자신을 인간적으로 판단해서 '할 것인가, 아니면 안 할 것인가'를 결정하는 것이다. 하나님의 부르심보다는 인간적인 판단이 결정적인 영향을 발휘하는 것이다. 또 하나님의 일을 위해서 고난을 받기보다는 자신의 안일을 구하고 있는 것이다.

하나님께서는 자신만만한 모세를 이스라엘의 구원자로 사용하지 않았다. 그가 이방 땅에서 40년간 목자 생활을 하면서 자신에 대해서 철저하게 절망했을 때 그때에 비로소 이스라엘의 구원자로서 사용하신 것이다. 자기에 대한 절망이야말로 하나님의 부르심의 조건이요, 쓰임 받기에 필요충분조건이 되었던 것이다. '내가 할 수 없다는 것'과 '나는 자격이 없다'는 생각이야말로 하나님의 부르심의 조건이 되는 것이다. 그런데 이것을 핑계로 이 일에서 벗어나려고 하는 것은 하나님을 크게 섭섭케 하는 행위인 것이다.

우리가 리더가 되고 동역자가 되는 것은 어쩔 수 없는 현재의 상황에 의해서 된 것이 아니다. 그것은 바로 하나님께서 임명하신 것이다. 하나님은 우리의 부족함을 다 알고 부르셨다. 우리의 허물 많은 인격과 교만과 죄악들을 우리보다도 더 깊이 아신다. 그럼에도 불구하고 하나님께서 우리를 세우셨다는 것은 필요한 성숙한 지도자로서 우리를 훈련시켜 주시고 새롭게 해주시겠다는 약속이 있는 것이다. 우리가 어떠한 상황 속에서도 흔들림이 없이 감당하기 위해서는 나의 인간적인 형편을 계산할 것이 아니라 나를 부르신 주님을 바라보아야 한다. 나와 주변을 바라볼 때 우리는 절망해서 쓰러질 수밖에 없는 것이다. 그러나 하나님과 그 약속을 바라볼 때 하나님의 능력과 그 도우심에 의지하여 어떠한 어려움도 이기고 나갈 힘을 얻게 된다.

그리스도 예수 안에서 하나님이 위에서 부르신 부름의 상을 위하여 좇아가노라(빌 3:14)

사도 바울이 어려움 속에서도 낙심치 않고 복음 역사를 감당한 것은 바울은 자기를 부르신 주님만을 바라보고 낙심치 않고 달려간 것이다.

영혼을 사랑하는 마음을 가져야 한다. 요한복음 21장에 보면 부활하신 예수님께서 베드로를 찾아 오셨다. 이때 예수님은 베드로에 그 유명한 3번의 질문을 하신다.

"요한의 아들 시몬아 네가 나를 사랑하느냐? 내 양을 먹이라"

예수님은 모임을 성장시키려는 사업적인 목적으로 열심 내는 것을 원하지 않는다. 예수님은 자신을 사랑하는 마음으로 양 키우기를 원하시는 것이다. 영혼에 대한 깊은 사랑이 있어야 한다. 비록 적은 수가 모일지라도 그 영혼을 사랑하고 그가 예수님을 알아 가는 것을 기뻐해야 하는 것이다.

내가 처음 대구 ESF를 개척했을 때이다. 우여곡절 끝에 몇몇 형제들을 만나게 되었다. 모두가 심각한 인생문제를 가지고 있었다. 한해에 3명의 초상을 치른 이도 있었고, 7-8명 중에 부모를 가진 사람은 저를 비롯해서 두 명밖에 없었다. 모두들 가정적인 어려움이 있었고, 그로 인한 많은 문제로 마음들이 어두웠다. 그때는 진심으로 영혼에 대한 사랑으로 주의 일을 했다. 사람들이 사랑이 넘치는 우리 모임에 모이기 시작했다. 사람이 모이고 역사에 자신감이 생기자 이제는 어떻게 하면 사람을 잡고 더 모임을 크게 할까하는 문제에 관심을 가지기 시작했다. 그랬더니 더 이상 모임이 성장하지 않는 것이다. 영혼을 예수님의 사랑이 아닌 사업적으로 볼 때, 그 모임 가운데는 사랑과 감싸주는 포근함이 없어진 것이다. 대신에 성장해야 한다는 부담감과 긴장감만이 있게 된 것이다. 저는 이 문제로 오랫동안 고민하면서 해결하고자 했다. 많은 방법과 프로그램을 동원했지만 해결되지 않았다. 결국 내가 깨달은 것은 사랑이 없이는 모임이 결코 성장할 수 없다는 사실이다. 주님이 우리를 리더로 세우심은, 숫자를 불리라는 것이 아니라 영혼을 '주의 사랑으로 사랑하라' 는 부르심이다.

말씀에 대한 깊은 묵상과 준비가 있어야 한다. 다른 사람에게 말씀을 통해서 예수님을 만나게 하려면 역시 우리 자신이 먼저 주님을 만나는 은혜와 감격이 있어야 한다. 설교할 때에 설교자는 자신의 설교가 은혜가 있는지 없는지를 미리 알고 있다. 그것은 설교를 준비할 때 이미 결정이 나기 때문이다. 준비할 때 설교자가 그 말씀을 통해서 은혜를 받는 설교는 분명히 예배 때에도 은혜가 넘치는 것이다. 그러나 말씀에 대한 부담감과 그저 예배에 대한 책임감으로 설교를 준비한다면 그 설교는 냉랭하고 듣기에 피곤한 설교가 되고 마는 것이다.

잘못된 리더는 모임을 이루는 것에만 지나치게 치중한다. 어떤 리더는 모임 시작 전에 땀을 뻘뻘 흘리며 뛰어 온다. 어디 갔다 왔느냐고 물어보면 심방 갔다오는 중이라고 말한다. 그러나 심방에 시간과 정열을 다 빼앗긴 탓인지 막상 성경공부 시간에는 횡설수설한다. 핵심을 잃어버리고 헛소리를 하다가 그만 삼천포로 빠지는 것이다. 사람은 모였지만 말씀이 없는 것이다. 이 리더는 이 모임이 무엇을 해야 하는지 모르는 것이다. 사람들이 그 자리에 성경공부하기 위해서 모였다는 것을 알아야 한다. 그래서 말씀에 대한 철저한 묵상과 준비 그리고 자연스러운 인도야말로 모임을 이루는 데 가장 중요한 것임을 알아야 하는 것이다.

사도 바울은 고린도후서 2장 15절에서 복음은 '그리스도의 향기'라고 말하고 있다. 우리가 말씀을 잘 준비할 때, 그 말씀이 향기가 되어서 사람들 사이에 널리 퍼지는 것이다. 말씀이 잘 준비된 모임은 그 준비만으로도 영혼들이 모이기에 충분한 것이다. 소그룹을 활성화시키기를 원한다면, 말씀을 준비하는 데 전력투구해야 한다.

기도로 준비해야 한다. 예수님은 제자들을 위해서 항상 기도했다. 사도 바울도 자신이 개척한 교회와 동역자들에 대해서 항상 감사하고 그들을 위해서 기도했다. 제가 경험한 바에 의하면, 기도하기보다는 심방하기가 쉽다는 것이다. 분명히 가만히 앉아서 기도하는 것이 더 쉬울 것 같은데, 막상 기도를 하려고 하면 뭔가 최선을 다하지 않았다는 불안감이 드는 것이다. 대신에 빨리 찾아가서 만나고 싶은 마음이 불같이 일어나는 것이다. 이것은 아직도 하나님보다는 나의 의지를 더 믿는 불신앙의 모습이다. 기도는 사람이 할 수 없는 그것을 가능케 하는 하나님의 능력이다.

이러한 기도를 위해서 리더의 은밀한 기도가 필요하고 동역자 간에 모여서 이루는 동역자 기도 모임도 중요한다. 기도가 많은 모임은 말씀의 은혜가 풍성하고 지체들을 어려운 여건 속에서도 시험에 들지 않고 약속된 모임에 참석케 하는 하나님의 은혜가 있다.

실제적인 모임 준비

적극적인 심방이다. 모임을 이루는 3요소가 있다면, 그것은 바로 말씀, 기도, 그리고 심방이다. 말씀과 기도만 준비하고 심방하지 않는다면 어떤 결과가 나오겠는가? 모두가 나오겠지 하고 느긋한 마음처럼 어리석은 것은 없다. 사단은 굶주린 사자처럼 영혼을 삼키기 위해서 방황한다. 우리의 심방을 통해서 그 형제가 어떤 상황에서도 모임에 꼭 참석하기로 결단하는 것이 필요한 것이다. 나의 지체에게 어려움이 있으면 말씀에 의지해서 나올 수 있도록 해야 한다. 어렵다고 해서 모임에 불참해도 괜찮다는 생각을 심어주면 그 연약한 지체는 얼마가지 않아서 떨어지고 말 것이다.

예수님은 "실족시키는 자는 연자 맷돌을 매고 물에 던지움을 받는 것이 나으리라"고 하셨다. 실족케 하는 것이 꼭 나쁜 말과 행동에만 있는 것은 아니다. 리더가 인간적인 정 때문에 주님 앞에서 담대히 권면 하지 못할 때도 실족의 역사가 있는 것이다. 어려운 상황이야말로 우리가 자신을 버리고 말씀에 순종하는 가장 좋은 훈련의 때이다. 셀 모임이 잘 이루어지는 곳을 보면 분명히 그곳에는 심방과 적극적인 권면이 있다.

항상 전도해야 한다. 소그룹을 이룰 때 힘든 것 중의 하나는 새로운 사람이 없을 때이다. 아무리 수가 많아도 새롭게 보이는 사람이 없을 때 모임은 신선하지 못하고 많은 문제들이 생기는 법이다. 새로운 사람이 있는 모임은 부족함이 있어도 잘 이루어지지만 그렇지 않은 모임은 아무리 멤버들이 튼튼하고 믿음이 좋아도 그 안에서 다툼과 시비가 있는 것이다.

오늘날 전도는 참으로 우리를 피곤케 하는 것이다. 우리의 전도를 기쁘게 받아들이는 사람도 거의 없고 어렵게 약속을 받아도 그것을 지키는 자가 거의 없다. 이러한 거부와 약속을 지키지 않는 것들은 우리에게 깊은 상처가 되고 더 이상 전도를 하고 싶은 마음을 가지지 못하게 한다. 전도는 항상 실패하는 것처럼 보인다. 그러나 전도하는 모임에서는 어느 시점에서 역사를 정리해보면 전도를 통해서 많은 열매를 맺었다는 것을 발견하게 된다. 소그룹이 활성화되기 위해서는 반드시 전도가 뒷받침되어야만 한다.

풍성한 교제를 준비해야 한다. 이미 말한 대로 초대교회는 풍성한 교제가 있었다. 항상 예배가 끝나면 떡을 떼며 시와 찬미로 서로 기쁨을 나누었다. 모임을 시작하는 것도 중요하지만 마무리도 중요하다. 풍성한 교제로 마무리를 지어야 한다. 모임을 마쳤을 때 서로

소감을 나누며 1:1기도로서 서로를 위해서 기도하는 것이 필요하다. 그리고 소감을 나눌 때 동역자들은 주의해야 할 일이 있다. 리더가 성경공부 중에 받은 은혜라고 해서 자기 느낌대로 말해서는 안 된다. 가능하면 주제의 중심에 따라 은혜를 받고 소감을 발표하는 것이 필요하다. 여기에는 훈련이 필요하다. 가령 오병이어 사건을 공부했는데 본문에서는 '예수님이 생명의 떡'임을 말하고자 하는 것이다. 그런데, 소감이 "배불리 먹었다, 왜 남자만 세고 여자는 무시하느냐, 여자의 인권은 무엇이냐?" 등등… 이러한 지엽적인 문제에 집착한다면 그 소감은 참으로 유치하게 되고 말 것이다. 또 리더가 "오늘은 머리가 아파서 아무 생각이 없었다. 오늘은 말하고 싶지 않다."는 등의 소감은 그 성경공부에 찬물을 붓는 행위이다. 리더는 모임에 책임감을 가지고 소감을 발표해야 한다. 성숙한 소감을 통해서 '은혜 위에 은혜'를 더해야 한다. 리더는 말씀의 중심에서 은혜를 받고자 노력을 해야 하고 또 그 은혜를 발표해야 한다. 저는 리더가 성숙치 못한 소감 발표로 모임 분위기를 해치는 것을 많이 보았다.

동시에 리더가 성숙한 소감 발표를 함으로써 좀 부족했던 말씀공부를 은혜로 마치게 하는 것을 보았다. 또한 공부를 마치고 배고픈 지체들을 책임감 없이 돌려보내지 말고 "너희가 먹을 것을 주라"하신 주님의 말씀을 좇아 식사를 하든지 간단한 다과를 하든지 하는 것이 좋다. 이상하게도 사람들은 한솥밥을 먹을 때, 거기에서 동지의식과 지체의식을 느낀다. 서로 떡을 떼며 음식을 나눌 때 그곳에 풍성한 교제가 있는 것이다.

또 새로운 사람이 왔을 때에 이 사람을 어떻게 맞이할 것인가에 대해서 많은 연구와 준비가 있어야 한다. 사실 교회처럼 벽이 높은 곳이 없다. 교회에 새로운 사람이 스스로 온다는 것은 아주 어려운 일이다. 또 어렵게 데리고 왔는데 모임의 구성원들이 형식적으로 인사만 하고 자기들끼리만 몰려다닌다면 이 새사람은 이 교회와 모임에 더 이상 참석하고 싶지 않을 것이다. 이미 말했듯이 예수 공동체는 사랑으로 충만한 공동체이다. 적극적으로 사랑을 표현하고 감싸주기 위한 많은 노력이 필요하다. 새로운 사람에게 모든 구성원이 관심을 가지고 사랑을 표현해야 하는 것이다. 특별히 리더는 그를 위해서 특별히 기도해주는 등의 관심을 표현함으로 새 사람이 빠른 시간 내에 모임에 적응하도록 도와야 하는 것이다.

모임의 지체들을 강하고 엄격하게 훈련시켜야 한다. 제자는 탄생하는 것이 아니라 훈련으로 되는 것이다. 예수님의 제자들은 엄격한 훈련을 받았다. 폭풍우 속에서는 죽음의 목전까지 가는 지옥훈련도 있었다. 이러한 훈련이 있었기에 이들은 목숨을 걸고 복음을 증거하는 사도가 된 것이다.

주로 훈련을 많이 받은 리더일수록 자기 후배들에게 인간적으로 대하는 경우가 많다. 자기가 훈련을 받을 때 그 마음에 가졌던 부담감과 고통을 지체에게 지우지 않으려고 한다. 그래서 성경공부 모임의 참석에 대해서 강하게 권면하지 않는다든지, 각종 훈련에 대해서 별로 권하지 않을 수 있다. 또 조심스럽게 말하였다가도 그 지체가 조금 싫은 표정을 하거나 자기 할 일을 말하면 금방 웃으면서 "안 나와도 돼" 하고 말하는 것이다. 여기에는 나는 어려운 훈련을 받았지만 '너는 안 될 거야' 하는 교만한 의식이 잠재되어 있는 것이다. 그래서 종종 훌륭한 리더 밑에서 좋은 후계자들이 나오지 않는 것이다. 이러한 인간적인 리더의 자세야말로 소그룹 운동을 절망케 하는 결정적인 요소이다.

우리 지체들에게도 훌륭한 제자가 될 수 있는 잠재적인 능력이 있음을 알아야 한다. 어찌 나에게만 있다고 교만한 생각을 품는 것인가? 하나님 앞에서 필요하다고 생각되면 강력하게 권면해야 한다. 이미 말했듯이 우리의 어려운 상황이야말로 우리로 하여금 주의 말씀에 온전히 순종하는 것을 배우게 하는 아주 좋은 훈련의 기회인 것이다. 소그룹 운동은 결코 좋은 상황에서 부드럽게 성장하지 않는다. 사단의 방해와 여러 가지 어려운 시련들 속에서 그것을 뚫고 나오면서 성장하는 것이다.

어떠한 경우라도 기쁨을 잃어버려서는 안 된다. 모임을 이루다 보면 위기의 순간이 많다. 지체들이 떠나가고 동역자도 넘어지는 때가 있다. 이럴 때면 리더도 도망하고 싶은 마음이 가득하다. 공동체라는 것은 강한 것 같지만 사실은 지극히 약한 것이다. 마치 깨지기 쉬운 투명한 유리잔과 같은 것이다. 왜냐하면 우리가 우리의 시간과 정성, 나의 이익을 전체를 위하여서 내놓았기 때문이다. 이러

할 때 모두가 한 마음일 경우 단단한 공동체가 되지만 그런 가운데 누군가가 자기 이익을 구하려고 한다면 이러한 이기심은 전체에게 금방 퍼져서 모두에게 잠재된 손해의식을 가지게 할 것이다. 한 두 사람이 전체를 영적인 침체에 빠지게 할 가능성이 높은 것이다.

이러한 경우 모임은 영적 침체에 빠지게 되고 리더와 남은 모든 사람들은 무기력하게 되는 것이다. 사도 바울은 '항상 감사하라, 기뻐하라' 고 말했다. 이 말씀은 바로 인간세상에서 가장 고통스러운 곳, 바로 로마 감옥에서 한 것이다. 아무리 역사가 어렵고 힘들더라도 하나님이 우리에게 주시는 기쁨을 잃어버려서는 안 된다. 복음은 바로 기쁨의 소식이 아닌가? 주님이 주시는 기쁨이야말로 역사를 절망의 구덩이에서 다시 구해내는 생명력이 될 것이다.

하박국 선지자는 하박국 3장 17-19절에서 망할 것이 분명한 이스라엘의 역사적 상황 속에서 이렇게 노래했다.

비록 무화과 나무가 무성치 못하며 포도나무에 열매가 없으며 감람나무에 소출이 없으며 밭에 식물이 없으며 우리에 양이 없으며 외양간에 소가 없을 지라도 나는 여호와를 인하여 즐거워하며 나의 구원의 하나님을 인하여 기뻐하리로다 주 여호와는 나의 힘이시라 나의 발을 사슴과 같게 하사 나로 나의 높은 곳에 다니게 하시리로다

나는 학생 리더시절에 시련이 많았다. 대학생활을 할 때에 3학년이 되니 최고 선배가 되어 있었다. 어느 날 1학년들이 나를 포도원

에 불러다 놓고 "선배님 우리는 이제 단체로 나가기로 했습니다. 그리 아십시오."라고 선언했다. 그래서 깜짝 놀라서 이리 저리로 설득하고 부탁했지만 완강하게 거부했다. 결국 나는 "좋다. 안 나와도 더 이상 붙잡지 않겠다."고 선언했다. 그 때만해도 '선한 목자는 양들을 위해 목숨을 바치거니와' 라는 의식이 있었다. 그런데 리더가 '양이 안 나온다' 고 하니까 죽을 때까지 붙잡지 못하고 그만 배신감에 사로잡혀서 '안 나와도 좋다' 고 선언한 것이다. 그때만큼 리더로서 서글프고 어려운 적이 없었다. 그 날 비가 오는데 울면서 집에 갔다. 그리고 그 날 집에 가서 하박국의 말씀을 읽었다. 이 말씀은 양을 잃어버린 내게 큰 위로와 격려가 되었다. 그리고 예수님을 새롭게 바라보면서 기쁨을 회복했다. 그리고 새로운 마음으로 역사를 정리하고 다시 시작했다. 그 후에 한 정보가 들어왔는데, 그것은 바로 '모임을 떠난 형제들끼리 모임을 만들어서 성경을 읽고 기도한다' 는 것이었다. 하지만 바로 찾아가지 않았다. 외면한지 한 달쯤 지나서 이들을 찾아가서 다시 모임의 참여를 권했다. 이들은 못이기는 척하고 다시 돌아왔다. 확실히 가출한번 하더니 훨씬 순종적이었다.

 주의 일이 어려울 때, 그때 가지는 여유와 기쁨이야말로 내 자신과 모임을 지켜주는 것이다. 복음의 기쁨은 신령한 것이다. 세상의 것과 문제들로 인해서 이 기쁨이 빼앗겨서는 안된다. 모임이 망한다 해도 기쁨을 잃어버려서는 안 된다. 우리가 기쁨을 잃지 않는 한 모임은 반드시 회복될 것이다.

리더와 동역자님들은 옷차림에도 신경을 써야 한다. 하나님은 우리의 마음 중심을 보신다. 그러나 사람에게는 마음의 중심을 볼 정도의 영적인 분별력과 성숙함은 없다. 특히 연약한 사람이나 처음 모임에 오는 사람을 만나게 될 때 첫 인상이 중요한다. 이럴 때 이들이 보기에 리더가 너무 구질구질하게 보인다든지, 너무 거칠게 보인다면 그 모임에 가서 성경공부를 하고 싶은 마음을 가지지 않게 되는 것이다. 좋은 옷을 입으라는 것은 아니지만 가능하면 깔끔하고 단정하게 입는 것이 필요하다.

물론 위대한 성인들은 옷차림에 별로 신경을 쓰지 않았다. 자기의 외모를 커버할 수 있는 영적인 능력이 있다면 신경 쓸 필요가 없지만 그러한 자신이 없다면 마땅히 없는 영적인 능력을 외모에 신경을 써서 덮어야 하지 않겠는가? 다른 사람에게 거부감을 주지 않는 인상을 주는 것이 꼭 필요하다.

소그룹운동은 사람의 수를 늘리기 위한 좋은 방법이 아니라 실제로는 예수의 제자, 즉 시대와 교회를 변화시킬 능력 있는 지도자를 양성하는 운동이라는 것이다. 또한 이 운동을 이루기 위해서는 실패를 두려워하지 않는 각오가 있어야만 한다. 이 운동을 이끌어갈 목사님과 청년부 지도자들은 이 소그룹운동에 목숨을 거는 각오가 있어야 하는 것이다. 예수님도 이 제자 소그룹에 자신의 사역의 핵심을 바치셨다. 이런 열정과 의지가 없이는 결코 소그룹운동이 교회에 뿌리를 내릴 수 없다. 자연히 열매도 기대할 수가 없다. 소그룹 운동에 성공한 교회의 한결같은 특징은 거의 모든 프로그램을 다 해체하고 오직 이 운동에 목숨을 걸었다는 점이다. 이런 열정과 투자가 없이 이 체제만을 도입하려고 한다면 별로 좋은 성과를 거두지 못할 것이다. 그리고 마지막으로 리더의 중요성이다. 리더는 하나님이 세운 사람임을 깊이 인식하면서 항상 자신을 새롭게 준비하고 무장해야 할 것이다. 소그룹운동은 리더 한 사람에 의해서 성패가 결정된다고 말해도 과언이 아닐 것이다.

결론

어떻게 하면 우리 교회에 소그룹운동을 정착시킬 수 있을까? 또 어떻게 하면 우리 모임을 성장시킬 수 있을까? 우리의 큰 관심과 기대가 아닐 수 없다. 그러나 우리가 어떻게 하면 크게 할 수 있을까? 하는 생각보다 '과연 우리 소그룹을 얼마나 성경적으로 이루고 있는가? 예수님이 원하는 리더요, 동역자인가?' 를 생각해 보는 것이 중요하다. 이것이 사람이 많이 모이는 것보다 더 중요하다. 예수님이 없는 모임이라면 '아무리 사람이 많이 모인다' 한들 무슨 소용이 있겠는가? 예수님 안에서 우리의 생각과 행실을 복종시키고 사명의 길을 걷는다면 그 역사가 크든 작든 간에 상관없이 주님께서 기뻐하시는 모임이 될 것이다.

바울은 말하기를 고린도전서 4장 2절에서 "맡은 자에게 구할 것은 충성이니라"고 했다. 우리가 주께 충성을 다하는 마음으로 소그룹운동을 일으키고자 하고 맡겨진 모임을 이루고자 열심을 가지고 연구하고 기도할 때 주님은 우리에게 필요한 지혜와 능력을 주실 것이다. 역사를 이루는 것은 방법에 있는 것이 아니라 주님께 대한 충성에 있는 것이다. 충성하는 일꾼에게 우리 주는 역사를 이루는 필요한 모든 것을 주시는 것이다. 자주 '나는 지혜가 없다'고 하면서 한탄하는 분들이 있다. 주님이 우리에게 소그룹 운동에 대한 방향을 주셨고 이제 '이 일을 하라'고 명하신다. 이 목표 앞에서 우리 자신들을 가다듬고 준비하자. 그리고 실패를 두려워하지 않는 담대함으로 도전하자. 비전을 주신 주께서 이 역사를 반드시 이루어 주실 줄 믿는다.

시냇가에 심긴 말뚝을 보자. 아무 할 일이 없이 서있는 것 같지만, 그러나 3달, 6달, 1년을 지키게 될 때, 그 말뚝은 점차로 썩어가지만 그것에 지푸라기와 라면 봉지와 각종 뭔가가 걸리게 된다. 우리가 주님을 바라보고 우리의 비전과 사명을 지킬 때 반드시 열매 맺는 역사를 이룰 줄 믿는다.

맺는 말

제자도와 스트라디바리우스 바이올린

1644년 이태리의 크레모나에서 스트라디바리우스는 탄생했다. 그가 제작한 바이올린은 오늘날 최고의 명기로서 수 억 원대에 이르고 있다. 최고의 바이올리니스트들은 스트라디바리우스의 바이올린으로 연주하기를 원하고 있다. 그 만큼 다른 바이올린과 비교할 수 없는 큰 음량과 빛나고 예리한 음색을 가지고 있다. 이 바이올린 제작은 오랫동안 신비에 쌓여 있었다. 특히 그는 가난해서 최고의 나무를 구입할 능력이 없었다. 오랜 연구 끝에 답이 나왔는데 그가 사용한 나무는 그가 살고 있는 오염된 항구에서 구한 것들이었다. 이 나무들은 수년 동안 그 항구의 오물 속에 잠겨져 있었다. 본래 이 나무들은 배나 노와 같은 선박과 도구를 만드는 데 사용되었던 것들이다. 여기에서 남은 것들은 항구에 버려져서 썩기도 하고 또 미생물들의 밥이 되기도 했다. 스트라디바리우스의 바이올린을 연구한 결과 이 미생물들이 나무의 세포를 먹어 치워 세포의 속은 비어있음을 발견했다. 이 텅빈 공간들은 바이올린 활을 켤 때마다 소리가 울려 퍼지는 대성당과 같은 공간으로 변한 것이다. 스트라디바리우스는 버려져서 썩어지는 쓸모없는 나무 조각을 건져내어 세상 어디에서도 발견할 수 없는 바이올린이 되었고 이 악기는 온 세상을 풍요롭게 만들었다.

예수의 제자가 되는 것은 하루아침에 이루어지는 것이 아니다. 또 능력 있고 지혜와 지식이 뛰어난 사람만이 할 수 있는 것도 아니다. 보잘 것 없고 부족한 사람이라도 주님께 붙잡힌바 된다면, 또 주님께서 자신을 만드시는 대로 자신을 비우고 그곳에 주를 사랑하는 마음으로 채우기를 원하는 사람이라면 얼마든지 예수의 제자가 되어서 대학과 세계를 변화시킬 수 있는 사람이 될 수 있는 줄 믿는다.

기독대학인회(ESF:Evangelical Students Fellowship)는 사도행전 1장 8절에서 선포되고 있는 예수님의 지상명령에 근거하여 캠퍼스 복음화를 통한 통일성서한국, 세계선교를 주요목표로 삼고 있는 초교파적 선교단체입니다.

ESP는 Evangelical Students Fellowship Press의 약어로 기독대학인회(ESF)의 출판부입니다.

ESP(기독대학인회 출판부)는 다음과 같은 마음을 품고 기도하면서 일하고 있습니다.

첫째, 청년 대학생은 이 시대의 희망입니다.
둘째, 하나님 말씀인 성경을 사랑합니다.
셋째, 문서사역을 통하여 성경적 세계관을 정립해나갑니다.
넷째, 문서선교를 통하여 총체적 선교에 도움을 주고자 합니다.

예수, 대학에 오다

지은이 임성근
펴낸곳 (사)기독대학인회 출판부
만든이 최승범 박종광 맹은경 서미경

등록일 2001년 9월 12일
등록번호 제12-316호

초판 1쇄 인쇄일 2005년 6월 20일
초판 1쇄 발행일 2005년 6월 25일

주소 142-815 서울시 강북구 미아8동 317-8
전화 02)989-3477 팩스 02)989-3385
E-mail esfpress@hanmail.net

공급처 기독교출판유통 031)906-9191
주문팩스 080-456-2580

값 11,000원
ISBN 98-89108-40-3

■ 잘못된 책은 바꾸어 드립니다.